本书为2020年福建省教育科学"十三五"规划课题"中国排舞原创曲目的创编现状与对策研究"（FJJKCG20-342）成果

# 排舞运动：
# 理论、实践与应用

李 萍 著

厦门大学出版社　国家一级出版社
XIAMEN UNIVERSITY PRESS　全国百佳图书出版单位

### 图书在版编目（CIP）数据

排舞运动：理论、实践与应用 / 李萍著. -- 厦门：厦门大学出版社，2023.7
ISBN 978-7-5615-9011-9

Ⅰ．①排… Ⅱ．①李… Ⅲ．①体育舞蹈-高等学校-教材 Ⅳ．①G831.3

中国版本图书馆CIP数据核字(2023)第098862号

责任编辑　郑　丹
美术编辑　张雨秋
技术编辑　许克华

出版发行　厦门大学出版社
社　　址　厦门市软件园二期望海路39号
邮政编码　361008
总　　机　0592-2181111　0592-2181406(传真)
营销中心　0592-2184458　0592-2181365
网　　址　http://www.xmupress.com
邮　　箱　xmup@xmupress.com
印　　刷　厦门市竞成印刷有限公司

开本　787 mm×1 092 mm　1/16
印张　14.5
插页　2
字数　336 千字
版次　2023 年 7 月第 1 版
印次　2023 年 7 月第 1 次印刷
定价　39.00 元

本书如有印装质量问题请直接寄承印厂调换

厦门大学出版社
微信二维码

厦门大学出版社
微博二维码

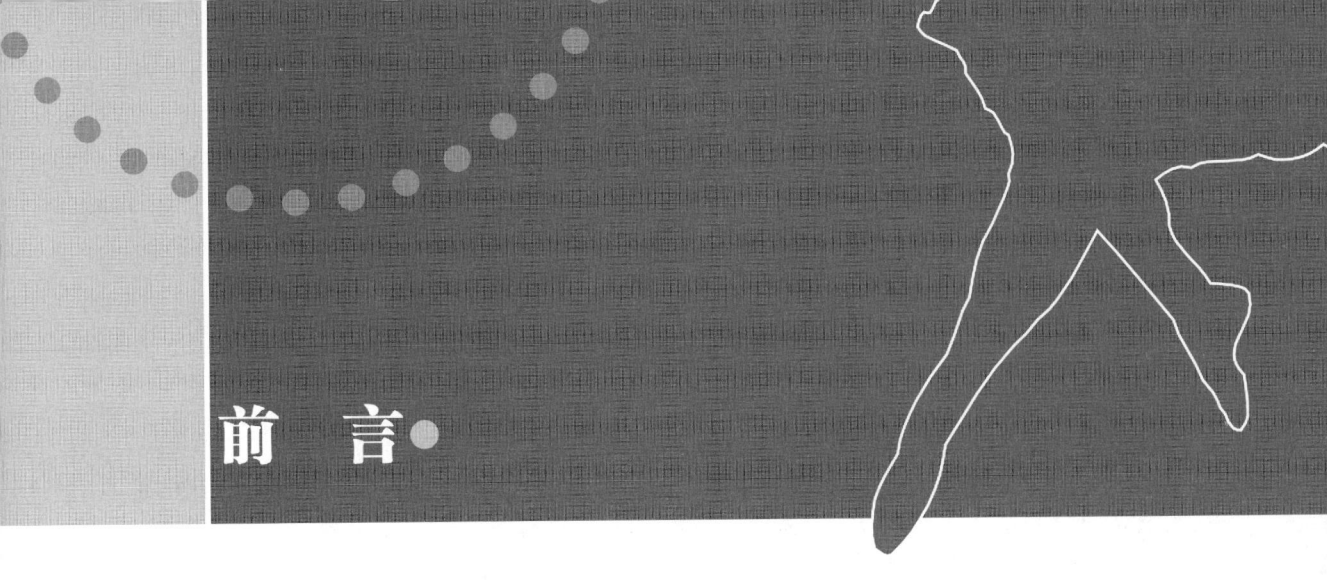

# 前　言

作为一项老少皆宜的大众健身项目，排舞自2004年传入中国以来，在全国很多城市逐步开展起来。从2011年开始，全国排舞运动推广中心每年都会面向不同人群，推出不同难度级别、不同风格的排舞曲目。随着排舞运动的快速发展，近年来部分大学已将排舞纳入体育课教学。

为深入贯彻党的教育方针，树立和落实"健康第一"的指导思想，2007年5月7日，中共中央、国务院印发了《关于加强青少年体育增强青少年体质的意见》（以下简称《意见》）。经国家体育总局体操运动管理中心同意，全国排舞运动推广中心于2014年1月1日全面启动"阳光排舞进校园"活动，一场面向青少年、声势浩大的群众体育盛会拉开帷幕。活动包含"阳光排舞进校园"星级学校评选、"阳光排舞进校园"推广大使评选、"舞动中国"排舞联赛等。"阳光排舞进校园"作为落实《意见》要求的一项战略举措，对全面推进素质教育，进一步加强学校体育工作，切实促进青少年学生的全面发展，具有深远的意义。

排舞于20世纪初期在美国兴起，以其独特的风格、简单的组合，日益受到广泛欢迎，成为引领美国时代热潮的舞蹈之一。时至今日，排舞已经风靡全球，吸引无数男女老少参与其中。作为排舞运动的国际组织，国际排舞协会每年邀请专业的创作者，根据世界流行音乐与舞蹈进行曲目创作和动作编排，并将新曲目向全世界推广。2008年，排舞作为奥运会表演项目，让全中国的社会大众充分领略了其独特魅力，此后，排舞在国内成为越来越多人健身休闲娱乐的选择。

华侨大学自2016年开展的排舞全校公选课程，是校一流课程、"金课"、校百门优质课程、精品在线课程，在线上学习人数已逾5万人次，同时在校内组织了排舞运动学生社团、校教工排舞队、校学生排舞队等，每年举办校排舞比赛，推动排舞运动快速发展。笔者在几年来的教学实践中感到，排舞符合大学生身心发展特点，符合高校体育课程改革要求，在促进学校体育运动的开展、提高青年学生的身体素质等方面，能够发挥显著的助推作用。

为进一步提高校内排舞教学的质量效果，同时也给学校师生以及广大排舞爱好者了解、练习和表演排舞提供一个基本参照，我们在对几年来的教学实践进行梳理总结的基础上编写了本书。全书分为"理论篇""实践篇""应用篇"三大板块，在系统阐述排舞的概念、特点、类型、价值等的基础上，着力突出以下几个特点：其一，归纳和阐释排舞运动的基本术语以及相关词汇，尝试借此准确形象地反映排舞的舞步形式和技术特征；其二，梳理总结排舞舞谱的编写方法，以及国际排舞协会新曲目申报的方法途径，力求对普及和推广排舞运动，进而推动我国排舞走向世界有所助益；其三，以个案赏析的方式介绍著者原创的全国排舞推广曲目，明示舞步线路和舞者的重心变化，以求便于读者学习演练。为增强实用性，本书在阐述动作的基础上，配以插图及视频做进一步说明，希望能为读者更加直观地学习排舞技术提供便利。

本书在编写过程中参考和吸纳了国内外许多同行的研究成果，特别是全国排舞推广中心发行的知识读物，是本书编写的重要依据，在此一并致以谢意。同时感谢华侨大学在资金上给予的大力支持。感谢程蕾、冯璇、廖建媚、李杰、翁佳丹对本书出版提供的帮助。由于著者能力水平有限，错误和疏漏在所难免，恳请老师、同学以及广大同行批评指正。

李 萍

2022年11月

# 目录

## ◎ 理论篇

### 第一章　排舞运动的理论概述 ·················· 003
第一节　什么是排舞 ························· 003
第二节　排舞运动概述 ······················· 007

### 第二章　排舞运动与健康的关系 ·················· 017
第一节　排舞对生理机能的影响 ··················· 017
第二节　排舞对心理健康的影响 ··················· 018
第三节　排舞对健康行为的影响 ··················· 019

### 第三章　排舞运动的分类 ······················ 021
第一节　按照舞步组合结构分类 ··················· 021
第二节　按照舞步组合变化的方向分类 ················ 022
第三节　按照音乐和舞蹈的风格分类 ················· 022

## ◎ 实践篇

### 第四章　排舞运动的术语及其运用 ················· 027
第一节　排舞运动基本名词术语 ··················· 028

第二节　排舞运动基本术语及分类 ·················· 073

## 第五章　排舞运动八大风格理论与实践 ·················· 089
第一节　升降起伏类（Rise and Fall） ·················· 090
第二节　律动活泼类（Pulse/Lift） ·················· 092
第三节　平滑类（Smooth） ·················· 098
第四节　古巴类（Cuban） ·················· 102
第五节　街舞时髦类（Street/Funky） ·················· 105
第六节　舞台新颖类（Stage/Novelty） ·················· 107
第七节　曳步舞类（Shuffle dance） ·················· 109
第八节　民族民间舞类（Folk dance） ·················· 109

## 第六章　排舞运动的教学 ·················· 113
第一节　排舞运动的教学目标 ·················· 114
第二节　排舞运动的教学手段与方法 ·················· 114
第三节　排舞运动教学能力的培养 ·················· 117
第四节　排舞运动损伤预防与康复 ·················· 119

## 第七章　排舞运动的舞谱编写 ·················· 123
第一节　排舞舞谱的构成 ·················· 126
第二节　排舞运动舞谱的编写方法 ·················· 131
第三节　舞谱编写的注意事项 ·················· 135

## 第八章　排舞运动的创编 ·················· 138
第一节　编排原则 ·················· 138
第二节　编排要素 ·················· 142

第三节　创编过程·················································148

## 第九章　排舞运动的训练·········································151
第一节　运动训练计划概要·········································151
第二节　运动训练内容·············································151
第三节　运动训练周期计划实施·····································153

## ◎ 应用篇

### 第十章　国内排舞竞赛规则·······································157
第一节　竞赛组别·················································157
第二节　竞赛项目及人数···········································160
第三节　裁判组的组成·············································161
第四节　舞步、音乐及编排·········································165
第五节　服装、服饰与场地·········································168
第六节　裁判员的评分方法·········································169
第七节　裁判员的评分原则·········································171
第八节　违纪处罚、特殊情况及申诉处理·····························175
第九节　国内规则演变分析·········································178

### 第十一章　国际排舞竞赛规则·····································179
第一节　UCWDC 国际排舞竞赛介绍···································179
第二节　UCWDC 国际排舞竞赛评分方式·······························189

### 第十二章　排舞原创作品创编与赏析·······························194
第一节　街舞类排舞···············································194

第二节　舞台类排舞 …………………………………… 196

第三节　曳步舞类排舞 …………………………………… 203

第四节　民族民间舞类排舞 ……………………………… 209

第五节　根据排舞步伐创编的排舞步伐组合 …………… 216

## 参考文献 …………………………………………………… 222

# 理论篇

**第一章** 排舞运动的理论概述
**第二章** 排舞运动与健康的关系
**第三章** 排舞运动的分类

# 第一章

# 排舞运动的理论概述

## 第一节 什么是排舞

排舞属于全球化健身运动类别的一个分支，英文名为 line dance。line 是排和线的意思，dance 意为跳舞，翻译过来就是排成排跳的舞蹈。排舞运动最初是美国西部乡村民间社交舞。这是由于排舞编排中融入了大量的不同风格的舞蹈元素，使得很多舞蹈的表现形式都会出现在排舞的运动中，并且可以得到很好的诠释。让排舞看起来更加丰富多彩。

排舞是一项音乐和固定舞步融合在一起，一人或多人通过风格各异的舞步循环，来愉悦身心的国际性体育运动。具有各国民间舞蹈的多元文化魅力的排舞已经风靡世界，受到不同国籍、性别及年龄人群的喜爱。目前，我国许多大中小学校已经把排舞列入学校体育教学大纲，成为学生课间操、课余体育锻炼和学校庆典表演的重要内容；许多企事业单位已经把排舞列入工间操、业余锻炼和节假庆典表演的重要内容。它对学生培养音乐素养、提高身体素质、了解世界文化、培养礼仪行为等有重要的意义。本章重点阐述了排舞的起源与发展、分类与特点，以及排舞的锻炼价值。

### 一、排舞运动的起源

学习排舞知识首先要了解排舞的起源。目前，关于排舞起源的研究在国内外还是空白，由于文献资料的匮乏，排舞究竟起源于何时、当时为何兴起已难以详考。但我们可以根据目前掌握的舞蹈学、历史学和人类文化学研究成果，从其历史发展中追溯排舞的起源。排舞最早派生于其他舞蹈活动，包含了许多舞蹈元素的风格特征。因此，排舞与多种舞蹈形式十分相似。例如，仅从排成一排排跳来说，与太平洋一些岛屿的草裙舞、英国莫里斯舞和美洲印第安人的舞蹈都有相似的地方。由于排舞最早是在美国兴起，因而我们对排舞的追溯也就从美国开始。

据考证，排舞最早萌芽于美国西部乡村民间社交舞。因此，我们可以参考社交舞的演进过程，对排舞的起源、性质和它的发展方向作一个合理的分析。

从 11 世纪开始，欧洲一些发达国家的人们，对当时民间比较流行的情感表达含蓄、节奏轻快的民间舞蹈进行整理，改编成了具有社交和礼仪性质的宫廷集体舞蹈。法国大革命后，宫廷解体，"宫廷舞"进入平民社会，成为人人可跳的社交舞。

直到18世纪中叶，美国西部开始流行一种带有美洲风格的舞蹈，我们称之为西部乡村民间舞。

19世纪初，由于美国的崛起，原来在欧洲流行的社交舞随着欧洲移民而传入美国。由于社交舞必须由男女相互结伴，按照方块或圆形站位才能跳，这在很大程度上限制了喜欢跳舞却没有舞伴的人。因此，当时美国一些社交舞俱乐部的舞者们意识到，跳舞时可以尝试着不用总是按照方块或圆形的站位形式男女结伴跳，完全可以单独跳或站成一排排跳，而这种不断的尝试即是排舞的最初萌芽。受此启发，当时美国西部乡村的一些民间舞俱乐部也发展出类似排舞风格的舞蹈形式，并使之逐渐在全国传播开来。

20世纪50年代，美国很多电视台播放带有排舞特征的舞蹈节目，电视台的舞蹈节目主持人传播了早期的排舞概念。虽然有了早期的排舞概念，但当时却只能被称为以排舞特征和形式出现的社交舞和民族舞。

20世纪70年代，随着多媒体音响技术的普及，迪斯科（disco）音乐再度在美国兴起，在迪斯科的舞台上，今天被称为"排舞"的舞蹈形式出现了。虽然现代排舞的真正诞生是在20世纪80年代早期，但早在20世纪70年代，一些迪斯科俱乐部中开始出现经过改编的"迪斯科排舞"。可以说，迪斯科音乐的兴起对现代排舞的诞生起了很大的促进作用。

20世纪80年代早期，西部乡村音乐在美国广为流行，为配合西部乡村音乐的传播，现代排舞正式诞生了。1980年，一个名叫吉姆的美国人根据西部乡村舞曲编排了一支排舞。5个身着休闲西装、头戴皮草帽、脚穿旅游鞋的40多岁的男子，重复着向前走、向后退、踏步、踢腿、转圈等简单易学的舞步，并配合随意的身体动作，充分演绎了美国西部乡村音乐的动感、随意、休闲。由于这一时期的排舞都来源于美国西部乡村舞，在当时主要是为了配合和促进乡村音乐的发展，因此很显然地带有西部乡村音乐的烙印，也正因此，许多人认为现代排舞和乡村音乐是同义词。

当然，排舞绝不仅仅与乡村音乐紧密关联，这一时期，还有许多排舞是配合当时一些其他风格的流行音乐，例如摇滚音乐、流行歌曲和节奏布鲁斯风格的音乐等。

排舞正式诞生的一个主要标志就是它的标准化。每一首舞曲都有由国际排舞协会审定的独一无二的舞步；同一个排舞，全世界的曲目是一样的，跳法是一样的。排舞从国际到国内都有规范化的评分规则，拥有专业的裁判和培训机制。

### 二、国际排舞运动的发展历程

20世纪90年代初，排舞进入了全面发展阶段。世界上共有数十个国家开展排舞运动。

1992年，一个叫比利的美国乡村音乐人谱写了一首名为"Achy Break Heart"的歌曲，为了配合推广这首歌，比利委托别人帮他为这首歌编排设计了一支排舞，这首歌最终成为20世纪90年代最著名的乡村音乐之一，被传播到世界各地。这首歌的巨大成功，也使配合推广这首歌的排舞广为人知，随着乡村音乐被传播到美洲、欧洲和澳洲等许多国家。同时，配合乡村音乐编排的排舞热潮又一次兴起，许多著名的排舞曲目都是这一时期的作品。

这一阶段，排舞开始突破乡村音乐的范畴，进而寻求大量其他风格的舞蹈和音乐，如拉丁舞、嘻哈舞、节奏布鲁斯、舞厅舞、爵士舞、踢踏舞等多种舞蹈形式，并随着特定的循环节奏交替旋转起舞。也正是这一时期，排舞吸取了体育舞蹈的舞步动作和编排模式，形成了具有独特风格特点的编排设计和舞步规范。例如，每支排舞都有固定的曲目名称和舞步组合节拍数，并逐渐形成了独一无二的舞步。

排舞风靡全球的一个主要标志，是全世界最好听、最流行的歌曲几乎都被编成了排舞舞曲。如《童话般的初恋》《凯尔特猫咪》《一起快乐》《爱尔兰之魂》《卡萨布兰卡》《永恒的心》《大长今》《神秘东亚》《印度制造》等，这些都是人们耳熟能详的曲目。目前，全世界已经有10万多支排舞曲目，每一首曲目都有自己独一无二的舞步，同一首曲目全世界的舞步动作统一。在这个一致的舞步标准、多重的舞蹈元素组合与变化下，舞者能跳出自己的个人风格，诠释属于自己的舞蹈，舞者在世界各地享受以舞会友的乐趣。

时至今日，排舞的音乐风格已从美国西部乡村音乐扩展到古典音乐、流行音乐、世界名曲甚至歌剧主题曲；舞蹈元素也从社交舞扩展到体育舞蹈、爵士舞、踢踏舞、东方舞、街舞等各种流行的舞蹈形式。排舞运动正是在不断地把各种舞蹈和音乐元素组合、变化、融合、优化、创新后，形成了今天内容丰富、风格多样的面貌。丰富多样的音乐形态是排舞创编的资源库，不断涌现的流行音乐是排舞创编永不枯竭的源泉。

从2000年开始，世界排舞锦标赛、欧洲排舞大师赛等各种赛事每年都如火如荼。作为一项参与人数最多、参与人群最广的运动，屡屡刷新吉尼斯世界纪录：2002年在澳大利亚新南威尔士塔姆沃思镇，创下6744人齐跳排舞的纪录；2002年5月1日在新加坡展览中心创下11967人齐跳排舞纪录；2002年12月29日，在香港跑马地游乐场创下了12168人齐跳排舞纪录；2007年8月25日在美国奥运会城市亚特兰大，创下了17000人齐跳排舞的吉尼斯世界纪录；2014年11月8日，在中国杭州创造了25703人齐跳排舞的吉尼斯世界纪录。以舞会友、以舞交友、以舞健身，成为排舞运动的魅力。如今，排舞已经发展为一种国际健身语言，成为世界上三大最具休闲健身性的健身项目之一。

### 三、中国排舞运动的发展历程

2008年8月8日早晨8点8分，在天安门广场，800名排舞爱好者身着奥运五环颜色T恤组成5个方阵，伴随着奥运主题歌曲《永远的朋友》和"We Are Ready"，表演了具有中国特色的时尚排舞，以表达对北京奥运会的祝福。此次活动是由北京奥组委、北京市人民政府官方批准，在北京市体育局、北京市体育总会、北京市体操协会排舞专业委员会等的共同支持下开展的，主要目的在于借助奥林匹克精神的感染力和北京奥运会的魅力，在第29届奥运会开幕式当天，展示风靡全球的排舞运动。此次活动的成功举办，对我国的排舞运动具有里程碑的意义。

2008年北京奥运会后，排舞在我国得到快速发展，全国掀起了排舞健身的热潮。全国三十余个省、自治区、直辖市都开始了排舞推广普及活动，排舞盛行于北京、江苏、上海、浙江、江西、湖北、福建、四川、云南、西藏等地。同年3月，全国首期排舞运动培训班在北京隆重举行，参加培训的学员由全国19个省、35个市的体育、文化、工会干部和骨干组成，这标志着我国排舞运动推广和普及的全面启动。

2013年，全国排舞运动推广中心成立，首届"舞动中国—排舞联赛"总决赛开幕。2014年总决赛上，由13个国家、13个省、41个城市，20个民族的25703人创造了"最大规模的排舞"吉尼斯世界纪录，2015年排舞总决赛首次融入排舞嘉年华元素，国际排舞大师现场互动教学，至2017年排舞总决赛"排舞科学论文报告会"首次举办，进一步推进了排舞的发展。

2018年，"中国杯"国际排舞公开赛首次举办，更具国际化的赛制，让优秀队伍直通"世界舞台"，代表中国，闪耀五大洲。2019年，排舞在我国的进一步创新发展中加入了民族、曳步舞两大舞蹈风格，总决赛开幕式上排舞八大风格首次亮相，特教组首次进入竞赛单元，成为大家关注的焦点。

2020年，首次采用了线上、线下相结合的竞赛方式，通过各界媒体平台直播，排舞爱好者累计观看直播的数量达到上千万人次，此次比赛吸引了50个城市的248支精英队伍，涵盖5~60岁年龄层的排舞爱好者，有近4000人参与比赛。排舞在中国的发展历程见表1-1-1。

表1-1-1 排舞在中国的发展历程

| 时间 | 发展历程 |
| --- | --- |
| 2004年 | 排舞作为一项休闲的舞蹈运动率先从新加坡等国引入我国的沿海城市 |
| 2008年8月8日 | 8月8日8时8分，800名排舞爱好者在天安门广场展示了风靡全球的排舞活动，这对我国排舞运动的开展具有里程碑的意义 |
| 2010年 | 国家体育总局体操管理中心在四川成都成立了全国排舞运动推广中心 |
| 2013年3月 | 全国排舞运动推广中心总部落户杭州，并正式确立排舞运动为国家级体育项目 |
| 2015年10月 | "舞动中国、排舞联赛"总决赛吸引了全国13个省41个城市的109支排舞精英队，近4000人次参赛。国内现有40多个原创排舞通过了国际排舞机构的认证 |
| 2021—2022年 | 全国校园排舞大课间比赛吸引了全国19个省126个城市的505支排舞队，近25万人次参赛 |
| 至今 | 全国有30多个省、自治区、直辖市开始了排舞推广普及活动，很多地区都成立了排舞协会 |

排舞作为一项全民健身运动，由于其时尚性、健身性、娱乐性和群众性的特点而越来越深受人们的喜爱。

## 第二节　排舞运动概述

排舞是在音乐伴奏下通过重复的固定舞步动作来愉悦身心的国际性体育运动。

### 一、排舞运动的分类

排舞运动有许多种分类，按照舞步组合结构分类，可分成：

（1）完整型排舞：由不断重复固定的舞步组合。如果是 2/4 或 4/4 拍的音乐，舞步组合一般由 32 拍、48 拍、64 拍组成。如果是 3/4 拍的音乐，舞步组合一般由 12×3 拍或 16×3 拍组成。这种类型的排舞，无论是舞步动作，还是方向变化都较为简单，因此多数属于初级水平的排舞。

（2）组合型排舞：由两个或更多的舞步组合构成。而且每一舞步组合的节拍数不一定相同。这种类型的排舞，并不按照一定的规律进行循环，有些组合重复，有些组合并不一定重复。

（3）间奏型排舞：除固定的舞步组合外，还有一个或多个不一定相同的间奏舞步。间奏舞步一般不超过一个八拍。通常，这一类型的排舞在学习时较难记忆，因此属于中等难度级别的排舞。

（4）表演型排舞：舞步较复杂，没有固定的舞步组合。属于最高难度级别的排舞。

按照舞步组合变化的方向分类：一至四个方向。一个方向的排舞就是对着时钟 12 点完成的排舞套路；两个方向指的是对着时钟 12 点、6 点完成的排舞套路；三个方向较少出现，指的是对着时钟 12 点、6 点、3 点或者 9 点完成的排舞套路；四个方向即为时钟 12 点、3 点、6 点、9 点四个方向的排舞套路。

所以按照舞步组合变化的方向可分为三大类：

（1）一个方向的排舞：对着时钟 12 点完成的排舞套路。

（2）两个方向的排舞：舞步组合结束后在相反的方向又开始重复这一舞步组合。即面向时钟 12 点的舞步组合结束后，面向时钟 6 点又开始重复这一舞步组合。

（3）四个方向的排舞：每完成一次舞步组合，都在一个新的方向开始动作。一般按时钟顺时针 12 点、3 点、6 点、9 点进行方向的变化，也可以按时钟逆时针 12 点、9 点、6 点、3 点的方向进行变化[①]。

排舞的结构分类见表 1-2-1。

---

① 来源于"排舞中国"公众号。

表 1-2-1 排舞的结构分类

| 序号 | 分类名称 | 定义 |
| --- | --- | --- |
| 1 | 完整型排舞 | 由不断重复固定的舞步组合，属于初级水平的排舞 |
| 2 | 组合型排舞 | 由两个或更多的舞步组合构成，每一舞步组合的节拍数不一定相同 |
| 3 | 间奏型排舞 | 除固定的舞步组合外，还有一个或多个不一定相同的间奏舞步，属于中等难度级别的排舞 |
| 4 | 表演型排舞 | 舞步较复杂，没有固定的舞步组合，属于最高难度级别的排舞 |

## 二、排舞运动的专业术语

排舞术语是排舞理论和技术等方面的专门用语。排舞术语的运用应做到准确、简练、通俗易懂。

舞谱：完整记录一首排舞曲目所有信息的文字说明。

舞步：舞步是构成舞蹈的基本单位，排舞的舞步是有节奏、有规律交替循环的脚步动作，一般指一只脚的一个动作。

方位：在排舞行进中，为了便于正确辨别身体的方位和检查旋转的角度，根据国际上记录排舞的惯例，排舞以时钟的钟点数来表述方位。自身的正前方称为 12:00，每右转 45° 为一个方向，分别称为（1:30）、（3:00）、（4:30）、（6:00）、（7:30）、（9:00）、（10:30），见图 1-2-1。

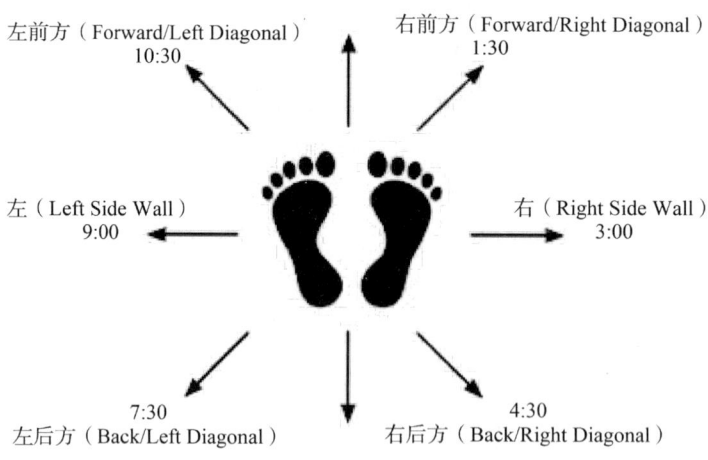

图 1-2-1 排舞时钟方位

①时钟 12∶00 方向：人体直立时胸部所对的方向。
②时钟 3∶00 方向：人体直立时右肩所对的方向。
③时钟 9∶00 方向：人体直立时左肩所对的方向。
④时钟 6∶00 方向：人体直立时背部所对的方向。
⑤顺时针方向：按时钟的 12∶00、3∶00、6∶00、9∶00 方向依次完成动作。
⑥逆时针方向：按时钟的 12∶00、9∶00、6∶00、3∶00 方向依次完成动作。

### 三、排舞运动的特征

每个运动项目都有各自的特征，排舞运动的特征在于其风格的多样性、独有的舞谱记写、特有的排舞舞步术语以及舞段循环等。

（一）风格的多样性

排舞曲目风格各异，内容丰富多彩，技术难易程度各不相同，舞步动作千变万化。但无论怎样变化，曲目风格决定了基本舞步动作及其难易程度。一般来说，街舞风格、爵士风格、伦巴风格的排舞曲目，无论是舞步组合还是对风格的把控相对容易一些；而踢踏舞风格、探戈风格的排舞曲目，舞步动作虽简单，但对身体的控制能力及音乐节奏的处理要求较高，掌握起来相当有难度。因此，排舞教学中，应根据学习者的情况，在不同时段选择适合的排舞曲目。

排舞风格多样性是排舞运动最显著的特征，国际排舞运动涵盖了六大风格二三十种舞种，几乎包含了所有舞种。而在国内，排舞增设了曳步舞和民族民间舞两大风格，排舞运动为八大风格。

国际排舞的六大风格包括律动类、街舞类、升降起伏类、古巴类、平滑类、舞台类；中国排舞的八大风格包括律动类、街舞类、升降起伏类、古巴类、平滑类、舞台类、曳步舞类、民族民间舞类。

（二）独有的舞谱记写

音乐有乐谱，排舞有舞谱，这也是排舞运动区别于健美操、啦啦操、体操、拉丁等项目的一个很显著的特点，我们可以看着舞谱跳舞，舞谱详细地记写了所有信息，包含编舞、音乐来源、风格、舞步术语、舞步方向、节拍、特殊说明等，一目了然，一看就会。下面，我们来看两个中英文舞谱（图 1-3-1、图 1-3-2）。

## 《三字经》

| | | | |
|---|---|---|---|
| 创编： | 商红 | | |
| 类型： | 舞台 | 风格： | 中国古典 |
| 难度： | 初级 | 方向： | 3 |
| 舞蹈： | A:40 B:48 C:32 | 前奏： | 32拍 |
| 舞序： | AAABC/AAABC | | |
| 音乐： | 《三字经》 | 演唱： | 童声 |

**A组：40拍**

**1-8　右脚跟点，还原，左脚跟点，还原**

1-4　　(1-2) 右脚向右，脚跟点地，重心左脚 (3-4) 还原

5-8　　(5-6) 左脚向左，脚跟点地，重心右脚 (7-8) 还原

**9-16　双腿屈膝，还原**

1-4　　(1-2) 两腿屈膝同时上体右转90°，(3-4) 还原

5-8　　(5-6) 两腿屈膝同时上体左转90°，(7-8) 还原

**17-24　前摇摆，并步，后摇摆，并步**

1-4　　(1-2)右脚前进，重心右脚，(3-4)还原

5-8　　(5-6)左脚后退，重心左脚，(7-8)还原

**25-32　右并步二次，左并步二次**

1-4　　(1)右脚向右一步，(2)左脚并右脚，(3)右脚向右一步，(4)左脚并右脚

5-8　　(5)左脚向左一步，(6)右脚并左脚，(7)左脚向左一步，(8)右脚并左脚

**33-40　踏步，右转1/4，站立**

1-4　　(1-2)右脚起原地踏二步，(3-4)右转90°同时踏二步（3:00）

5-8　　(5-8)站立

图 1-3-1　中文舞谱《三字经》

# Bottom of the Bottle

**Count:** 30  **Wall:** 4  **Level:** Beginner
**Choreographer:** Gary O'Reilly (IRE) - May 2022
**Music:** Bottom of the Bottle - Derek Ryan - Country

Music Available from iTunes, Amazon & Spotify
#8 count intro

**Section 1: TOE HEEL HEEL, BEHIND SIDE CROSS, SIDE TOUCH SIDE, BEHIND 1/4 FWD**
1 & 2   Touch R toe back next to L heel (1), dig R heel forward (&), dig R heel forward (2)
3 & 4   Cross step R behind L (3), step L to L side (&), cross step R over L (4)
5 & 6   Step L to L side (5), touch R next to L (&), step R to R side (6)
7 & 8   Cross step L behind R (7), 1/4 turn R stepping forward on R (&), step forward on L (8) (3:00)

**Section 2: FWD COASTER, WALK BACK/CLAP BACK/CLAP, L COASTER STEP, TOE HEEL STOMP**
1 & 2   Step forward on R (1), step L next to R (&), step back on R (2)
3&4&    Walk back on L (3), clap hands (&), walk back on R (4), clap hands (&)
5 & 6   Step back on L (5), step R next to L (&), step forward on L (6)
7 & 8   Touch R toe to L instep with knee in (7), tap R heel slightly forward (&), stomp R forward slightly crossing over L (8)

**Section 3: TOE HEEL STOMP, SIDE TOGETHER BACK, SIDE TOGETHER FWD, WALK, KICK**
1 & 2   Touch L toe to R instep with knee in (1), tap L heel slightly forward (&), stomp L forward slightly crossing over R (2)
3 & 4   Step R to R side (3), step L next to R (&), step back on R (4)
5 & 6   Step L to L side (5), step R next to L (&), step forward on L (6)
7 8     Walk forward on R (7), kick L forward (add a little swing to your kick) (8)

**Section 4: BACK, TOUCH, STEP LOCK STEP, SCUFF, STEP LOCK STEP**
1 2     Step back on L (1), touch R toe to L instep (2)
3&4&    Step forward on R (3), lock step L behind R (&), step forward on R (4), scuff L forward (&)
5 & 6   Step forward on L (5), lock step R behind L (&), step forward on L (6) *Tag

*TAG/: At the end of Wall 3 facing (9:00) & Wall 6 facing (6:00), add the 2 count tag & then restart dance from the beginning.
1 2     Stomp R in place (1), stomp L next to R (2)

**ENDING:** Dance 12 counts of Wall 8, finish the dance facing (12:00) by stepping back on L (12:00).

图 1-3-2　英文舞谱《勇气之下》

（三）特有的排舞舞步术语与舞段循环

排舞有着特有的 52 个排舞步伐术语和 8 个转体术语，每一首排舞曲目中都必须有排舞步伐，并在排舞舞步的基础上、音乐结构的分段下，进行舞段循环。

## 四、排舞运动的特点

自 2008 年国家体育总局体操运动管理中心将排舞运动作为全民健身项目推广以来，排舞迅速成为中小学课间操、大专院校团体操、机关企事业单位工间操、社区居民广场操的主要内容。排舞以迅雷不及掩耳的态势，成为当下时尚、休闲、娱乐、健身的项目之一。排舞运动能够迅速传播，相比其他健身项目，有其自身的独特价值和个性特点。

（一）文化的传承性与创新性

文化的传承与创新是文化发展的重要基础，从最初的方块舞、圆圈舞、宫廷舞到东方舞、爵士舞、街舞，再到现在流行的排舞，充分体现了排舞对舞蹈文化、民族文化、音乐文化、体育文化的继承、发展和创新。在多元文化交融与碰撞的背景下，排舞逐渐形成了个性鲜明的风格特点，而每一种风格也展现了不同地区和民族的文化风采。比如桑巴风格的排舞展现了巴西文化，踢踏风格的排舞展现了爱尔兰文化，爵士风格的排舞展现了美国文化，探戈风格的排舞展现了阿根廷文化，街舞风格的排舞展现了流行文化等。在新时代背景下，具有民俗特色的排舞汲取了崭新的要素，推动特色排舞的创新发展。排舞运动正是在吸收国外舞种风格的基础上，海纳百川，传承中国多种民族文化，在传承中不断创新，在创新中更好传承，二者相辅相成，共同推动排舞运动的健康发展。

（二）舞步的统一性与独特性

排舞是一项音乐和固定舞步融合在一起，根据不同的音乐元素来表现不同舞种风格特点的健身运动，排舞最突出的特点就是全世界每首曲目都有对应的舞谱，舞步完全统一，并且每个舞步都有独特的名称和节拍数，但对身体及手臂的动作并无统一要求。排舞爱好者们可以根据个人对音乐的理解，编排手臂动作，诠释属于自己的舞蹈风格，在一定程度上展示了排舞运动的多样性。无论是完整型、组合型、间奏型，还是表演型排舞曲目，其舞步组合的不断循环，身体动作随韵律的不断变化，能够更好地展现舞蹈动作的美感和艺术性，练习者可以在遵循排舞舞步统一性的同时，尽情发挥想象，充分展示个性特点，诠释排舞文化内涵。

（三）音乐风格的流行性与时尚性

排舞最早来源于方块舞、圆圈舞、欧洲宫廷舞和当时流行的迪斯科舞蹈以及美国西部乡村的民族民间舞蹈。随着时代的发展，排舞融入了越来越多流行的舞蹈和音乐元素，多样的风格、多彩的旋律以及明朗的节奏等都具有丰富的艺术表现力，在多种舞蹈和音乐元素的不断组合、变化和创新之下形成了如今排舞曲目多元的风格与艺术特点。舞步和音乐是排舞组成要素中最为重要的两大要素。音乐是排舞的灵魂，舞步是音乐的外在表现形式。音乐节奏、旋律、和声与舞步组合、编排、演绎浑然一体，使音乐通过排舞的诠释变成了"看"得见的艺术，而排舞通过音乐的表达也变成了"听"得见的艺术。

（四）舞蹈元素的包容性与多样性

排舞作为一种国际性的健身舞蹈最早起源于西方国家，它的包容性极强，吸收了爱尔兰舞蹈、街舞、爵士舞、恰恰、牛仔、现代舞、华尔兹、拉丁舞等多种舞蹈元素，具有一定创编水平的排舞爱好者，通过多样的舞蹈元素进行组合与创新，结合自身特点，创编出了各具特色的作品。由于全世界不同种族、地域环境的差异和民俗民风、人文历史等诸多因素的影响，排舞运动形成了多样的舞种风格，每种风格都包含了相应特点的舞蹈种类，因此受到各年龄层次人们的追捧和喜爱。

（五）大众健身的艺术性与国际性

排舞的艺术性通过成套展示来展现舞步、音乐与身体动作的完美融合，蕴含着参与者的审美追求和视觉效果，表现出排舞的姿态美、精神美和艺术美，可以说丰富多样的艺术编排容易激起大众的审美动机，从而强化自身的审美意识。以艺术审美的方式进行娱乐和健身，提高人的艺术修养和意志品质，能够给排舞爱好者带来极大的美的享受。在信息化时代，排舞已成为一种国际化的舞蹈，风靡世界，全世界的排舞爱好者能够在国际排舞官方推广平台上进行交流学习。排舞已经成为不同国家、地区男女老少都可以参与其中的一项具有自娱性、表演性和观赏性的健身舞蹈。

### 五、排舞运动的价值与功能

排舞是一项群众性的活动，参与者不受限制，具有广泛的适应性，所以在排舞的发展过程中，形成了多元化的舞蹈表演形式，并且结合丰富的音乐题材，将排舞的魅力展现在人们的面前，有节奏鲜明的，也有舒心缓慢的。排舞不仅仅是一项体育项目，更是一项人与人之间的交流活动，在这发展的过程中，充分展现出排舞灵活而且表现力极强的特点。

（一）排舞运动的价值

1. 排舞的健美价值

排舞的练习是在优美动听的音乐旋律中，把细腻的情感注入舞姿中，并以舞蹈技艺形神一致地表现出各种动与静的姿态，塑造出各种美妙的意境组合，体现出美的姿态、美的造型，创设出体育与艺术、力与美高度结合的意境，给人以艺术熏陶和美的享受。因此，排舞练习对形态、姿态、健康等方面都有积极的作用：经常参加排舞练习是一项很好的形体训练，可以提高人体的协调能力，强健身体各个部位的肌肉群，以及增加骨骼的骨密度，具有十分显著的健美效果。研究表明，练习排舞后，人的体重、体重指数和腰围都有下降趋势，这也印证了上述观点。这说明，排舞练习可以消除体内多余脂肪，对降低体重、保持匀称的身材可起到正向的作用。

2. 排舞的健身价值

心肺功能是评价人体生理机能的重要内容，经常参加运动的人，身体机能会产生一系列适应性变化，但是这些变化对机体的影响是相对的，不合理的运动可能对身体造成危害，只有符合人体生理规律的适宜运动，才能使心肺能力得到增强，从而增进身体健康。排舞的一首舞曲基本上都在3分钟左右，以有氧代谢为主，通过练习排舞，可以帮助练习者改善心肺功能，消除人脑疲劳和精神紧张，达到增强体质、延缓衰退、提高人体的活动能力等目的。同时，很多舞蹈都可以提高机体的耐力、速度、灵敏、协调和柔韧素质，促进身体的全面发展。

3. 排舞的健心价值

随着物质生活水平的提高，人们对精神生活的追求也逐渐上升，体育运动成为人们进行休闲娱乐的重要选择。排舞运动所选用的音乐大多节奏比较鲜明，有节奏的韵律会在练习的过程中感染人心，加之排舞的整体观感会给人一种干净舒服的感觉，客观上可以起到愉悦心灵的效果。此外，排舞本身就是一项集体项目，随着它的逐步推广，参与运动的人员也日益多样化，在排舞练习的过程中，要求一排排一行行整齐队列，要求参与者之间有感情交流和相互配合，在统一舞步和造型变化的过程中，会促使参与其中的人们用舞蹈来表达自己的情感，同时向伙伴传递自己所想要表达的意思，所以排舞运动是一项很能够表达参与者内心情感的运动，能够增进参与者的友谊，有利于人与人之间更好地交流。

（二）排舞运动的功能

1. 排舞的教育教学功能

排舞作为新兴的大众健身运动，与健康的体育健身和教育理念相符，与全民健身计划的目标、措施高度吻合。积极推进排舞运动在学校展开，有利于推动我国体育教育教学事业发展。全面实施《国家学生体质健康标准》，广泛深入开展"全国亿万学生阳光体育运动"，保证学生每天在校至少参加一个小时的锻炼活动。

排舞运动无须投入、开展方便、参与形式多样且运动损伤风险低。将排舞运动纳入各级学校的教学体系，有利于增强学生体质，给校园注入新的活力。全国排舞运动推广中心在全国各地开展"阳光排舞进校园"活动，选编了适合不同年龄学生的校园排舞曲目，为提高青少年身体素质、推进青少年素质教育助力。截至2023年，随着"阳光排舞进校园"活动的开展，排舞运动正逐步地深入校园，融入少年儿童的日常学习生活中。从阳光排舞进校园到排舞大课间比赛，已经有近百万学生参与排舞运动。排舞运动进入校园，让所有在校学生接触新的运动项目，领略排舞运动的独特魅力，在实践中凸显排舞的教育、教学功能。

2. 排舞的健身强体功能

排舞运动具有强身健体的功能，长期练习能养成良好的健身意识。运动过程中，练习者可以跟随音乐将手臂、身体、舞步动作自然地结合。排舞运动能增强人体肌肉的协调性、关节的灵活性和身体的柔韧性，改善心肺功能，学习者在记忆舞步、节奏、频率的过程能锻炼中枢神经系统。通过长期练习，可培养学习者良好的身体形态和气质。排舞运动是随着音乐节奏进行的有氧运动，可以燃烧脂肪，达到减肥塑身、美体美容的效果。

3. 排舞的健心娱情功能

2021年，国务院印发《全民健身计划（2021—2025年）》，提出"以习近平新时代中国特色社会主义思想为指导，贯彻落实党的十九大和十九届二中、三中、四中、五中全会精神，坚持以人民为中心，坚持新发展理念，深入实施健康中国战略和全民健身国家战略，加快体育强国建设，构建更高水平的全民健身公共服务体系，充分发挥全民健身在提高人民健康水平、促进人的全面发展、推动经济社会发展、展示国家文化软实力等方面的综合价值与多元功能。"排舞运动在促进重点人群开展健身活动、推动体育产业高质量发展、推进全民健身融合发展和营造全民健身社会氛围等方面具有不可替代的积极作用。首先，学习排舞能够使人愉悦身心，增强团队的凝聚力和向心力，促进社会主义精神文明建设。其次，学习者之间可以进行思想、舞艺交流，消除戒备，促进沟通。在娱乐和锻炼的同时拉近人与人之间的距离。使练习者的人格得到完善，提高人际交往能力，激发人们对真善美的向往。

**六、排舞运动的发展态势**

排舞既可以集体共舞，又可以一人独享，还可以双人演绎。它的受众遍布各行各业，覆盖全年龄段人群。2021年，全国排舞和广场舞项目进一步得到了协会化规范管理，截至目前已累计有上亿人参与、观赏和关注排舞运动，中国排舞走出了一条具有中国特色的发展道路。

（一）持续开展阳光排舞进校园活动

为贯彻落实《中共中央国务院关于加强青少年体育增强青少年体质的意见》《关于深化体教融合促进青少年健康发展的意见》的精神，经国家体育总局体操运动管理中心同意，于2014年1月1日起正式启动"阳光排舞进校园"项目，在全国各地校园进行排舞推广，推动青少年文化学习和体育锻炼协同发展。排舞运动积极实施体教融合政策，树立"健康第一"的教育理念，勇于创新，不断探索排舞运动发展的新思路、新途径和新方法。全国各省市各地区设区域负责人全面负责推广排舞运动进当地大中专院校和中小学。形成了以创设校园排舞比赛为先导，以学校排舞师资队伍建设为途径，以创编校园排舞曲目为元素，以星级学校评选、科学论文报告会、校长论坛及校园排舞网络课程"四大工程"为载体的校园排舞推广方式。全国校园排舞大课间比赛参赛人数近一百万人。排舞运动不仅为学生的每日锻炼创造良好条件，而且与学校艺术活动相结合，进一步促进了校园文化建设。

（二）有序进行排舞教练员、裁判员队伍建设

中国排舞事业的发展进程中，各级教练员、裁判员起到了不可替代的作用，他们是中国排舞运动培育、宣传、推广和发展的中坚力量，也是保障中国排舞各项竞赛公平、公正、公开有序开展的生力军。自2014年以来，国家体育总局体操运动管理中心有序进行排舞教练员、裁判员队伍建设工作，国家体育总局设置了全国各省、直辖市和自治区的负责人，定期选拔优秀骨干教师进行排舞全国推广套路和竞赛规则的学习，各区域负责人定期组织片区教师进行教练员和裁判员的培训学习。每场培训都通过"排舞中国"官方微信公众号平台进行播报，并将相关资讯同步更新在全国排舞网站上，形成良性互动与资源共享的最大化。

（三）大力推动中国原创曲目走向国际平台

排舞推广中心不断创编、征集运动曲目，确保排舞运动持续不断地向前发展。目前，排舞推广中心积极结合中国国情和民族文化的特色创编中国文化舞曲，如《卓玛》《香格里拉》等。为了推出更多优秀的民族舞曲，排舞推广中心开展了2014年"挖掘与传承中国传统体育文化"系列活动。

（四）不断扩大赛事规模与类型

排舞运动的各区域赛事、全国赛事和《舞动中国》创吉尼斯世界纪录活动的开展不断扩大排舞运动的影响力。"舞动中国—排舞联赛"由各地区先行开展片区赛事，然后再进行全国赛事，这些赛事和大型活动不断吸引大众的眼球，促进排舞运动在全国的普及。

# 第二章

# 排舞运动与健康的关系

## 第一节 排舞对生理机能的影响

排舞来源于休闲健身运动项目，是一种舞步多元、风格创新、简单易学，既可以独舞，又可以团体共舞的新型舞蹈。排舞包含了多种舞蹈和音乐风格，每一个舞蹈都有各自完整的曲目，不仅能让舞者跳出自己的个人风格，还可以使不同性别、不同年龄层次的人群选择适合的运动量和强度。其特点是老少皆宜、简单易学、无需基础、无需舞伴、场地无限，学跳排舞不但可以学到优雅的舞蹈动作，还可以舒缓身心压力、增强心肺功能、塑造优美形体、增强身体协调、结交更多朋友、彰显团队精神，轻松达到健身减肥的效果。

### 一、排舞对青少年的健美价值

排舞的练习是在优美动听的音乐旋律中，用心灵共舞，把细腻的情感注入舞姿中，并辅以舞蹈技艺形神一致地表现出各种动与静的姿态，塑造出各种美妙的意境组合，体现出美的姿态、美的造型，创设出体育与艺术、健与力高度结合的意境，给人们艺术熏陶和美的享受。因此，排舞练习对形态、姿态、健康等方面都有较高的要求，经常参加排舞练习是一项很好的形体训练，对提高人体的协调能力、强健身体的各个部位的肌肉群以及增加骨骼的骨密度等，都具有十分积极的作用。

### 二、排舞对青少年的健身价值

心肺功能是评价人体生理机能的重要内容，经常参加运动的人，机能会产生一系列的适应性变化，但是这些变化对机体的影响是相对的，不合理的运动对身体会造成危害，只有符合人体生理规律的适宜运动，才能使心肺能力得到增强，从而增进身体健康。对于处于发育阶段的青少年而言，心血管系统和呼吸系统的机能尚不完善。排舞的一首舞曲基本上时长都在3分钟左右，以有氧代谢为主，练习者的心血管和呼吸系统都能得到良好的锻炼，排舞能提高机体的耐力、速度、灵敏、协调和柔韧素质，促进身体全面发展。研究表明，高职生通过排舞锻炼，心率明显下降，肺活量指数和台阶指数都有显著升高，较好地改善了学生的心肺功能。

### 三、排舞对青少年的发育价值

青少年年龄在 12～22 岁，正是人体各器官、系统进一步生长发育趋于成熟，各项身体素质达到高峰的重要时期，因此在此期间进行适合他们生长特点的运动是必须的。就身体而言，人的成长过程离不开生长与发育这两个相互联系的方面。就体质而言，人们通过运动健身主要体现在后天性获得基础上所表现出的身体形态和身体机能的功效。就青少年而言，则是处于上述两点的关键时期，进而也是运动健身的黄金时期。因此，运动健身对青少年的生长发育起着至关重要的作用。

综上所述，排舞是将健身性、娱乐性、观赏性、趣味性和群众性等融为一体的运动形式，并与现代生活方式密切相关。目前，这项运动在世界上已被列在几大最具健身性项目的首位，将它引进普通高校是社会发展的需要，也是培养人才不可缺少的教学内容。通过推广排舞运动，其能在学校迅速普及，对提高学生的综合素质将会起到很好的作用。把排舞加入普通高校公共体育课的教学内容体系当中，可让学生根据自己的爱好自由选择。在教学中根据学生年龄、心理特征选择合适的排舞动作，根据实际情况采用不同的教学方法和选择不同的教学方式。同时应加强师资建设，定期进行排舞培训，不断提高教师的业务水平。

## 第二节　排舞对心理健康的影响

高等教育旨在培养具有渊博的专业知识、高尚的思想道德素质、高品位的文化素养、身心健康的高层次人才。随着我国高等教育招生规模逐年扩大，他们在学业、择业、生活、情感等方面面临的压力越来越大，由此引发的行为问题日渐增多，直接影响到高校青年的正常学习和生活。高校青年的心理健康问题已经受到各培养单位和社会的广泛关注。对于高校青年群体而言，身体活动是促进自身健康状况发生改变的最积极的后天环境因素，是在学龄晚期构建健康人格、调控心理健康的一种积极而有效的手段。已有的研究结果显示相当数量的高校青年喜爱具有"结构"特征，即运动方式遵循已被创编出的动作进行，运动时间可被事先预知的项目，如健美操、太极拳等。

排舞是舞者以单排或多排为队形在同一时间内共同演绎具有重复性的舞步组合的舞蹈形式，具有舞种丰富、音乐风格与节奏多样化、舞者在运动过程中能够享受轻松与欢乐、有益于身体活动与社会交往等特点。排舞不仅具有"结构"特征，而且能够对目标人群的心理健康产生直接或间接的影响，如降低抑郁、焦虑、疲劳感和紧张感，提升自信、自尊及身体意象满意度。排舞对大学生心理健康的影响主要体现在以下三个方面。

### 一、加强大学生人际交往能力

人际关系的和谐与否能客观反映大学生的身心健康状况。对于大学生而言，无论在学校还是将来走上工作岗位，都需要具备良好的社交能力，处理好人际关系，从而保持健康的心理状态。互联网时代下的大学生群体中普遍存在着与其他同学交流、联系、互动较少，沉迷于刷手机，一定程度上影响了大学生人际交往能力的提升。而排舞是一项集体参与的体育运动项目，大学生们参与项目的过程，同时也是开展良好的社交活动的过程，是加强大学生社会交往的重要途径，可以培养大学生的竞争意识、团队精神和集体观念，对于解决大学生人际交往方面的心理问题具有至关重要的作用。

### 二、增强大学生情绪调节能力

随着社会竞争的日益加剧，大学生常常处于学习、生活、就业等多重压力之中，也有可能出现阴郁、焦虑、抑郁等不良情绪，在这些情况下，如果他们自身缺乏良好的情绪调节能力，这些不良情绪将愈演愈烈，形成严重的心理障碍，甚至引发极端行为。而排舞运动既能强身健体，也能达到调节消极、负面情绪的效果。当大学生们完成自己设定的排舞运动目标后，容易产生自身价值的获得感和个体成就感，形成对自身的积极认可和正面评价，促进释放正面的情绪，从而及时地发挥出良好的心理调适作用。

### 三、培养大学生良好的意志品质

大学生在学校成长过程中难免会遇到这样那样的不如意、困难、挫折和挑战。另外，现在的大学生群体独生子女较多，从小生长在父母亲的百般疼爱与呵护下，他们大都缺乏坚强的意志品质，容易陷在困境中无法自拔。排舞运动具备一定的竞技色彩和挑战性，不仅能够锻炼大学生不断突破自己的体能极限，而且还有助于磨炼大学生们的精神意志，形成吃苦耐劳、不怕困难、坚忍不拔的优良品质。同时，还能培养他们将这些优良的意志品质迁移到日常的学习生活中，以积极健康的心态应对人生中的各种挑战。

## 第三节　排舞对健康行为的影响

### 一、培养正确健康素养

所谓的"健康素养"是一种学力概念，泛指人适应自然环境变化的健康素质与能力及人在社会健康文明的行为与科学锻炼的生活方式。健康素养指能将所学习的饮食营养、卫生保健、疾病预防、科学锻炼等健康知识运用于运动、学习和生活之中，表现出学习者对热爱生活、珍惜生命、身心健康、体魄强健的体验或达成的程度，是描述学生在一定过程之健康素养的学习后所获得的变化，在增进身心健康和积极适应外部环境的综合表现。通过排舞教学，学习者能够形成正确的身体姿态，发展体能，能够养成关注身体和健康的意识，懂得营养、环境和不良行为对身体健康的影响；了解体育运动对心理健康的作用，认识体育锻炼对于健康的重要性、身心发展与健康的关系，从而自觉坚持体育锻炼；能正确运用所学的健康知识积极进行科学锻炼，根据锻炼的效果调整锻炼方案；能对有关影响健康的问题与疾病发生的原理进行科学阐释与分析解决，并有效指导他人进行体育锻炼与卫生保健。[①]

## 二、提升主动健康意识

主动健康理念倡导人们在没有患病或将达到亚健康状态前，进行健康体检，以体育运动及健康教育为手段，把防病关口前移，通过非医疗性健康干预促进健康，使人们免于患病。主动健康理念在中西方古典医学中早已存在，《黄帝内经》中对体质健康与疾病预防、不治已病治未病、导引的论述蕴含着最早关于运动与疾病防治的思想。华佗继承和发扬了《黄帝内经》中圣人的预防思想，在《五禽戏》中矫正了往昔只重单纯治疗的观点，开始系统地论述体育与养生、疾病预防的目的、关系、价值和方法，倡导用体育锻炼的方法防治疾病、延年益寿。古希腊医生希波克拉底认为，一个人的健康仅靠饮食营养难以维持，食物和运动有效结合才能带来健康。个体的健康须建立在饮食与体育锻炼的基础上且二者保持动态平衡，任何超出身体承受力的行为都将导致疾病，这样的观点在如今的社会中仍然适用。因此，排舞这一体育运动项目，除了具有强身健体、美学教育，还具有体育运动的普遍功能，对高校大学生的主动健康意识的培育和提升同样具有非常重要的意义。

## 三、促进养成健康行为

在逻辑关系上，个体的生存权大于发展权，强健的体魄则是生存的基础；大学生对生存与健康需求的双重属性决定了体质健康教育和生活方式存在内生的相互促进关系。通过对大学生体质健康测试项目筛选的研究认为，反应时间间隔越短的男大学生体质状况越稳定，握力体重指数越高的女大学生躯体亚健康状态水平越低。利用自制量表，以是否接受健康生活方式为实验分组依据，进行为期2年的跟踪研究得出，通过健康生活方式干预有效提高了大学生的"大健康"综合状况，包括体质、心理、精神状态及社会适应能力。澳大利亚人口调查基础性评估研究发现，看电视（久坐行为）的时间与代谢综合征、葡萄糖代谢异常有显著关系；看电视的时间与全病因死亡率以及心血管疾病死亡率高度相关。大量研究显示，大学生体质健康状况面临前所未有的挑战，以"屏幕时间（久坐行为）"为主的不良生活方式日益凸显；由于工作方式、交通方式、交流方式的改变，在静坐少动的环境中办公，静坐已成为最普遍的行为，甚至很多人坐的时间超过了睡眠时间。排舞运动在很大程度上可改善高校师生员工体质状况及生活方式问题，并能促进师生参与一切有助于提高体质状况、改善久坐行为的身体活动。[②]

---

[①] 吴燕，张小燕，张振华. 刍议三大体育核心素养的角色与定位、特性与维度[J]. 池州学院学报，2022，36（6）：112-114.

[②] 黄越，吴亚婷. "运动是良医"视域下高校体育文化培育路径研究[J]. 河北师范大学学报：自然科学版，2019（4）：92-98.

# 第三章

# 排舞运动的分类

排舞内容丰富，必须对其进行分类整理，才能更好地了解它。排舞套路的内容、结构和表达方式多种多样，包括舞蹈本身、舞步结构、舞者表情、舞蹈服装、舞蹈所用的道具、舞蹈队形的变换及造型等。排舞结构和表达方式的重新组合，致使舞蹈风格各异，呈现给观众独特的视觉享受。首先，不同文化传统、审美意识等方面差异使舞蹈风格被同化和异化，产生了多样的艺术表达形式。第二，排舞运动在发展和流传过程中被不同环境、不同种族、不同地区、不同国家的人们所接受，使得地域差异也反映在舞蹈的表现形式上。最后，丰富的音乐素材也使排舞舞蹈风格多样。丰富的音乐素材为排舞创编提供了巨大的资源宝库，多元的音乐素材满足了其多样化的风格需求。目前，排舞的分类原则和标准的依据主要有舞步组合结构、舞步组合变化的方向和音乐舞蹈风格三种。

## 第一节 按照舞步组合结构分类

按照舞步组合的结构可分为四大类：

### 一、完整型排舞

不断重复固定的舞步组合。如果是 2/4 或 4/4 拍的音乐，舞步组合一般由 32 拍、48 拍、64 拍组成。如果是 3/4 拍的音乐，舞步组合一般由 12×3 拍或 16×3 拍组成。这种类型的排舞，无论是舞步动作，还是方向变化都较为简单，因此多数属于初级水平的排舞。

### 二、组合型排舞

由两个或更多的舞步组合构成，而且每一舞步组合的节拍数不一定相同。这种类型的排舞，并不按照一定的规律进行循环，有些组合重复，有些组合并不一定重复。

### 三、间奏型排舞

在固定的舞步组合外，还有一个或多个不一定相同的间奏舞步。间奏舞步一般不超过一个八拍。通常，这一类型的排舞在学习时较难记忆，因此属于中等难度级别的排舞。

### 四、表演型排舞

这种类型的排舞舞步较复杂，并且没有固定的舞步组合，属于最高难度级别的排舞。

## 第二节  按照舞步组合变化的方向分类

按照舞步组合变化的方向可分为四大类：

（1）一个方向的排舞：面向时钟12点一个方向跳完所有的舞步组合。

（2）两个方向的排舞：舞步组合结束后在相反的方向又开始重复这一舞步组合。即面向时钟12点的舞步组合结束后，面向时钟6点又开始重复这一舞步组合。

（3）三个方向的排舞：出现在间奏型排舞中。每完成一次舞步组合，都会按顺时针（或者是逆时针方向）进行变化，在第三次舞步组合完成后，由于音乐节奏的关系又会回到舞蹈的初始方向。

（4）四个方向的排舞：每完成一次舞步组合，都在一个新的方向开始动作。一般按时钟顺时针12点、3点、6点、9点进行方向的变化，也可以按时钟逆时针12点、9点、6点、3点的方向进行变化。

## 第三节  按照音乐和舞蹈的风格分类

按照音乐和舞蹈的风格可分为八大类：

### 一、升降起伏（Rise and Fall）

定义：一种运用重心升降和身体摆荡动作的舞蹈，强调身体重心的升降、起伏。

种类：狐步舞（Foxtrot）、华尔兹（Waltz）、维也纳华尔兹（Viennese Waltz）、快步舞（Quickstep）。

### 二、律动/轻松活泼类（Pulse/Lift）

定义：一种运用脉冲运动的舞蹈，强调重心律动。

种类：波尔卡（Polka）、东海岸摇摆（ECS）、牛仔（Jive）、桑巴（Samba）。

## 三、平滑类（Smooth）

定义：一种运用平滑动作的舞蹈，强调重心平移。

种类：夜总会（Nightclub）、探戈（Tango）、西海岸摇摆（WCS）。

## 四、古巴类（Cuban）

定义：一种运用古巴动作的舞蹈，强调髋部运动。

种类：伦巴（Rumba）、恰恰（Cha-Cha）、曼波（Mambo）。

## 五、街舞类/放克类（Street/Funky）

定义：一种展示步法和身体动作的舞蹈，强调手臂和腿部的弯曲、身体的拉升和抖动。

种类：嘻哈（Hip-Hop）、机械舞（Popping）、霹雳舞（Breaking）、爵士（Jazz）、锁舞（Locking）。

## 六、舞台/新颖类（Stage/Novelty）

定义：一种展示步法和身体动作的舞蹈，是类似于百老汇、舞台秀的舞种。

种类：抒情（Lyrical）、现代（Modern）、芭蕾（Ballet）、百老汇、武术、操舞、古典舞。

## 七、民族舞类（Folk dance）

定义：泛指产生并流传于民间、受民俗文化制约，即兴表演但风格相对稳定以自娱为主要功能的舞蹈形式。

种类：藏族、蒙古族、维吾尔族、傣族、汉族等民族民间舞。

特点：（1）汉族：东北秧歌稳中浪、浪中梗、梗中翘，胶州秧歌泼辣、"三道弯"、韧劲、扭断腰；（2）维吾尔族：热情、豪放、稳重、细腻；（3）藏族：气息贯穿始终、坐懈胯，"三步一变"、"后撤前踏"、"倒脚辗转"、"四步回转"、颤、开、顺、左绕；（4）蒙古族：豪迈洒脱、活泼优美、热情奔放；（5）傣族：内在含蓄、平和优美、安详舒缓、婀娜多姿。

## 八、曳步舞类（Shuffle dance）

定义：一种以舞步变化为主要内容，一人或多人同时进行的健身舞蹈。曳步舞属于一种力量型舞蹈，通常运用拖着脚走的舞步，动作快速有力，音乐强悍有震撼力（主要是电子舞曲），舞蹈充满动感活力，极具现场渲染力。

排舞风格分类见表3-3-1。

表 3-3-1 排舞风格分类

| 序号 | 分类 | 定义 | 种类 |
| --- | --- | --- | --- |
| 1 | 升降起伏（Rise and Fall） | 一种运用重心升降和身体摆荡动作的舞蹈，强调身体重心的升降、起伏 | 华尔兹（Waltz）<br>维也纳华尔兹（Viennese Waltz）<br>快步舞（Quickstep）<br>狐步舞（Foxtrot） |
| 2 | 律动/轻松活泼类（Pulse/Lift） | 一种运用脉冲运动的舞蹈，强调重心律动 | 波尔卡（Polka）<br>东海岸摇摆（ECS）<br>牛仔（Jive）<br>桑巴（Samba） |
| 3 | 平滑类（Smooth） | 一种运用平滑动作的舞蹈，强调重心平移 | 夜总会（Nightclub）<br>探戈（Tango）<br>西海岸摇摆（WCS） |
| 4 | 古巴类（Cuban） | 一种运用古巴动作的舞蹈，强调髋部运动 | 伦巴（Rumba）<br>恰恰（Cha-Cha）<br>曼波（Mambo） |
| 5 | 街舞类/放克类（Street/Funky） | 一种展示步法和身体动作的舞蹈，强调手臂和腿部的弯曲、身体的拉升和抖动 | 嘻哈（Hip-Hop）<br>机械舞（Popping）<br>霹雳舞（Breaking）<br>爵士（Jazz）<br>锁舞（Locking） |
| 6 | 舞台/新颖类（Stage/Novelty） | 一种展示步法和身体动作的舞蹈，是类似于百老汇、舞台秀的舞种 | 抒情（Lyrical）<br>芭蕾（Ballet）<br>现代（Modern）<br>百老汇、武术、操舞、古典舞 |
| 7 | 民族舞类（Folk dance） | 泛指产生并流传于民间、受民俗文化制约，即兴表演但风格相对稳定，以自娱为主要功能的舞蹈形式 | 藏族、蒙古族、维吾尔族、傣族、汉族等民族民间舞 |
| 8 | 曳步舞类（Shuffle dance） | 曳步舞属于一种力量型舞蹈，通常运用拖着脚走的舞步，动作快速有力，音乐强悍有震撼力（主要是电子舞曲），舞蹈充满动感活力，极具现场渲染力 | |

# 实践篇

第四章　排舞运动的术语及其运用
第五章　排舞运动八大风格理论与实践
第六章　排舞运动的教学
第七章　排舞运动的舞谱编写
第八章　排舞运动的创编
第九章　排舞运动的训练

# 第四章
# 排舞运动的术语及其运用

为了便于书写、学习、交流、运用和推广排舞运动，在实践中排舞术语应具有下列特征：

### 一、专业性
术语是表达排舞的特殊概念的，具有较强的专业性。

### 二、统一性
术语作为一种交流专业知识的工具，在教学、训练中无论是讲述动作要领、交流训练体会、制订训练计划，还是编写教材、教学大纲、进度、教案以及科研等活动，都需要运用术语，这就要求所用术语必须是统一的，并且是规范的。

### 三、科学性
正确的术语既能反映动作的基本形态，又能形象地描述动作的基本特征，是对所述动作技术的一种理解，这就要求所用的术语具有较严格的逻辑性和科学性。科学的术语能加深对动作的理解，有利于动作技能的形成，对教学训练起到积极的促进作用。

### 四、实践性
排舞运动的群体性使得排舞术语的运用较宽广，不仅有广大的教师（教练员）、学生（运动员），还有机关企业干部、社区群众、国际友人等众多的排舞爱好者。因此，术语的选词必须通俗、易懂，以利于排舞运动的开展。

## 第一节 排舞运动基本名词术语

### 一、排舞基本名词术语（表 4-1-1）

表 4-1-1 排舞基本名词术语

| | | | |
|---|---|---|---|
| 排舞 Line Dance | 编舞者 Choreographer | 音乐名 Music | 演唱者 Singer |
| 每分钟拍数 BPM | 拍子 Count | 方向/遍 Wall | 舞蹈水平 Level |
| 初级 Beginner | 中级 Intermediate | 高级 Advance | 前奏/介绍 Count In/Intro |
| 开始 Start | 舞蹈顺序 Sequence | 小节/章节 Section | 段落/部分 Part |
| 结束 End | 间奏 Tag/Bridge | 从头开始 Restart | 重复 Repeat |
| 步伐 Step | 脚 Foot ( Ft ) | 右脚 Right ( RF ) | 左脚 Left ( LF ) |
| 脚尖 Toe | 脚跟 Heel | 归位 Home | 原地 In Place |
| 前面 Front | 后面 Back | 侧面 Side | 斜角 Diagonal |
| 头 Head | 手 Hand | 面向 Face | 膝盖 Knee |
| 切分音 Syncopated | 顺时针 Clockwise ( CW ) | 逆时针 Counter-Clockwise ( CCW ) | |

注：参考《2021—2024 年排舞运动员、裁判员培训理论知识教材》。

### 二、排舞运动动作术语（表 4-1-2）

表 4-1-2 排舞运动动作术语

| | | | | |
|---|---|---|---|---|
| 刷地 Brush/Scuff | 退 Back | 击掌 Clap | 交叉 Cross | 拖步 Drag |
| 扇步 Fan | 进 Forward | 轻弹 Flick | 跟弹 Heel Bounce | 跟点 Heel Dig |
| 跟磨 Heel Grind | 跟开 Heel split | 跟拍 Heel Tap | 顶髋 Hip Bump | 抬/吸起 Hitch |

续表

| 刷地<br>Brush/Scuff | 退<br>Back | 击掌<br>Clap | 交叉<br>Cross | 拖步<br>Drag |
|---|---|---|---|---|
| 停顿<br>Hold/Freeze | 勾提<br>Hook | 单足跳<br>Hop | 跳<br>Jump | 踢<br>Kick |
| 提起<br>Lift | 锁步<br>Lock | 弓步<br>Lunge | 点<br>Point | 抖肩<br>Shimmy |
| 滑冰步<br>Skate | 滑步<br>Slide | 踏步<br>Stomp | 摇摆<br>Sway | 扫步<br>Sweep |
| 旋步<br>Swivel | 踢踏步<br>Tap | 触点<br>Touch | 并步<br>Together | 转<br>Turn |
| 扭转<br>Twist | | | | |

注：参考《2021—2024年排舞运动员、裁判员培训理论知识教材》。

## 三、排舞运动步伐术语（表4-1-3）

表4-1-3　排舞运动步伐术语

| 编号 | 舞步名称 | 节拍 | 基本类型 | 舞步描述 |
|---|---|---|---|---|
| 1 | 跳<br>Jump | 1 | 双脚跳<br>Jump | 双脚同时起跳，双脚落地 |
| | | | 爵士跳<br>Jazz Jump | 单脚起跳，双脚落地 |
| | | 12 | 开合跳<br>Jump Jack | 1. 双脚起跳，分开落地<br>2. 双脚起跳，并脚落地 |
| 2 | 扇形步<br>Fan | 12 | 脚尖扇形步<br>Toe Fan | 1. 单脚尖向外（向内）平展，2. 脚尖还原 |
| | | | | 1. 双脚尖向外（向内）平展，2. 脚尖还原 |
| | | | 脚跟扇形步<br>Heel Fan | 1. 单脚跟向外（向内）平展，2. 脚跟还原 |
| | | | | 1. 双脚跟向外（向内）平展，2. 脚跟还原 |
| 3 | 摇摆<br>Rock | 12 | 前摇摆<br>Rock Forward | 1. 右脚前进，2. 重心回左脚 |
| | | | 后摇摆<br>Rock Back | 1. 右脚后退，2. 重心回左脚 |
| | | | 左/右摇摆<br>Left/Right Rock | 1. 右脚向右一步，2. 重心回左脚 |

续表

| 编号 | 舞步名称 | 节拍 | 基本类型 | 舞步描述 |
|---|---|---|---|---|
| 4 | 旋步 Swivel | 12 | 左/右旋步 Left/Right Swivel | 1. 左脚跟、右脚尖同时向右转动，2. 左脚尖、右脚跟同时向右转动 |
| | | | 跟旋步 Heel Swivel | 1. 双脚跟一起向左（右）转动，2. 双脚跟复位 |
| | | | 尖旋步 Toe Swivel | 1. 双脚尖一起向左（右）转动，2. 双脚尖复位 |
| 5 | 抛锚/支撑步 Anchor Step | 1&2 | 左/右抛锚/支撑步 Left/Right Anchor Step | 1. 右脚后踏，&. 左脚原地踏，2. 右脚原地踏 |
| 6 | 恰恰步 Cha Cha Cha Shuffle Chasse | 1&2 | 左/右恰恰 Left/Right Chasse | 1. 右脚向右一步，&. 左脚并步，2. 右脚向右一步 |
| 7 | 海岸步 Coaster Step | 1&2 | 左/右海岸步 Left/Right Coaster Step | 1. 右脚后退，&. 左脚并步，2. 右脚前进 |
| | | | 反向海岸步 Reverse Coaster | 1. 右脚前进，&. 左脚并步，2. 右脚后退 |
| | | | 海岸交叉步 Coaster Cross | 1. 右脚后退，&. 左脚并步，2. 右脚前交叉 |
| 8 | 踢换脚 Kick Ball Change | 1&2 | 踢换脚 Kick Ball Change | 1. 右脚踢，&. 右脚还原，2. 左脚原地踏（点、侧点、前交叉等） |
| | | | 踢侧开 Kick Out Out | 1. 右脚踢，&. 右脚向右一步，2. 左脚向左一步 |
| 9 | 跟掌交叉步 Heel Ball Cross | 1&2 | 左/右跟掌交叉步 Left/Right Heel Ball Cross | 1. 右脚跟侧点，&. 右脚掌并于左脚旁，2. 左脚前交叉 |
| 10 | 锁步 Lock | 1& | 前锁步 Forward Lock | 1. 右脚进，&. 左脚锁在右脚后 |
| | | | 后锁步 Back Lock | 1. 右脚退，&. 左脚锁在右脚前 |
| 11 | 曼波步 Mambo Step | 1&2 | 前曼波 Forward Mambo | 1. 右脚前进，&. 重心回左脚，2. 右脚并步 |
| | | | 后曼波 Back Mambo | 1. 右脚后退，&. 重心回左脚，2. 右脚并步 |
| | | | 左/右曼波 Left/Right Mambo | 1. 右脚向右一步，&. 重心回左脚，2. 右脚并步 |

续表

| 编号 | 舞步名称 | 节拍 | 基本类型 | 舞步描述 |
|---|---|---|---|---|
| 11 | 曼波步 Mambo Step | 1&2 | 曼波交叉步 Mambo Cross | 1. 右脚向右一步，&. 重心回左脚，2. 右脚前交叉 |
| 12 | 水手步 Sailor Step | 1&2 | 左/右水手步 Left/Right Sailor Step | 1. 右脚后交叉，&. 左脚左踏，2. 右脚右踏 |
| | | | 水手交叉步 Sailor Cross | 1. 右脚后交叉，&. 左脚左踏，2. 右脚前交叉 |
| 13 | 桑巴步 Samba Step | 1&2 | 左/右桑巴步 Left/Right Samba Step | 1. 右脚前交叉，&. 左脚向左一步，重心留在右脚 2. 右脚原地踏 |
| | | | 桑巴交叉步 Samba Cross | 1. 右脚前交叉，&. 左脚向左一步，2. 右脚前交叉 |
| 14 | 剪刀步 Scissors Step | 1&2 | 左/右剪刀步 Left/Right Scissors Step | 1. 右脚向右一步，&. 左脚并步，2. 右脚前交叉 |
| 15 | 夜总会二步 Night Club (Basic) | 12& | 左/右夜总会二步 Left/Right Basic Step | 1. 右脚向右大侧步，2. 左脚至右脚跟后成三位脚，&. 右脚前交叉 |
| 16 | 桃乐茜步 Dorothy | 12& | 左/右桃乐茜步 Left/Right Dorothy | 1. 右脚右斜角进，2. 左脚锁在右脚后，&. 右脚右斜角进 |
| 17 | 苹果杰克 Apple Jack | 1&2& | 苹果杰克 Apple Jack | 1. 左脚尖向左同时右脚跟向右，&. 还原 2. 左脚跟向左同时右脚尖向右，&. 还原 |
| 18 | 趾踵步 Strut | 1&2& | 尖趾步 Toe Strut | 1. 右脚尖前点地，&. 右脚跟踏下 2. 左脚尖前点地，&. 左脚跟踏下 |
| | | | 跟趾步 Heel Strut | 1. 右脚跟前点地，&. 右脚掌踏下 2. 左脚跟前点地，&. 左脚掌踏下 |
| 19 | 开关步 Switch | 1&2& | 脚尖开关步 Toe Switch | 1. 右脚尖前（侧）点地，&. 右脚还原 2. 左脚尖前点地，&. 左脚还原 |
| | | | 脚跟开关步 Heel Switch | 1. 右脚跟前（侧）点地，&. 右脚还原 2. 左脚跟前点地，&. 左脚还原 |
| 20 | 闪烁步 Twinkle(Waltz) | 123 | 左/右闪烁步 Left/Right Twinkle | 1. 右脚前交叉，2. 左脚向左一步，3. 右脚并左脚 |
| 21 | 纺织步 Weave | 123 | 左/右纺织步 Left/Right Weave | 1. 右脚前交叉，2. 左脚向左一步，3. 右脚后交叉 |

续表

| 编号 | 舞步名称 | 节拍 | 基本类型 | 舞步描述 |
|---|---|---|---|---|
| 22 | 糖果步 Sugar Step | 123 | 左/右糖果步 Left/Right Sugar | 1. 右脚尖点地，右膝关节内收，2. 右脚跟点地，右膝关节外展，3. 右脚前交叉 |
| 23 | 平衡步 Balance Step (Waltz) | 123 | 左/右前进平衡步 Left/Right Forward Balance | 1. 右脚进，2. 左脚并步，3. 右脚原地踏 |
| 23 | | | 左后/右后退平衡步 Left/Right Back Balance | 1. 右脚退，2. 左脚并步，3. 右脚原地踏 |
| 24 | 查尔斯顿步 Charleston | 1–4 | 查尔斯顿步 Charleston Step | 1. 右脚前踏，2. 左脚前点 3. 左脚后踏，4. 右脚后点 |
| 24 | | | 查尔斯顿踢步 Charleston Kick | 1. 右脚前踏，2. 左脚前踢 3. 左脚后踏，4. 右脚后点 |
| 25 | 骆驼步 Camel Step | 1–4 | 骆驼步 Camel Step | 1. 右脚前进，2. 左脚锁在右脚后 3. 右脚前进，4. 左脚锁在右脚后 |
| 26 | 摇椅步 Rocking Chair | 1–4 | 左/右摇椅步 Left/Right Rocking Chair | 1. 右脚前进，2. 重心回左脚 3. 右脚退，4. 重心放左脚 |
| 26 | | | 反向摇椅步 Reverse Rocking Chair | 1. 右脚退，2. 重心回左脚 3. 右脚进，4. 重心放左脚 |
| 27 | 爵士盒步 Jazz Box | 1–4 | 左/右爵士盒步 Left/Right Jazz Box | 1. 右脚前交叉，2. 左脚退 3. 右脚右踏，4. 左脚前交叉（并步、侧点等） |
| 28 | 藤步 Grapevine/Vine | 1–4 | 左/右藤步 Left/Right Grapevine | 1. 右脚右踏，2. 左脚后交叉，3. 右脚右踏，4. 左脚前交叉（左脚并、点、刷等） |
| 29 | 伦巴盒步 Rumba Box | 1–8 | 左/右伦巴盒步 Left/Right Rumba Box | 1. 右脚向右一步，2. 左脚并步，3. 右脚前进，4. 停顿，5. 左脚经右脚向左一步，6. 右脚并步，7. 左脚后退，8. 停顿 |
| 30 | 兜风步 Cruising | 1–8 | 兜风步 Cruising | 1. 右脚向右一步，2. 左脚后交叉，3. 右转1/4右脚进，4. 左脚进，5. 右转1/2重心放右脚，6. 右转1/4左脚向左一步，7. 右脚后交叉，8. 左脚向左一步 |
| 31 | 侧滑步 Sliding Step | 1& | | 1. 左脚跟向右旋转同时右脚尖右侧点地 &. 左脚尖向右旋转同时吸右腿 |

续表

| 编号 | 舞步名称 | 节拍 | 基本类型 | 舞步描述 |
|---|---|---|---|---|
| 32 | 侧踹（拉）<br>Side kick | 1& | 1. 右脚向右迅速踹出同时左脚小跳<br>&. 左脚回原位同时收回右脚吸腿 | |
| 33 | 前卡/后卡<br>Forward Hold<br>/Backward Hold | 1&/2& | 前卡：1. 右脚向前滑步同时左脚跟前点地，&. 右脚回原位同时吸左腿<br>后卡：1. 右脚向后一步同时左脚跟原地点地，&. 左脚落地同时吸右脚 | |
| 34 | 蛇步<br>Snake Step | 1&2& | 1. 右脚跟向左前方擦地前进，脚尖翘起，&. 左脚并于右脚后<br>2. 转动右脚尖向右前方，脚跟擦地前进，&. 左脚并于右脚后 | |
| 35 | 搓步<br>Rub Step | 1&2& | 1. 右脚向后滑步同时左脚跟前点地，&. 左脚回原位同时右脚后屈腿<br>2. 左脚向后滑步同时右脚跟前点地，&. 右脚回原位同时左脚后屈腿 | |
| 36 | 奔跑步<br>Running Step | &1&2 | &. 吸右腿同时左脚后滑，1. 右脚前落同时左脚后滑<br>&. 吸左腿同时右脚前滑，2. 左脚前落同时左脚后滑 | |
| 37 | 飘步<br>Float Step | &1&2 | &. 吸右腿同时左脚向左后方滑步，1. 右脚向左后方落下同时左脚掌向左后方滑动，&. 吸左腿同时右脚向右后方滑步，2. 左脚向右后方落下同时右脚掌向右后方滑动 | |
| 38 | 蝴蝶步<br>Butterfly Step | &1&2<br>&3&4 | & 两脚跟同时外旋，1 右脚向前同时两脚跟内旋<br>& 两脚跟同时外旋，2 右脚向前同时两脚跟内旋<br>& 两脚跟同时外旋，3 右脚向后同时两脚跟内旋<br>& 两脚跟同时外旋，4 右脚向后同时两脚跟内旋 | |
| 39 | 太空步<br>Moonwalk | &1&2<br>&3&4 | &. 左脚掌向后滑动，1. 右脚向后滑步<br>&. 左脚跟落地同时右脚跟离地，2. 左脚向后滑动<br>&. 左脚跟落地同时右脚跟离地，3. 右脚向后滑步<br>&. 左脚跟落地同时右脚跟离地，4. 左脚向后滑动 | |
| 40 | 飞步<br>Scissors jump | 1-4 | 1. 右脚右后方滑步同时左脚跟左前方滑动，2. 两脚并回原位<br>3. 左脚左后方滑步同时右脚跟右前方滑动，4. 两脚并回原位 | |
| 41 | 平移步<br>Travel Step | 1-4 | 1. 两脚尖同时向右旋转，2. 两脚跟同时向右旋转<br>3. 两脚尖同时向右旋转，4. 两脚跟同时向右旋转 | |
| 42 | 点转<br>Pointing Turn | 12 | 1. 右脚前点，2. 左转360度并腿 | |
| 43 | 踢毽步<br>Shuttlecock Kick | 12 | 1. 右脚开膝内踢，2. 右脚还原<br>1. 右脚关膝外踢，2. 右脚还原 | |
| 44 | 颤步<br>Shake Step | 12 | 1. 右脚颤膝踏步，2. 左脚颤膝踏步 | |
| 45 | 摇篮步<br>Cradle Step | 12 | 1. 右脚前交叉，重心向右移动，左脚外侧着地<br>2 重心回左脚，右脚外侧着地 | |

续表

| 编号 | 舞步名称 | 节拍 | 基本类型 | 舞步描述 |
|---|---|---|---|---|
| 46 | 退踏步 Back Step Push | 1&2 | | 1. 右脚后踏，&. 左脚原地踏步，2. 右脚前踏 |
| 47 | 踮步 Appel Step | 1&2 | | 1. 右脚踏步，左脚抬起，&. 左脚前脚掌踮，右脚抬起，2. 右脚踏步，左脚抬起 |
| 48 | 顿步 Lift Step | &1&2 | | &. 右抬腿，1. 右踏步 &. 左抬腿，2. 左踏步 |
| 49 | 后踢步 Back Kick Step | &1&2 | | &. 右小腿后踢，1. 右脚屈膝踏步 &. 左小腿后踢，2. 左脚屈膝踏步 |
| 50 | 秧歌步 YangGe Step | 1-4 | | 1. 右脚前交叉，2. 左脚前交叉 3. 右脚右斜退步，4. 左脚左斜退步，形成十字 |
| 51 | 三步一抬 Triple Step Lift | 1-4 | | 1. 右脚前进，2. 左脚前进 3. 右脚前进，4. 左小腿后抬 |
| 52 | 拧碾步 Twist Step | 1-4 | | 1. 右脚脚跟前点地外拧，左脚前脚掌着地，2. 右脚脚跟内碾，左脚全脚掌着地，3. 右脚后退，左脚脚跟内踱，4. 左脚脚跟外拧，右前脚掌着地 |
| 53 | 弦子步 String Step | 1-4 | | 1. 左脚向左一步，2. 右脚前交叉 3. 左脚向左一步，4. 右脚脚跟侧点 |
| 54 | 端腿转 Hold Leg Turn | 1&2 | | 1. 右脚向右一步，& 右脚内勾端腿，右旋转360度，2. 右脚并在左脚旁 |
| 55 | 踏脚步 Tread Step | &1&2 | | &. 右脚抬腿，左脚屈膝，1. 右脚旁踩踏，重心移至右脚，&. 左脚抬腿，右脚屈膝，2. 左脚旁踩踏，重心移至左脚 |
| 56 | 钻石步 Diamond Step | 12& 34& 56& 78& | | 1. 左脚左踏，2. 右转1/8 右脚右踏 1:30，&. 左脚后踏，3. 右转1/8 右脚后踏 3:00，4. 右转1/8 左脚前踏 4:30，&. 右脚前踏，5. 右转1/8 左脚左踏 6:00，6. 右转1/8 右脚后踏 7:30，&. 左脚后踏，7. 右转1/8 右脚右踏 9:00，8. 右转1/8 左脚前踏 10:30，&. 右脚前踏 |
| 57 | 圆场步 Walk Step | 12 | 左/右圆场步流动步伐 Left/Right Walk Step | 1. 右脚向前从脚跟向脚掌滚动着地，同时左脚跟自然离地，2. 左脚向前从脚跟向脚掌滚动着地，同时右脚跟自然离地 |
| 58 | 撩步 Lift Step | 12 | 左/右撩步 Left/Right lift step | 1. 右脚向右一步，2. 左脚抬撩腿 |
| 59 | 花儿步 Cross Step | 123 | 左/右花儿 Left/Right Cross Step | 1. 右脚向右一步，2. 左脚前交叉，3. 右脚向右一步 |
| 60 | 旁拐步 Side Step | 1-4 | 左/右旁拐步 Left/Right Side Step | 1. 右脚旁勾踢腿，2. 右脚前踏 3. 左脚前踏，4. 右脚前踏 |

（一）跳（Jump）

1. 双脚跳（Jump）

双脚同时起跳，双脚落地。（图 4-1-1）

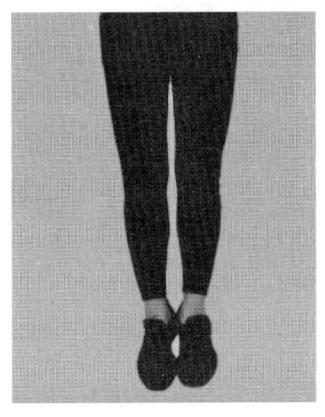 

①双脚同时起跳　　　　　　　　　②双脚落地

图 4-1-1　跳

2. 爵士跳（Jazz Jump）

单脚起跳，双脚落地。（图 4-1-2）

①单脚起跳　　　　　　　　　②双脚落地

图 4-1-2　爵士跳

3. 开合跳（Jump Jack）

（1）双脚起跳，分开落地，（2）双脚起跳，并脚落地。（图 4-1-3）

（1）双脚起跳，分开落地　　　　　　（2）双脚起跳，并脚落地

图 4-1-3　开合跳

（二）扇形步（Fan）

1. 脚尖扇形步（Toe Fan）

（1）①单脚尖向外（向内）平展，②脚尖还原。（图 4-1-4）

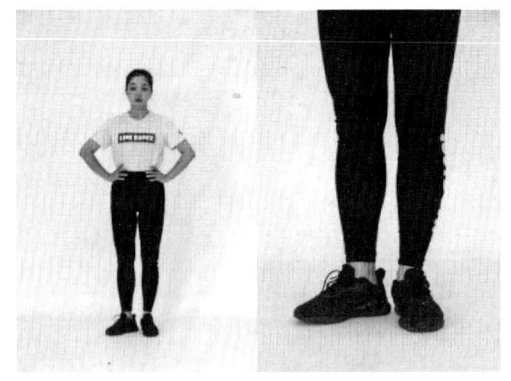
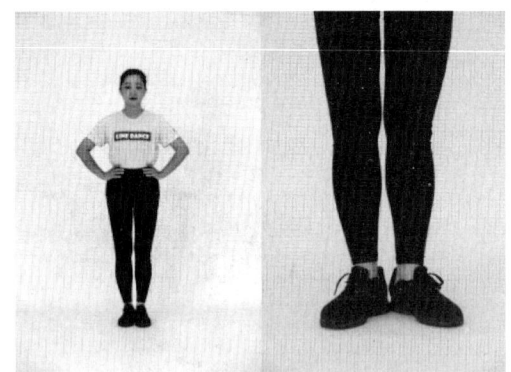

①单脚尖向外（向内）平展　　　　　　　　　　②脚尖还原

图 4-1-4　脚尖扇形步（1）

（2）①双脚尖向外（向内）平展，②脚尖还原。（图 4-1-5）

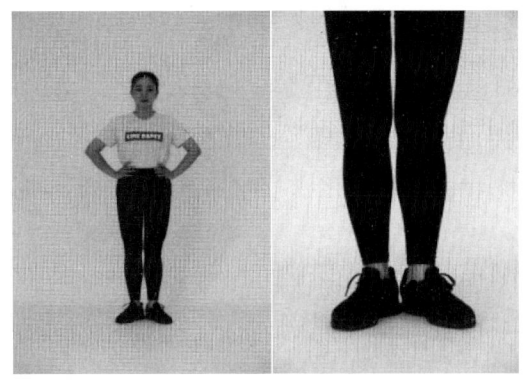
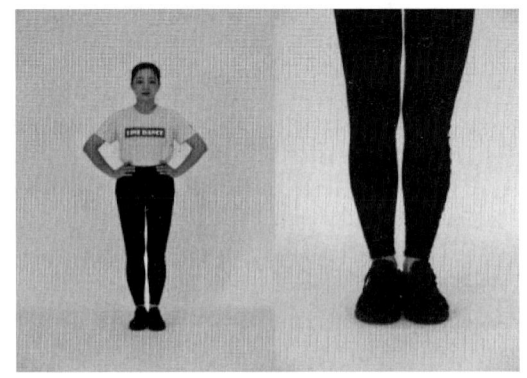

①双脚尖向外（向内）平展　　　　　　　　　　②脚尖还原

图 4-1-5　脚尖扇形步（2）

2. 脚跟扇形步（Heel Fan）

（1）①单脚跟向外（向内）平展，②脚跟还原。（图4-1-6）

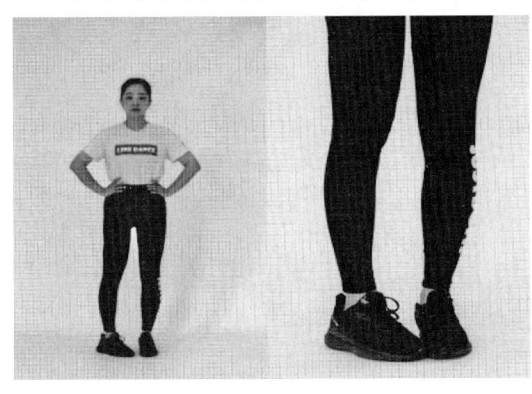
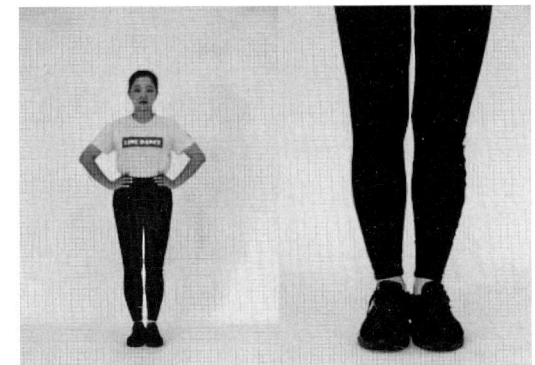

①单脚跟向外（向内）平展　　　　　　　　②脚跟还原

**图 4-1-6　脚跟扇形步（1）**

（2）①双脚跟向外（向内）平展，②脚跟还原。（图4-1-7）

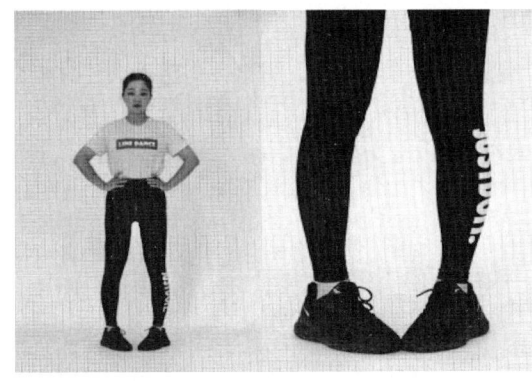
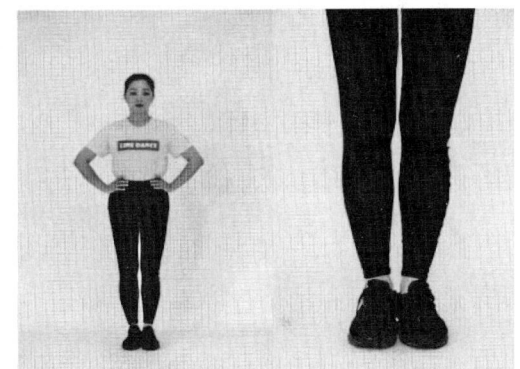

①双脚跟向外（向内）平展　　　　　　　　②脚跟还原

**图 4-1-7　脚跟扇形步（2）**

（三）摇摆（Rock）

1. 前摇摆（Rock Forward）

（1）右脚前进，（2）重心回左脚。（图4-1-8）

（1）右脚前进　　　　　　（2）重心回左脚

**图 4-1-8　前摇摆**

2. 后摇摆（Rock Back）

（1）右脚后退，（2）重心回左脚。（图 4-1-9）

（1）右脚后退　　　　　（2）重心回左脚

图 4-1-9　后摇摆

3. 左 / 右摇摆（Left/Right Rock）

（1）右脚向右一步，（2）重心回左脚。（图 4-1-10）

（1）右脚向右一步　　　　　（2）重心回左脚

图 4-1-10　左 / 右摇摆

（四）旋步（Swivel）

1. 左 / 右旋步（Left/Right Swivel）

（1）左脚跟、右脚尖同时向右转动，（2）左脚尖、右脚跟同时向右转动。（图 4-1-11）

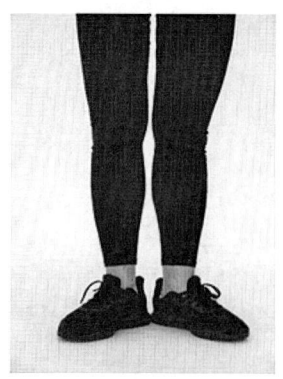 

（1）左脚跟、右脚尖同时向右转动　　　　　（2）左脚尖、右脚跟同时向右转动

图 4-1-11　左 / 右旋步

## 2. 跟旋步（Heel Swivel）

（1）双脚跟一起向左（右）转动，（2）双脚跟复位。（图4-1-12）

（1）双脚跟一起向左（右）转动　　　　（2）双脚跟复位

图4-1-12　跟旋步

## 3. 尖旋步（Toe Swivel）

（1）双脚尖一起向左（右）转动，（2）双脚尖复位。（图4-1-13）

（1）双脚尖一起向左（右）转动　　　　（2）双脚尖复位

图4-1-13　尖旋步

## （五）抛锚/支撑步（Anchor Step）

左/右抛锚/支撑步（Left/Right Anchor Step）：（1）右脚后踏，（&）左脚原地踏，（2）右脚原地踏。（图4-1-14）

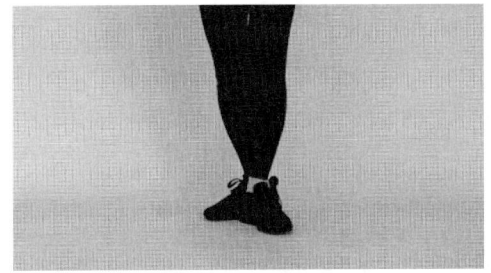

（1）右脚后踏，（&）左脚原地踏，（2）右脚原地踏

图4-1-14　左/右抛锚/支撑步

## （六）恰恰步（Cha Cha Cha Shuffle Chasse）

左/右恰恰（Left/Right Chasse），以右恰恰为例：（1）右脚向右一步，（&）左脚并步，（2）右脚向右一步。（图4-1-15）

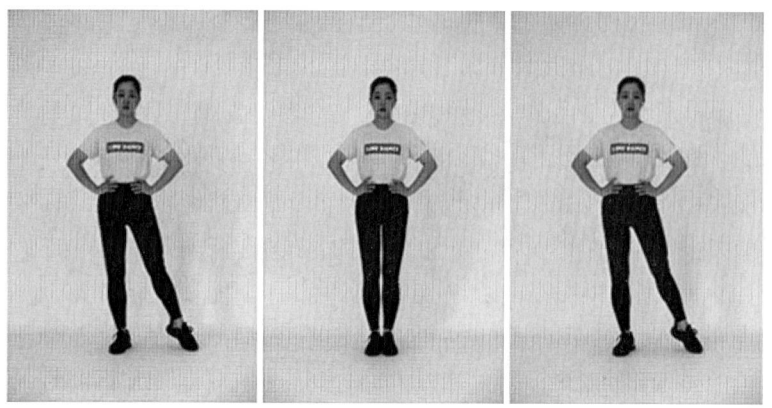

（1）右脚向右一步　　　（&）左脚并步　　　（2）右脚向右一步

图4-1-15　右恰恰

## （七）海岸步（Coaster Step）

1. 左/右海岸步（Left/Right Coaster Step）

（1）右脚后退，（&）左脚并步，（2）右脚前进。（图4-1-16）

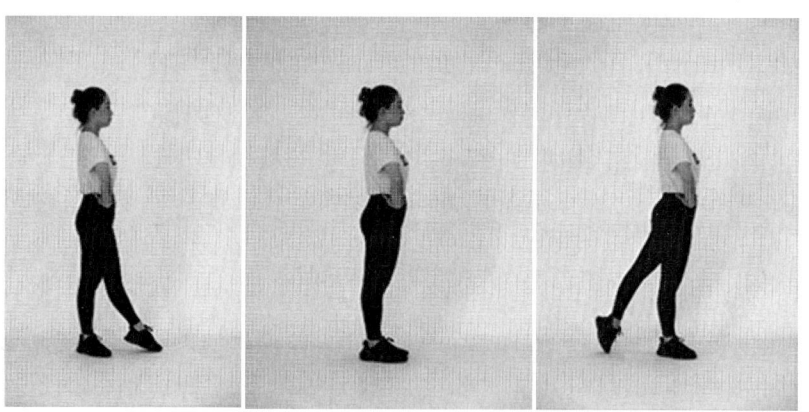

（1）右脚后退　　　　（&）左脚并步　　　　（2）右脚前进

图4-1-16　右海岸步

2. 反向海岸步（Reverse Coaster）

（1）右脚前进，（&）左脚并步，（2）右脚后退。（图4-1-17）

（1）右脚前进　　　（&）左脚并步　　　（2）右脚后退

图 4-1-17　反向海岸步

3. 海岸交叉步（Coaster Cross）

（1）右脚后退，（&）左脚并步，（2）右脚前交叉。（图 4-1-18）

（1）右脚后退　　　（&）左脚并步　　　（2）右脚前交叉

图 4-1-18　海岸交叉步

（八）踢换脚（Kick Ball Change）

1. 踢换脚（Kick Ball Change）

（1）右脚踢，（&）右脚还原，（2）左脚原地踏（点、侧点、前交叉等）。（图 4-1-19）

（1）右脚踢（侧面图示）（正面图示）（&）右脚还原

（2）左脚（原地踏）（原地点）（前交叉）

图 4-1-19　踢换脚

2. 踢侧开（Kick Out Out）

（1）右脚踢，（&）右脚向右一步，（2）左脚向左一步。（图 4-1-20）

（1）右脚踢　　（&）右脚向右一步　　（2）左脚向左一步

图 4-1-20　踢侧开

（九）跟掌交叉步（Heel Ball Cross）

左/右跟掌交叉步（Left/Right Heel Ball Cross），以右跟掌交叉步为例，（1）右脚跟侧点，（&）右脚掌并于左脚旁，（2）左脚前交叉。（图 4-1-21）

（1）右脚跟侧点　　（&）右脚掌并于左脚旁　　（2）左脚前交叉

图 4-1-21　右跟掌交叉步

（十）锁步（Lock）

1. 前锁步（Forward Lock）

（1）右脚进，（&）左脚锁在右脚后。（图4-1-22）

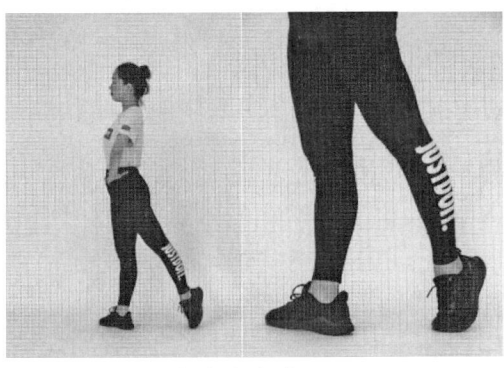 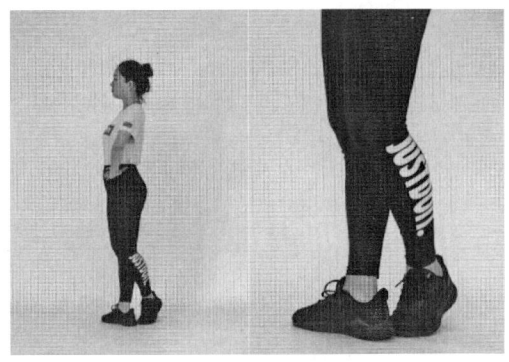

（1）右脚进　　　　　　　　　　（&）左脚锁在右脚后

图4-1-22　前锁步

2. 后锁步（Back Lock）

（1）右脚退，（&）左脚锁在右脚前。（图4-1-23）

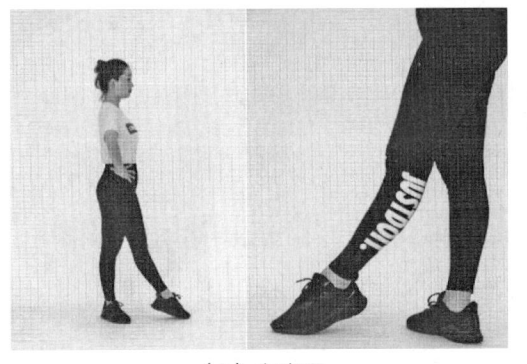 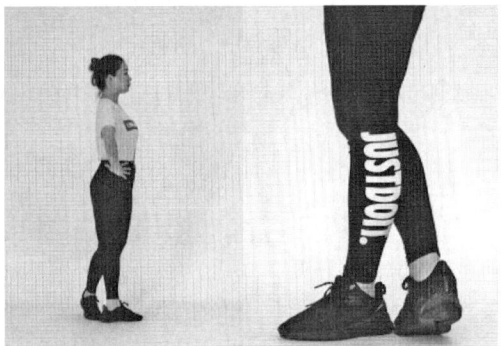

（1）右脚退　　　　　　　　　　（&）左脚锁在右脚前

图4-1-23　后锁步

（十一）曼波步（Mambo Step）

1. 前曼波（Forward Mambo）

（1）右脚前进，（&）重心回左脚，（2）右脚并步。（图4-1-24）

（1）右脚前进　　（&）重心回左脚　　（2）右脚并步

图4-1-24　前曼波

2. 后曼波（Back Mambo）

（1）右脚后退，（&）重心回左脚，（2）右脚并步。（图 4-1-25）

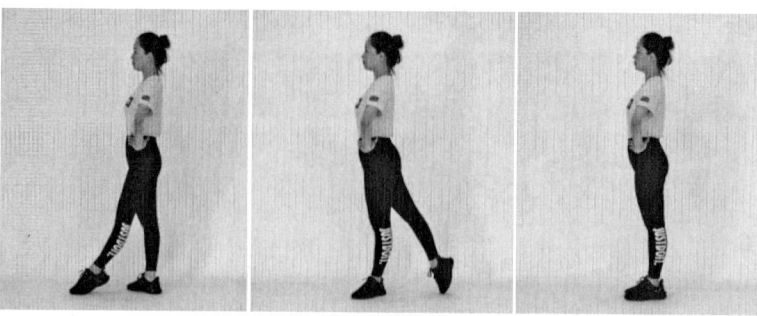

（1）右脚后退　　（&）重心回左脚　　（2）右脚并步

图 4-1-25　后曼波

3. 左 / 右曼波（Left/Right Mambo）

（1）右脚向右一步，（&）重心回左脚，（2）右脚并步。（图 4-1-26）

（1）右脚向右一步　　（&）重心回左脚　　（2）右脚并步

图 4-1-26　右曼波

4. 曼波交叉步（Mambo Cross）

（1）右脚向右一步，（&）重心回左脚，（2）右脚前交叉。（图 4-1-27）

（1）右脚向右一步　　（&）重心回左脚　　（2）右脚前交叉

图 4-1-27　曼波交叉步

（十二）水手步（Sailor Step）

1. 左/右水手步（Left/Right Sailor Step）

（1）右脚后交叉，（&）左脚左踏，（2）右脚右踏。（图4-1-28）

（1）右脚后交叉　　（&）左脚左踏　　（2）右脚右踏

图 4-1-28　右水手步

2. 水手交叉步（Sailor Cross）

（1）右脚后交叉，（&）左脚左踏，（2）右脚前交叉。（图4-1-29）

（1）右脚后交叉　　（&）左脚左踏　　（2）右脚前交叉

图 4-1-29　水手交叉步

（十三）桑巴步（Samba Step）

左/右桑巴步（Left/Right Samba Step），以右桑巴步为例：（1）右脚前交叉，（&）左脚向左一步，重心留在右脚，（2）右脚原地踏。（图4-1-30）

（1）右脚前交叉　　　（&）左脚向左一步　　　（2）右脚原地踏
　　　　　　　　　　重心留在右脚

图 4-1-30　右桑巴步

2. 桑巴交叉步（Samba Cross）

（1）右脚前交叉，（&）左脚向左一步，（2）右脚前交叉。（图 4-1-31）

（1）右脚前交叉　　　（&）左脚向左一步　　　（2）右脚前交叉

图 4-1-31　桑巴交叉步

（十四）剪刀步（Scissors Step）

左/右剪刀步（Left/Right Scissors Step），以右剪刀步为例：（1）右脚向右一步，（&）左脚并步，（2）右脚前交叉。（图 4-1-32）

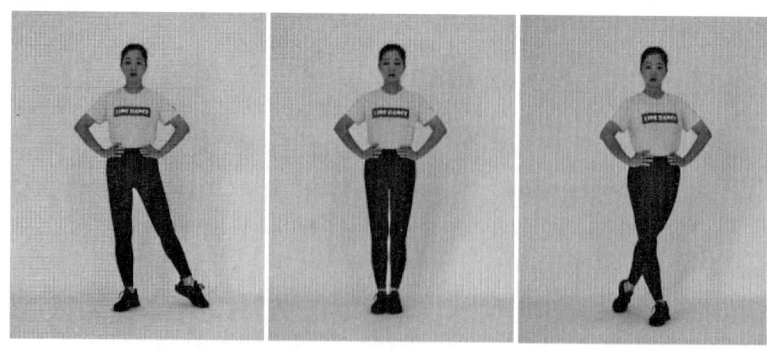

（1）右脚向右一步　　　（&）左脚并步　　　（2）右脚前交叉

图 4-1-32　右剪刀步

（十五）夜总会二步（Night Club）（Basic）

左/右夜总会二步（Left/Right Basic Step），以右夜总会为例：（1）右脚向右大侧步，（2）左脚至右脚跟后成三位脚，（&）右脚前交叉。（图4-1-33）

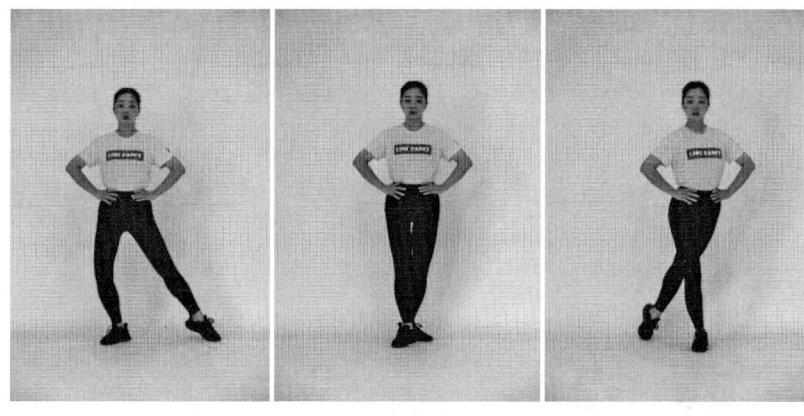

（1）右脚向右大侧步　　（2）左脚至右脚跟后成三位脚　　（&）右脚前交叉

**图 4-1-33　右夜总会二步**

（十六）桃乐茜步（Dorothy）

左/右桃乐茜步（Left/Right Dorothy），以右桃乐茜步为例：（1）右脚右斜角进，（2）左脚锁在右脚后，（&）右脚右斜角进。（图4-1-34）

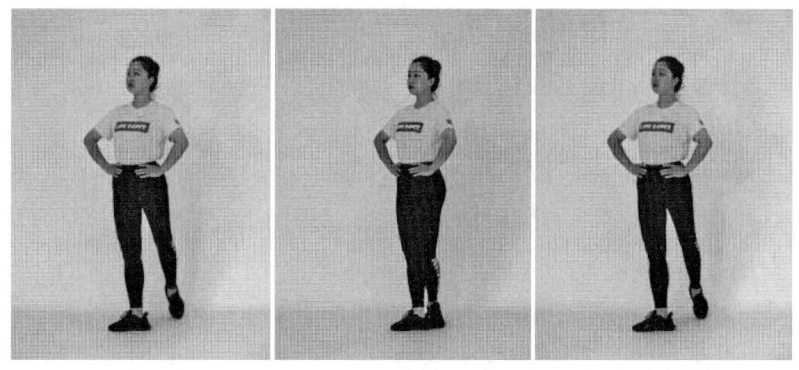

（1）右脚右斜角进　　（2）左脚锁在右脚后　　（&）右脚右斜角进

**图 4-1-34　右桃乐茜步**

（十七）苹果杰克（Apple Jack）

准备位：双脚稍分开站立，（1）左脚尖向左同时右脚跟向右，（&）还原，（2）左脚跟向左同时右脚尖向右，（&）还原。（图4-1-35）

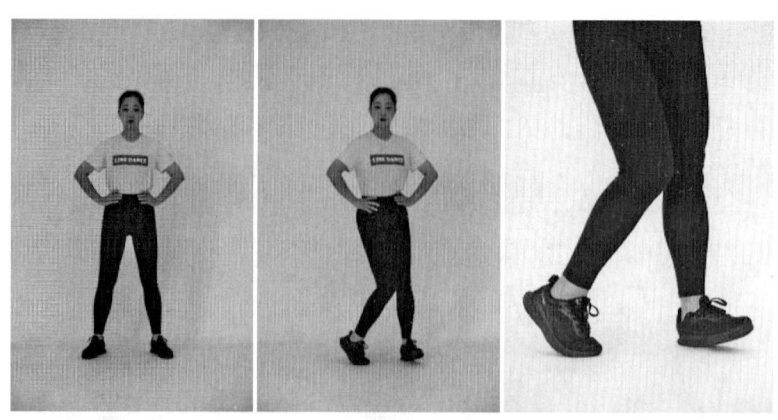

准备位：双脚稍分开站立　　（1）左脚尖向左同时右脚跟向右

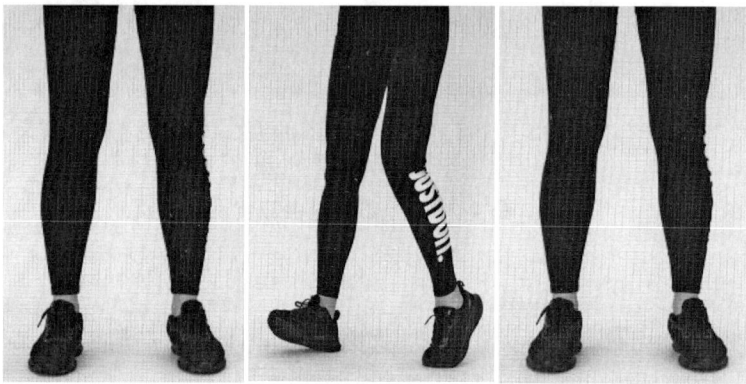

（&）还原　　（2）左脚跟向左同时右脚尖向右　　（&）还原

图 4-1-35　苹果杰克

（十八）趾踵步（Strut）

1. 尖趾步（Toe Strut）

（1）右脚尖前点地，（&）右脚跟踏下，（2）左脚尖前点地，（&）左脚跟踏下。（图 4-1-36）

（1）右脚尖前点地　　（&）右脚跟踏下　　（2）左脚尖前点地　　（&）左脚跟踏下

图 4-1-36　尖趾步

2.跟趾步（Heel Strut）

（1）右脚跟前点地，（&）右脚掌踏下，（2）左脚跟前点地，（&）左脚掌踏下。（图4-1-37）

（1）右脚跟前点地　　（&）右脚掌踏下　　（2）左脚跟前点地　　（&）左脚掌踏下

图 4-1-37　跟趾步

（十九）开关步（Switch）

1.脚尖开关步（Toe Switch）

（1）右脚尖前（侧）点地，（&）右脚还原，（2）左脚尖前（侧）点地，（&）左脚还原。（图4-1-38）

（1）右脚尖前点地（或右脚尖侧点地）　　（&）右脚还原

（2）左脚尖前点地（或左脚尖侧点地）　　（&）左脚还原

图 4-1-38　脚尖开关步

2. 脚跟开关步（Heel Switch）

（1）右脚跟前（侧）点地，（&）右脚还原，（2）左脚跟前（侧）点地，（&）左脚还原。（图 4-1-39）

（1）右脚跟前点地（或右脚跟侧点地）　　（&）右脚还原

（2）左脚跟前点地（或左脚跟侧点地）　　（&）左脚还原

图 4-1-39　脚跟开关步

（二十）闪烁步（Twinkle）（Waltz）

左/右闪烁步（Left/Right Twinkle），以右闪烁为例：（1）右脚前交叉，（2）左脚向左一步，（3）右脚并左脚。（图 4-1-40）

（1）右脚前交叉　　（2）左脚向左一步　　（3）右脚并左脚

图 4-1-40　右闪烁步

## （二十一）纺织步（Weave）

左/右纺织步（Left/Right Weave），以右纺织步为例：（1）右脚前交叉，（2）左脚向左一步，（3）右脚后交叉。（图4-1-41）

（1）右脚前交叉　　　（2）左脚向左一步　　　（3）右脚后交叉

**图4-1-41　右纺织步**

## （二十二）糖果步（Sugar Step）

左/右糖果步（Left/Right Sugar），以右糖果步为例：（1）右脚尖点地，右膝关节内收，（2）右脚跟点地，右膝关节外展，（3）右脚前交叉。（图4-1-42）

（1）右脚尖点地，右膝关节内收　　　（2）右脚跟点地，右膝关节外展

 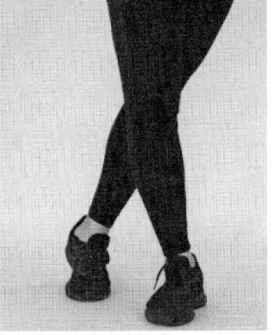

（3）右脚前交叉

**图4-1-42　右糖果步**

## （二十三）平衡步（Balance Step）（Waltz）

### 1. 左/右前进平衡步（Left/Right Forward Balance）

以右前进平衡步为例：（1）右脚进，（2）左脚并步，（3）右脚原地踏。（图 4-1-43）

  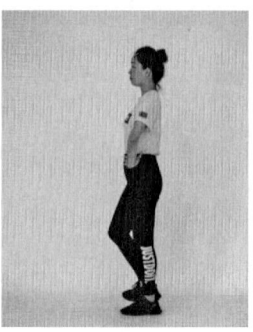

（1）右脚进　　　　（2）左脚并步　　　　（3）右脚原地踏

图 4-1-43　右前进平衡步

### 2. 左后/右后退平衡步（Left/Right Back Balance）

以右后退平衡步为例：（1）右脚退，（2）左脚并步，（3）右脚原地踏。（图 4-1-44）

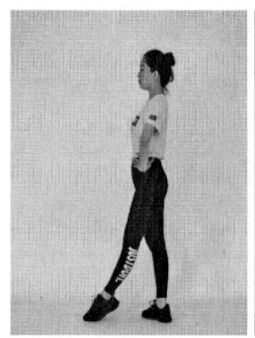 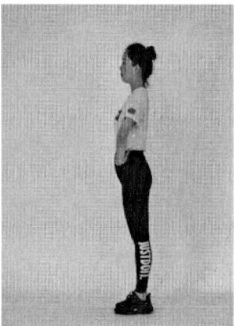 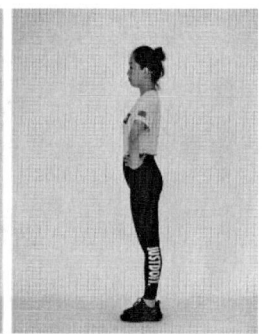

（1）右脚退　　　　（2）左脚并步　　　　（3）右脚原地踏

图 4-1-44　右后退平衡步

## （二十四）查尔斯顿步（Charleston）

### 1. 查尔斯顿步（Charleston Step）

（1）右脚前踏，（2）左脚前点，（3）左脚后踏，（4）右脚后点。（图 4-1-45）

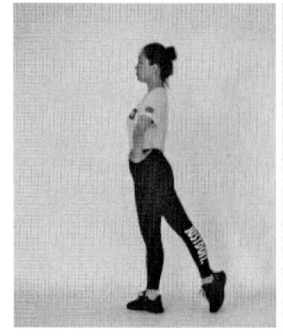 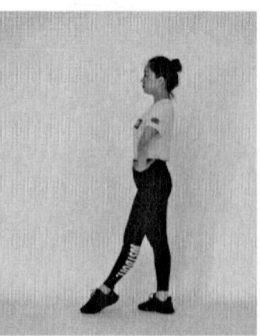 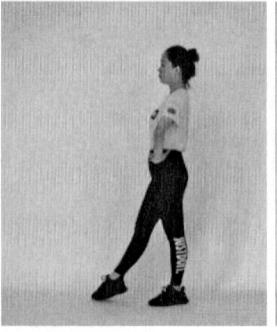 

（1）右脚前踏　　　（2）左脚前点　　　（3）左脚后踏　　　（4）右脚后点

图 4-1-45　查尔斯顿步

2. 查尔斯顿踢步（Charleston Kick）
（1）右脚前踏，（2）左脚前踢，（3）左脚后踏，（4）右脚后点。（图 4-1-46）

（1）右脚前踏　　（2）左脚前踢　　（3）左脚后踏　　（4）右脚后点

图 4-1-46　查尔斯顿踢步

（二十五）骆驼步（Camel Step）
（1）右脚前进，（2）左脚锁在右脚后，（3）右脚前进，（4）左脚锁在右脚后。（图 4-1-47）

（1）右脚前进　　（2）左脚锁在右脚后　　（3）右脚前进　　（4）左脚锁在右脚后

图 4-1-47　骆驼步

（二十六）摇椅步（Rocking Chair）

1. 左/右摇椅步（Left/Right Rocking Chair），以右摇椅步为例：（1）右脚前进，（2）重心回左脚，（3）右脚退，（4）重心放左脚。（图 4-1-48）

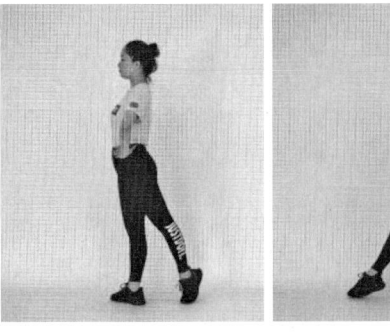

（1）右脚前进　　　　（2）重心回左脚　　　　（3）右脚退　　　　（4）重心放左脚

图 4-1-48　右摇椅步

2. 反向摇椅步（Reverse Rocking Chair）

（1）右脚退，（2）重心回左脚，（3）右脚进，（4）重心放左脚。（图 4-1-49）

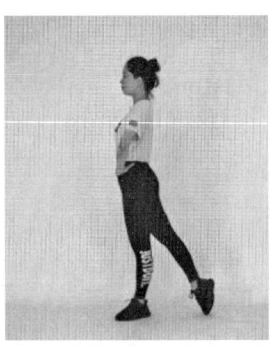

（1）右脚退　　　　（2）重心回左脚　　　　（3）右脚进　　　　（4）重心放左脚

图 4-1-49　反向摇椅步

（二十七）爵士盒步（Jazz Box）

左/右爵士盒步（Left/Right Jazz Box），以右爵士盒步为例：（1）右脚前交叉，（2）左脚退，（3）右脚右踏，（4）左脚前交叉（并步、侧点等）。（图 4-1-50）

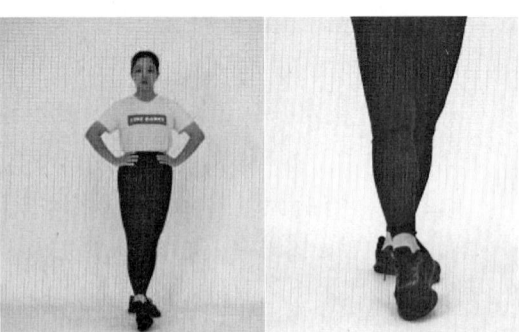

（1）右脚前交叉　　　　　　　　　　　　（2）左脚退

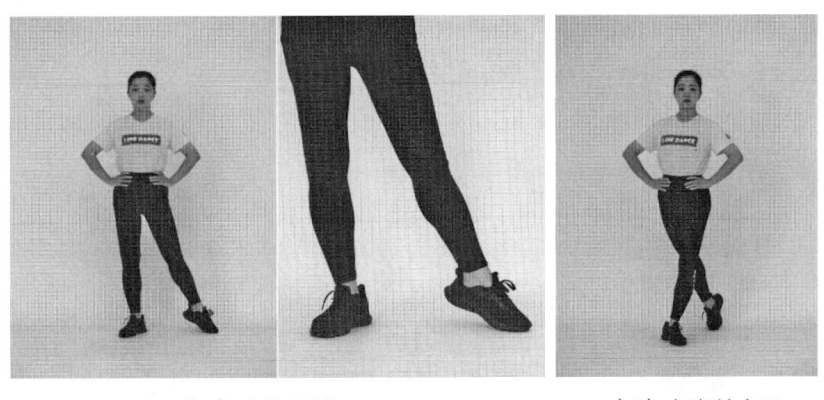

（3）右脚右踏　　　　　　　（4）左脚前交叉

图 4-1-50　右爵士盒步

（二十八）藤步（Grapevine/Vine）

左 / 右藤步（Left/Right Grapevine），以右藤步为例：（1）右脚右踏，（2）左脚后交叉，（3）右脚右踏，（4）左脚前交叉（左脚并、点、刷等）。（图 4-1-51）

（1）右脚右踏　　　　（2）左脚后交叉　　　　（3）右脚右踏

（4）左脚前交叉　　　左脚并　　　　左脚点　　　　左脚刷

图 4-1-51　右藤步

## （二十九）伦巴盒步（Rumba Box）

左/右伦巴盒步（Left/Right Rumba Box），以右伦巴盒步为例：（1）右脚向右一步，（2）左脚并步，（3）右脚前进，（4）停顿，（5）左脚经右脚向左一步，（6）右脚并步，（7）左脚后退，（8）停顿。（图4-1-52）

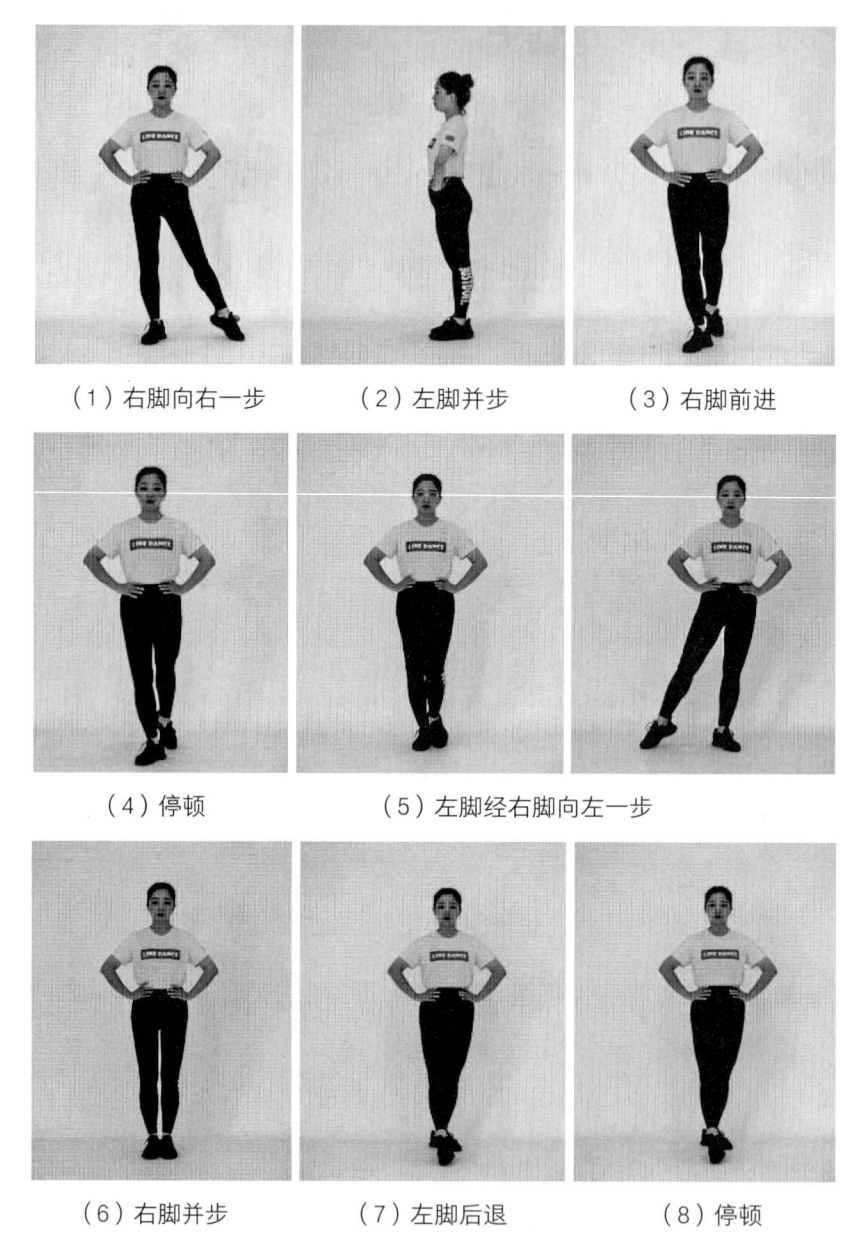

图 4-1-52　右伦巴盒步

## （三十）兜风步（Cruising）

（1）右脚向右一步，（2）左脚后交叉，（3）右转1/4右脚进，（4）左脚进，（5）右转1/2重心放右脚，（6）右转1/4左脚向左一步，（7）右脚后交叉，（8）左脚向左一步。

（图 4-1-53）

（1）右脚向右一步　　（2）左脚后交叉　　（3）右转 1/4 右脚进　　（4）左脚进

（5）右转 1/2 重心放右脚　（6）右转 1/4 左脚向左一步　　（7）右脚后交叉　　（8）左脚向左一步

图 4-1-53　兜风步

（三十一）侧滑步（Sliding Step）

（1）左脚跟向右旋转同时右脚尖右侧点地，（&）左脚尖向右旋转同时吸右腿。（图 4-1-54）

（1）左脚跟向右旋转同时右脚尖右侧点地　　（&）左脚尖向右旋转同时吸右腿

图 4-1-54　侧滑步

（三十二）侧踹（拉）（Side kick）

（1）右脚向右迅速踹出同时左脚小跳，（&）左脚回原位同时收回右脚吸腿。（图4-1-55）

（1）右脚向右迅速踹出同时左脚小跳　　　（&）左脚回原位同时收回右脚吸腿

图 4-1-55　侧踹（拉）

（三十三）前卡 / 后卡（Forward Hold/Backward Hold）

1. 前卡（Forward Hold）

（1）右脚向前滑步同时左脚跟前点地，（&）右脚回原位同时吸左腿。（图 4-1-56）

（1）右脚向前滑步同时左脚跟前点地　　　（&）右脚回原位同时吸左腿

图 4-1-56　前卡

2. 后卡（Backward Hold）

（1）右脚向后一步同时左脚跟原地点地，（&）左脚落地同时吸右腿。（图 4-1-57）

（1）右脚向后一步同时左脚跟原地点地　　　　　　（&）左脚落地同时吸右腿

图 4-1-57　后卡

（三十四）蛇步（Snake Step）

（1）右脚跟向左前方擦地前进，脚尖翘起，（&）左脚并于右脚后，（2）转动右脚尖向右前方，脚跟擦地前进，（&）左脚并于右脚后。（图 4-1-58）

（1）右脚跟向左前方　　（&）左脚并于右脚后　（2）转动右脚尖向右前方，　（&）左脚并于右
　　 擦地前进，脚尖翘起　　　　　　　　　　　　　　脚跟擦地前进　　　　　　　　 脚后

图 4-1-58　蛇步

（三十五）搓步（Rub Step）

（1）右脚向后滑步同时左脚跟前点地，（&）左脚回原位同时右脚后屈腿，（2）左脚向后滑步同时右脚跟前点地，（&）右脚回原位同时左脚后屈腿。（图 4-1-59）

  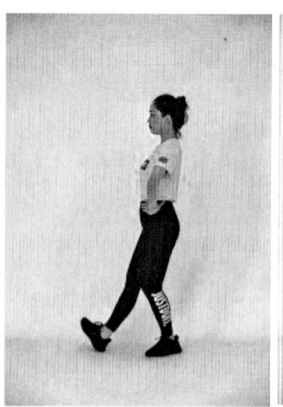 

（1）右脚向后滑步　　（&）左脚回原位　　（2）左脚向后滑步　　（&）右脚回原位
同时左脚跟前点地　　同时右脚后屈腿　　同时右脚跟前点地　　同时左脚后屈腿

图 4-1-59　搓步

（三十六）奔跑步（Running Step）

（&）吸右腿同时左脚后滑，（1）右脚前落同时左脚后滑，（&）吸左腿同时右脚后滑，（2）右脚前落同时左脚后滑。（图 4-1-60）

（&）吸右腿同时　　（1）右脚前落同时　　（&）吸左腿同时　　（2）右脚前落同时
左脚后滑　　　　　左脚后滑　　　　　右脚后滑　　　　　左脚后滑

图 4-1-60　奔跑步

（三十七）飘步（Float Step）

（&）吸右腿同时左脚向左后方滑步，（1）右脚向左后方落下同时左脚掌向左后方滑动，（&）吸左腿同时右脚向右后方滑步，（2）左脚向右后方落下同时右脚掌向右后方滑动。（图 4-1-61）

| （&）吸右腿同时左脚向左后方滑步 | （1）右脚向左后方落下同时左脚掌向左后方滑动 | （&）吸左腿同时右脚向右后方滑步 | （2）左脚向右后方落下同时右脚掌向右后方滑动 |

图 4-1-61　飘步

（三十八）蝴蝶步（Butterfly Step）

（&）两脚跟同时外旋，（1）右脚向前同时两脚跟内旋，（&）两脚跟同时外旋，（2）左脚向前同时两脚跟内旋，（&）两脚跟同时外旋，（3）左脚向后同时两脚跟内旋，（&）两脚跟同时外旋，（4）右脚向后同时两脚跟内旋。（图 4-1-62）

（&）两脚跟同时外旋　　　　　　　　　（1）右脚向前同时两脚跟内旋

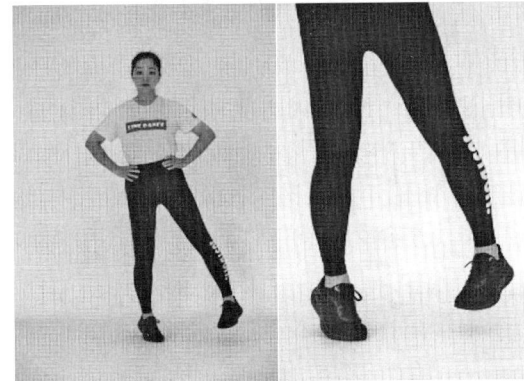 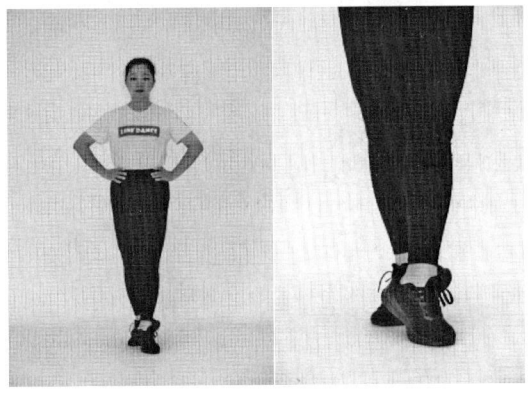

（&）两脚跟同时外旋　　　　　　　　　（2）左脚向前同时两脚跟内旋

（&）两脚跟同时外旋　　　　　　　（3）左脚向后同时两脚跟内旋

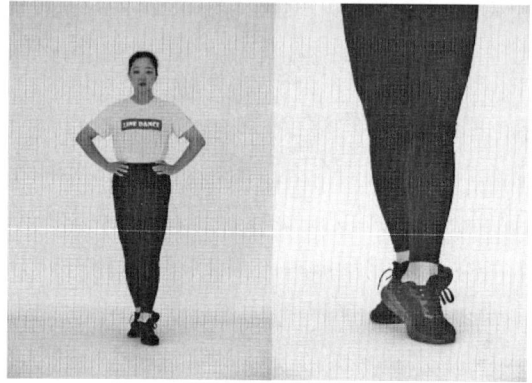

（&）两脚跟同时外旋　　　　　　　（4）右脚向后同时两脚跟内旋

图 4-1-62　蝴蝶步

（三十九）太空步（Moonwalk）

（&）左脚掌向后滑动，（1）右脚向后滑步，（&）左脚跟落地同时右脚跟离地，（2）左脚向后滑动，（&）右脚跟落地同时左脚跟离地，（3）右脚向后滑步，（&）左脚跟落地同时右脚跟离地，（4）左脚向后滑动。（图 4-1-63）

（&）左脚掌向后滑动　　（1）右脚向后滑步　　（&）左脚跟落地同时右脚跟离地　　（2）左脚向后滑动

（&）右脚跟落地　　　　（3）右脚向后滑步　　　（&）左脚跟落地　　　　（4）左脚向后滑动
同时左脚跟离地　　　　　　　　　　　　　　　同时右脚跟离地

图 4-1-63　太空步

## （四十）飞步（Scissors Jump）

（1）右脚右后方滑步同时左脚跟左前方滑动，（2）两脚并回原位，（3）左脚左后方滑步同时右脚跟右前方滑动，（4）两脚并回原位。（图 4-1-64）

（1）右脚右后方滑步　　（2）两脚并回原位　　（3）左脚左后方滑步　　（4）两脚并回原位
同时左脚跟左前方滑动　　　　　　　　　　　同时右脚跟右前方滑动

图 4-1-64　飞步

## （四十一）平移步（Travel Step）

（1）两脚尖同时向右旋转，（2）两脚跟同时向右旋转，（3）两脚尖同时向右旋转，（4）两脚跟同时向右旋转。（图 4-1-65）

（1）两脚尖同时　　（2）两脚跟同时　　（3）两脚尖同时　　（4）两脚跟同时
　　向右旋转　　　　　向右旋转　　　　　向右旋转　　　　　向右旋转

图 4-1-65　平移步

（四十二）点转（Pointing Turn）

（1）右脚前点，（2）左转 360 度并腿。（图 4-1-66）

（1）右脚前点　　　　　　　　　　　　　　　（2）左转 360 度

（2）左转 360 度　　　　　　　　并腿

图 4-1-66　点转

（四十三）踢毽步（Shuttlecock Kick）

1.（1）右脚开膝内踢，（2）右脚还原。（图 4-1-67）

（1）右脚开膝内踢　　　　（2）右脚还原

**图 4-1-67　踢毽步 1**

2.（1）右脚开膝外踢，（2）右脚还原。（图 4-1-68）

（1）右脚开膝外踢　　　　（2）右脚还原

**图 4-1-68　踢毽步 2**

（四十四）颤步（Shake Step）

（1）右脚颤膝踏步，（2）左脚颤膝踏步。（图 4-1-69）

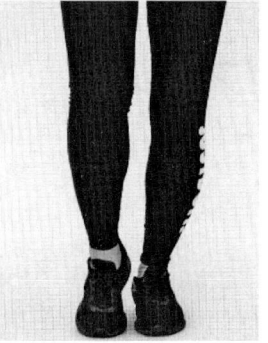

（1）右脚颤膝踏步　　　　（2）左脚颤膝踏步

**图 4-1-69　颤步**

（四十五）摇篮步（Cradle Step）

（1）右脚前交叉，重心向右移动，左脚外侧着地，（2）重心回左脚，右脚外侧着地。（图4-1-70）

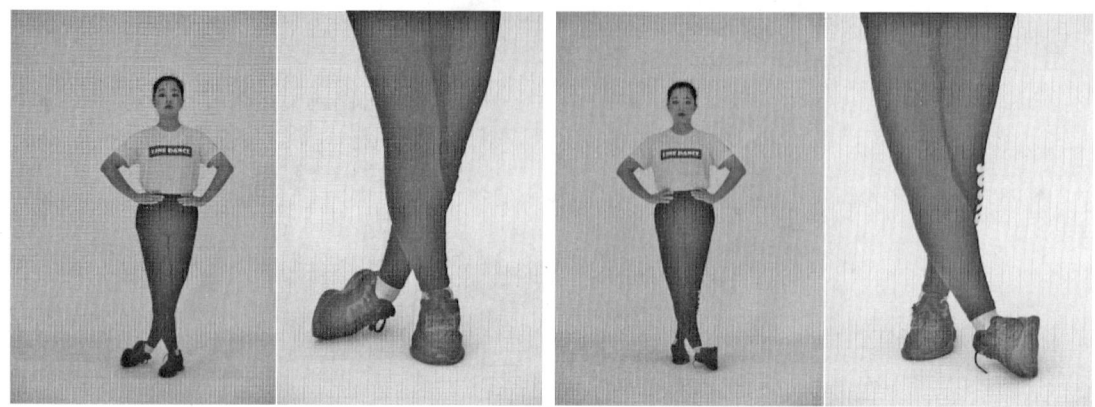

（1）右脚前交叉，重心向右移动，左脚外侧着地　　（2）重心回左脚，右脚外侧着地

**图4-1-70　摇篮步**

（四十六）退踏步（Back Step Push）

（1）右脚后踏，（&）左脚原地踏步，（2）右脚前踏。（图4-1-71）

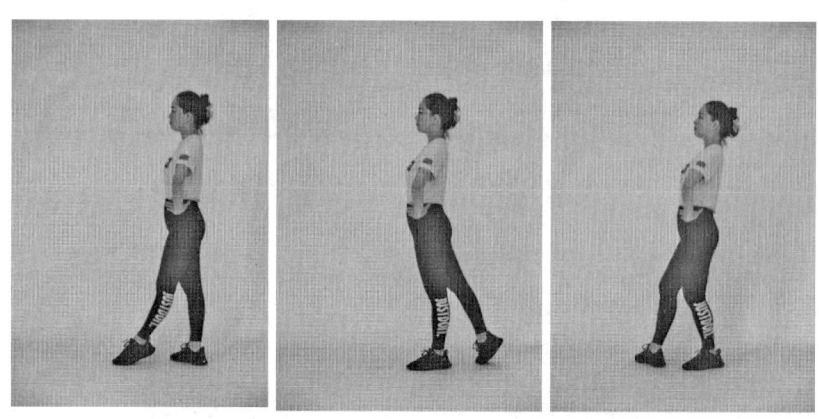

（1）右脚后踏　　（&）左脚原地踏步　　（2）右脚前踏

**图4-1-71　退踏步**

（四十七）踮步（Appel Step）

（1）右脚踏步，左脚抬起，（&）左脚前脚掌踮，右脚抬起，（2）右脚踏步，左脚抬起。（图4-1-72）

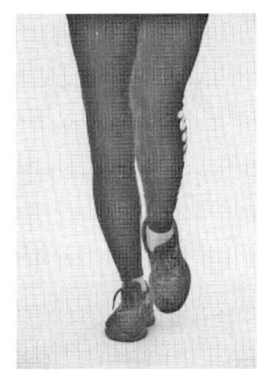 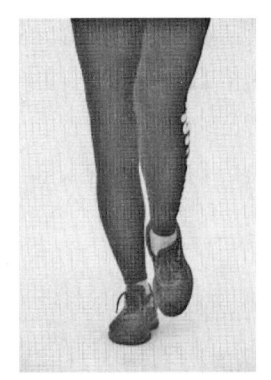

（1）右脚踏步，左脚抬起　　（&）左脚前脚掌踮，右脚抬起　　（2）右脚踏步，左脚抬起

图 4-1-72　踮步

（四十八）顿步（Lift Step）

（&）右抬腿，（1）右踏步，（&）左抬腿，（2）左踏步。（图 4-1-73）

   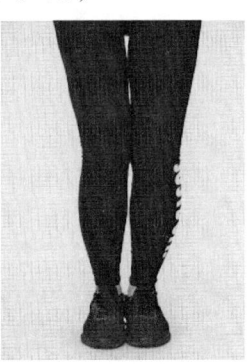

（&）右抬腿　　　　（1）右踏步　　　　（&）左抬腿　　　　（2）左踏步

图 4-1-73　顿步

（四十九）后踢步（Back Kick Step）

（&）右小腿后踢，（1）右脚屈膝踏步，（&）左小腿后踢，（2）左脚屈膝踏步。（图 4-1-74）

（&）右小腿后踢　　（1）右脚屈膝踏步　　（&）左小腿后踢　　（2）左脚屈膝踏步

图 4-1-74　后踢步

（五十）秧歌步（YangGe Step）

（1）右脚前交叉，（2）左脚前交叉，（3）右脚右斜退步，（4）左脚左斜退步，形成十字。（图4-1-75）

（1）右脚前交叉　　　（2）左脚前交叉　　　（3）右脚右斜退步　　　（4）左脚左斜退步，形成十字

图4-1-75　秧歌步

（五十一）三步一抬（Triple Step Lift）

（1）右脚前进，（2）左脚前进，（3）右脚前进，（4）左小腿后抬。（图4-1-76）

（1）右脚前进　　　（2）左脚前进　　　（3）右脚前进　　　（4）左小腿后抬

图4-1-76　三步一抬

（五十二）拧碾步（Twist Step）

（1）右脚脚跟前点地外拧，左脚前脚掌着地，（2）右脚脚跟内碾，左脚全脚掌着地，（3）右脚后退，左脚脚跟内蹍，（4）左脚脚跟外拧，右脚前脚掌着地。（图4-1-77）

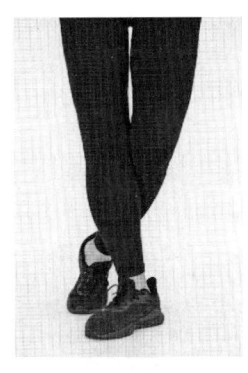 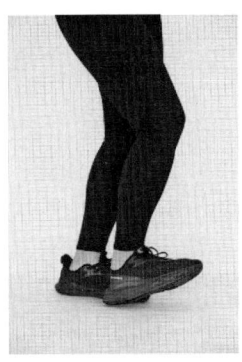  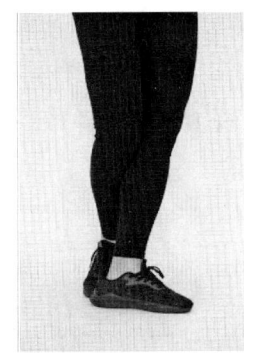

（1）右脚脚跟前点地外拧，左脚前脚掌着地　　（2）右脚脚跟内碾，左脚全脚掌着地　　（3）右脚后退，左脚脚跟内踮　　（4）左脚脚跟外拧，右脚前脚掌着地

图 4-1-77　拧碾步

## （五十三）弦子步（String Step）

（1）左脚向左一步，（2）右脚前交叉，（3）左脚向左一步，（4）右脚脚跟侧点。（图 4-1-78）

（1）左脚向左一步　　（2）右脚前交叉　　（3）左脚向左一步　　（4）右脚脚跟侧点

图 4-1-78　弦子步

## （五十四）端腿转（Hold Leg Turn）

（1）右脚向右一步，（&）右脚内勾端腿，右旋转360度，（2）右脚并在左脚旁。（图 4-1-79）

（1）右脚向右一步　　& 右脚内勾端腿，右旋转360度　　（2）右脚并在左脚旁

图 4-1-79　端腿转

## （五十五）踏脚步（Tread Step）

（&）右脚抬腿，左脚屈膝，（1）右脚旁踩踏，重心移至右脚，膝盖伸直，（&）左脚抬腿，右脚屈膝，（2）左脚旁踩踏，重心移至左脚。（图4-1-80）

（&）右脚抬腿，左脚屈膝　　（1）右脚旁踩踏，重心移至右脚，膝盖伸直　　（&）左脚抬腿，右脚屈膝　　（2）左脚旁踩踏，重心移至左脚

图4-1-80　踏脚步

## （五十六）钻石步（Diamond Step）

（1）左脚左踏，（2）右转1/8右脚右踏1∶30，（&）左脚后踏，（3）右转1/8右脚右踏3∶00，（4）右转1/8左脚前踏4∶30，（&）右脚前踏，（5）右转1/8左脚左踏6∶00，（6）右转1/8右脚后踏7∶30，（&）左脚后踏，（7）右转1/8右脚右踏9∶00，（8）右转1/8左脚前踏10∶30，（&）右脚前踏。（图4-1-81）

（1）左脚左踏　　（2）右转1/8右脚右踏1∶30　　（&）左脚后踏

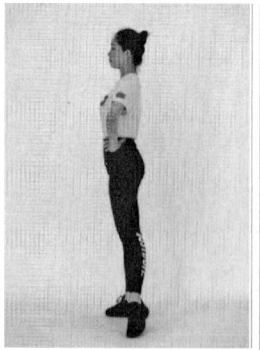  

（3）右转1/8右脚右踏3∶00　　（4）右转1/8左脚前踏4∶30　　（&）右脚前踏

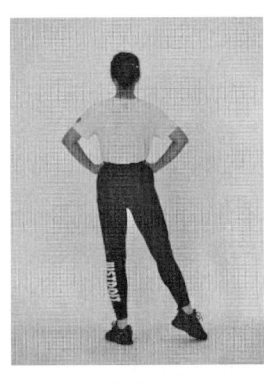 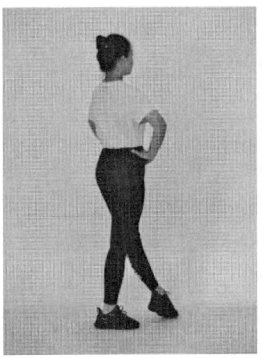 

（5）右转1/8　　　　　（6）右转1/8　　　　　（&）左脚后踏
左脚左踏6:00　　　　右脚后踏7:30

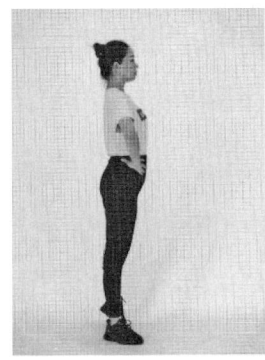  

（7）右转1/8　　　　　（8）右转1/8　　　　　（&）右脚前踏
右脚右踏9:00　　　　左脚前踏10:30

图 4-1-81　钻石步

（五十七）圆场步（Walk Step）

（1）右脚向前从脚跟向脚掌滚动着地，同时左脚跟自然离地，（2）左脚向前从脚跟向脚掌滚动着地，同时右脚跟自然离地。（图 4-1-82）

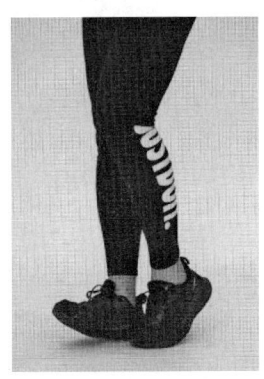 

（1）右脚向前从脚跟向脚掌滚动着地，　　（2）左脚向前从脚跟向脚掌滚动着地，
　　同时左脚跟自然离地　　　　　　　　　　同时右脚跟自然离地

图 4-1-82　圆场步

（五十八）撩步（Lift Step）

（1）右脚向右一步，（2）左脚抬撩腿。（图4-1-83）

（1）右脚向右一步　　（2）左脚抬撩腿

图 4-1-83　撩步

（五十九）花儿步（Cross Step）

（1）右脚向右一步，（2）左脚前交叉，（3）右脚向右一步。（图4-1-84）

（1）右脚向右一步　　（2）左脚前交叉　　（3）右脚向右一步

图 4-1-84　花儿步

（六十）旁拐步（Side Step）

以左/右旁拐步为例：（1）右脚旁勾踢腿，（2）右脚前踏，（3）左脚前踏，（4）右脚前踏。（图4-1-85）

（1）右脚旁勾踢腿　　　（2）右脚前踏　　　（3）左脚前踏　　　（4）右脚前踏

图 4-1-85　右旁拐步

## 第二节　排舞运动基本术语及分类

排舞术语是排舞理论和技术等方面的专门用语。它以简明、扼要的词汇，准确而又形象地反映出排舞的舞步形式和技术特征。排舞术语是在排舞的演变和发展过程中不断完善的，它来自排舞实践又指导排舞实践，是排舞教学、交流不可缺少的工具。

### 一、动作方向术语

动作方向是指人体或人体某一部分运动的指向或位置。为了正确辨别身体方向和检查动作旋转的角度，方便理解和记忆套路动作，国际排舞协会规定以时钟的方向作为运动方向。因此，动作方向的参照体前者是时钟，后者是人体。

（一）时钟 12：00 方向

人体直立时胸部所对的方向。

（二）时钟 3：00 方向

人体直立时右肩所对的方向。

（三）时钟 9：00 方向

人体直立时左肩所对的方向。

（四）时钟 6：00 方向

人体直立时背部所对的方向。

（五）顺时针方向

按时钟的 12：00、3：00、6：00、9：00 方向依次完成动作的方法。

（六）逆时钟方向

按时钟的 12：00、9：00、6：00、3：00 方向依次完成动作的方法。

## 二、排舞基本名词术语（中英文，见表 4-2-1）

表 4-2-1　排舞基本名词术语（中英文）

| 排舞 Line Dance | 编舞者 Choreographer | 音乐名 Music | 演唱者 Singer |
|---|---|---|---|
| 每分钟拍数 BPM | 拍子 Count | 方向/遍 Wall | 舞蹈水平 Level |
| 初级 Beginner | 中级 Intermediate | 高级 Advance | 前奏/介绍 Count In/Intro. |
| 开始 Start | 舞蹈顺序 Sequence | 小节/章节 Section | 段落/部分 Part |
| 结束 End | 间奏 Tag/Bridge | 从头开始 Restart | 重复 Repeat |
| 步伐 Step | 脚 Foot ( Ft ) | 右脚 Right ( RF ) | 左脚 Left ( LF ) |
| 脚尖 Toe | 脚跟 Heel | 归位 Home | 原地 In Place |
| 前面 Front | 后面 Back | 侧面 Side | 斜角 Diagonal |
| 头 Head | 手 Hand | 面向 Face | 膝盖 Knee |
| 切分音 Syncopated | 顺时针 Clockwise ( CW ) | 逆时针 Counter-Clockwise ( CCW ) | |

## 三、排舞动作术语（Standing Step，见表 4-2-2）

表 4-2-2　排舞动作术语

| 刷地 Brush/Scuff（图 4-2-1） | 退 Back（图 4-2-2） | 击掌 Clap（图 4-2-3） | 交叉 Cross（图 4-2-4） | 拖步 Drag（图 4-2-5） |
|---|---|---|---|---|
| 扇步 Fan（图 4-2-6） | 进 Forward（图 4-2-7） | 轻弹小腿 Flick（图 4-2-8） | 跟弹 Heel Bounce（图 4-2-9） | 跟点 Heel Dig（图 4-2-10） |
| 跟磨 Heel Grind（图 4-2-11） | 跟开 Heel split（图 4-2-12） | 跟拍 Heel Tap（图 4-2-13） | 顶髋 Hip Bump（图 4-2-14） | 抬/吸起 Hitch（图 4-2-15） |
| 停顿 Hold/Freeze（图 4-2-16） | 勾提 Hook（图 4-2-17） | 单足跳 Hop（图 4-2-18） | 跳 Jump（图 4-2-19） | 踢 Kick（图 4-2-20） |
| 提起 Lift（图 4-2-21） | 锁步 Lock（图 4-2-22） | 弓步 Lunge（图 4-2-23） | 点 Point（图 4-2-24） | 快速（进/出）Pop ( In/Out )（图 4-2-25） |

续表

| 滚动<br>Roll<br>（图 4-2-26） | 颤膝<br>Shaking knee<br>（图 4-2-27） | 抖肩<br>Shimmy<br>（图 4-2-28） | 滑冰步<br>Skate<br>（图 4-2-29） | 滑步<br>Slide<br>（图 4-2-30） |
|---|---|---|---|---|
| 重踏<br>Stomp<br>（图 4-2-31） | 摇摆<br>Sway<br>（图 4-2-32） | 扫步<br>Sweep<br>（图 4-2-33） | 旋步<br>Swivel<br>（图 4-2-34） | 踢踏步<br>Tap<br>（图 4-2-35） |
| 触点<br>Touch<br>（图 4-2-36） | 并步<br>Together<br>（图 4-2-37） | 转<br>Turn<br>（图 4-2-38） | 扭转<br>Twist<br>（图 4-2-39） | |

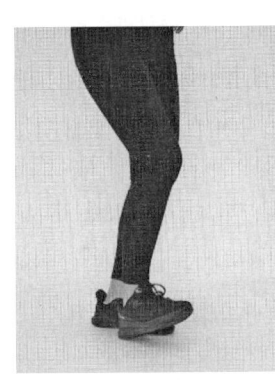
图 4-2-1　刷地

图 4-2-2　退

图 4-2-3　击掌

图 4-2-4　交叉

图 4-2-5　拖步

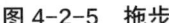

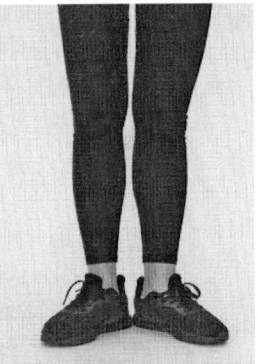
图 4-2-6　扇步

图 4-2-7　进

图 4-2-8　轻弹小腿

图 4-2-9　跟弹

第四章　排舞运动的术语及其运用

图 4-2-10 跟点

图 4-2-11 跟磨

图 4-2-12 跟开

图 4-2-13 跟拍

图 4-2-14 顶髋

图 4-2-15 抬/吸起

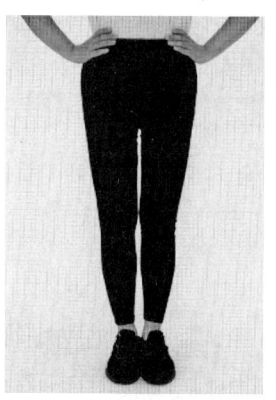
图 4-2-16 停顿

图 4-2-17 勾提

图 4-2-18 单足跳

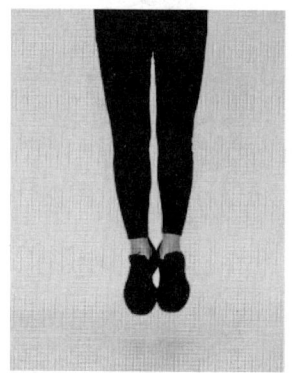
图 4-2-19 跳

图 4-2-20 踢

图 4-2-21 提起

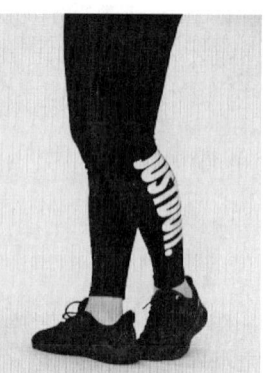
图 4-2-22 锁步

图 4-2-23　弓步　　　　图 4-2-24　点　　　　图 4-2-25　快速（进/出）

 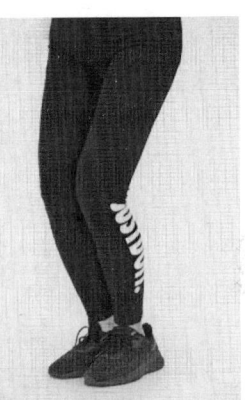

图 4-2-26　滚动　　　　　　　　图 4-2-27　颤膝

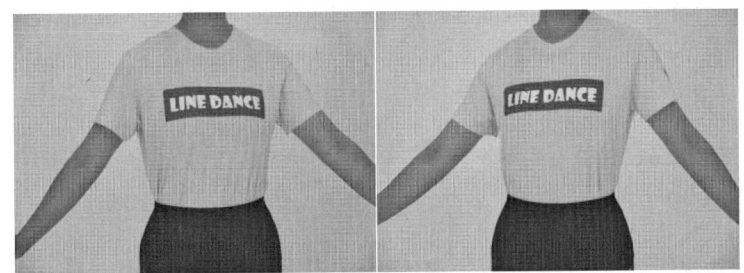 

图 4-2-28　抖肩　　　　　　　　图 4-2-29　滑冰步

图 4-2-30　滑步

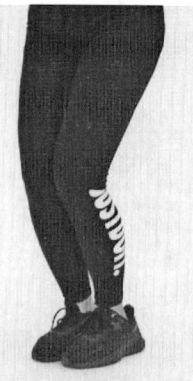
图 4-2-31 重踏

图 4-2-32 摇摆

图 4-2-33 扫步

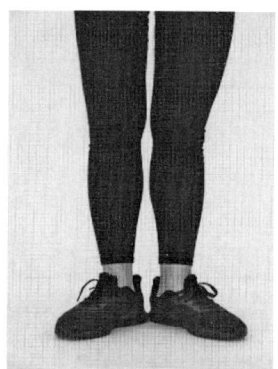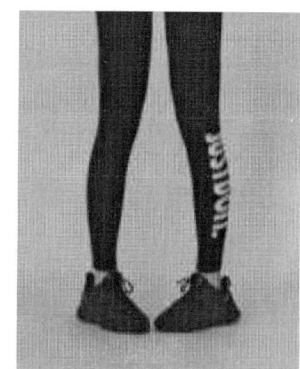
图 4-2-34 旋步

图 4-2-35 踢踏步

   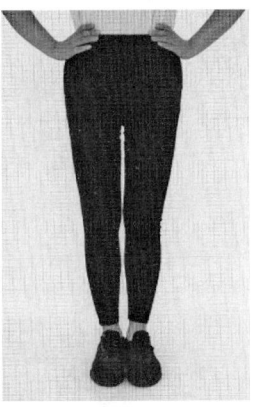

图 4-2-36 触点　　　　　　　　　　　　　　　图 4-2-37 并步

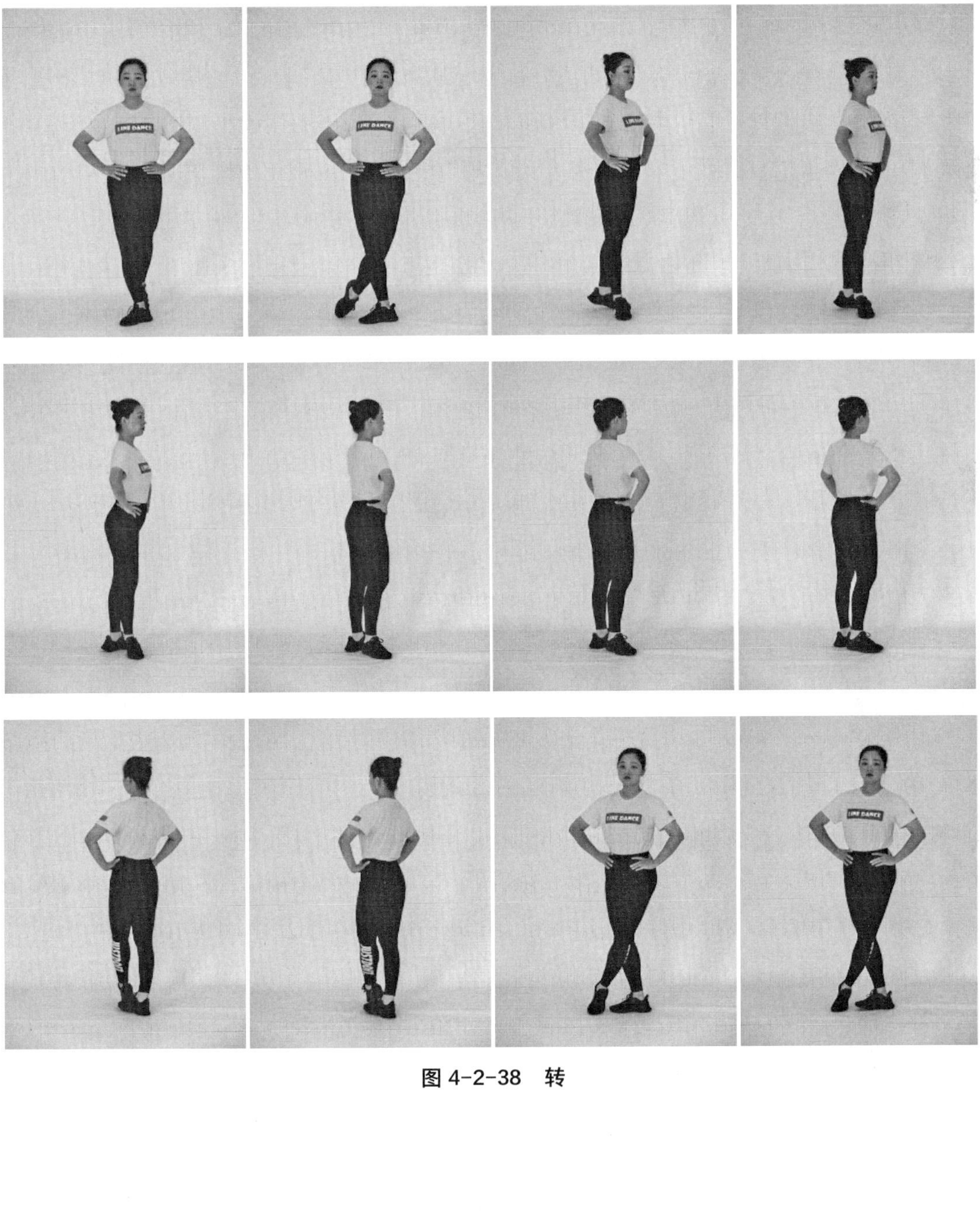

图 4-2-38 转

图 4-2-39 扭转

## 四、排舞转体术语（Turning Step，见表 4-2-3）

表 4-2-3 排舞转体术语

| 编号 | 舞步名称 | 节拍 | 基本类型 | 舞步描述 |
|---|---|---|---|---|
| 1 | 定轴转 Pivot Turn | 12 | 1/4 定轴转 Pivot 1/4 Turn | 1. 右脚前进，2. 左转 90 度重心移到左脚 |
| | | | 1/2 定轴转 Pivot 1/2 Turn | 1. 右脚前进，2. 左转 180 度重心移到左脚 |
| | | | 3/4 定轴转 Pivot 3/4 Turn | 1. 右脚前进，2. 左转 270 度重心移到左脚 |
| 2 | 交叉转 Cross Unwind Turn | 12 | 左/右交叉转 L/R Cross Unwind Turn | 1. 右脚前交叉，2. 左转 180～360 度 |
| 3 | 藤转 Rolling Vine | 1-4 | 左/右藤转 L/R Rolling Vine | 1. 右转 1/4 右脚进，2. 右转 1/2 左脚退，3. 右转 1/4 右脚向右一步，4. 左脚并步（点、刷等） |
| 4 | 蒙特利转 Monterey Turn | 1-4 | 1/4 蒙特利转 Monterey 1/4 Turn | 1. 右脚侧点，2. 右转 1/4 右脚并步，3. 左脚侧点，4. 左脚并步 |
| | | | 1/2 蒙特利转 Monterey 1/2 Turn | 1. 右脚侧点，2. 右转 1/2 右脚并步，3. 左脚侧点，4. 左脚并步 |
| 5 | 划桨转 Paddle Turn | 1-4 | 1/4 划桨转 Paddle 1/4 Turn | 1. 右脚掌前点地，重心在左脚，2. 左转 1/8 重心放左脚，3. 右脚掌前点地，重心在左脚，4. 左转 1/8 重心放左脚 |
| | | | 1/2 划桨转 Paddle 1/2 Turn | 1. 右脚进，2. 左转 1/4 重心放左脚 3. 右脚进，4. 左转 1/4 重心放左脚 |

续表

| 编号 | 舞步名称 | 节拍 | 基本类型 | 舞步描述 |
|---|---|---|---|---|
| 6 | 三连步转<br>Triple Turn | 1&2 | 三步转 180～360 度<br>Triple 180～360 Turn | 根据节拍，可以用右—左—右脚或左—右—左脚进行不同方向、不同角度的转动 |
| 7 | 全转<br>Full Turn<br>(Half Turn X2) | 12 | 左/右全转<br>L/R Fwd Full Turn | 1. 右转 180 度左脚退<br>2. 右转 180 度右脚进 |
| 8 | 螺旋转<br>Spiral Turn | 12 | 左/右螺旋转<br>L/R Spiral Turn | 1. 右脚前进，以右脚为轴<br>2. 左转 360 度重心在右脚 |

注：所有排舞转体以右脚为例

（一）定轴转（Pivot Turn）

1. 1/4 定轴转

（1）右脚前进，（2）左转 90 度重心移到左脚。（图 4-2-40）

 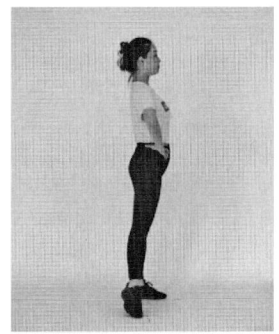

（1）右脚前进　　　（2）左转 90 度重心移到左脚

**图 4-2-40　1/4 定轴转**

2. 1/2 定轴转

（1）右脚前进，（2）左转 180 度重心移到左脚。（图 4-2-41）

 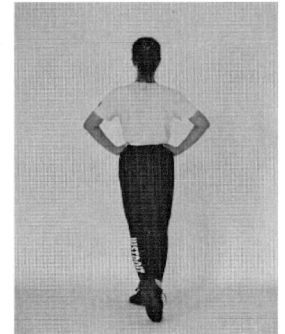

（1）右脚前进　　　（2）左转 180 度重心移到左脚

**图 4-2-41　1/2 定轴转**

3. 3/4 定轴转

（1）右脚前进，（2）左转 270 度重心移到左脚。（图 4-2-42）

（1）右脚前进　　　　　（2）左转270度重心移到左脚

图 4-2-42　3/4 定轴转

（二）交叉转（Cross Unwind Turn）

1．左/右叉转

（1）右脚前交叉，（2）左转180～360度。（图 4-2-43）

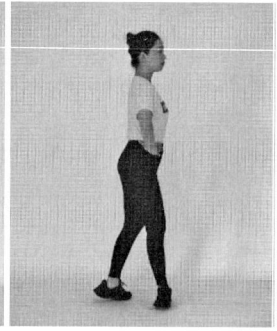

（1）右脚前交叉　　　　　　　　　　（2）左转180～360度

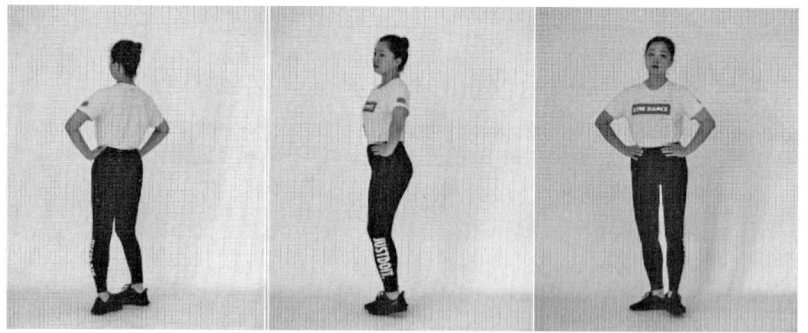

（2）左转180～360度

图 4-2-43　右叉转

（三）藤转（Rolling Vine）

1．左/右藤转

（1）右转 1/4 右脚进，（2）右转 1/2 左脚退，（3）右转 1/4 右脚向右一步，（4）左脚并步（点、刷等）。（图 4-2-44）

（1）右转 1/4　　　　（2）右转 1/2　　　　（3）右转 1/4　　　　（4）左脚并步
　　右脚进　　　　　　左脚退　　　　　　　右脚向右一步

图 4-2-44　右藤转

（四）蒙特利转（Monterey Turn）

1. 1/4 蒙特利转

（1）右脚侧点，（2）右转 1/4 右脚并步，（3）左脚侧点，（4）左脚并步。（图 4-2-45）

   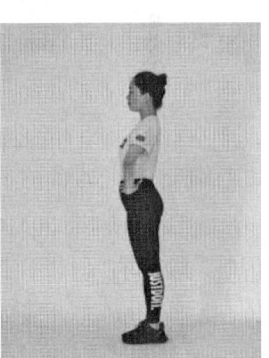

（1）右脚侧点　　（2）右转 1/4 右脚并步　　（3）左脚侧点　　（4）左脚并步

图 4-2-45　1/4 蒙特利转

2. 1/2 蒙特利转

（1）右脚侧点，（2）右转 1/2 右脚并步，（3）左脚侧点，（4）左脚并步。（图 4-2-46）

 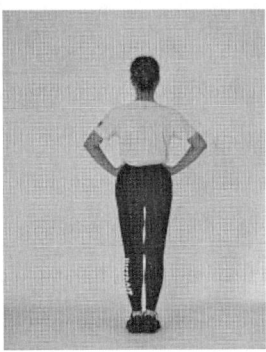  

（1）右脚侧点　　（2）右转 1/2 右脚并步　　（3）左脚侧点　　（4）左脚并步

图 4-2-46　1/2 蒙特利转

## （五）划桨转（Paddle Turn）

### 1. 1/4 划桨转

（1）右脚掌前点地，重心在左脚，（2）左转 1/8 重心放左脚，（3）右脚掌前点地，重心在左脚，（4）左转 1/8 重心放左脚。（图 4-2-47）

（1）右脚掌前点地，　　（2）左转 1/8　　　　（3）右脚掌前点地，　　（4）左转 1/8
　　重心在左脚　　　　　重心放左脚　　　　　重心在左脚　　　　　重心放左脚

图 4-2-47　1/4 划桨转

### 2. 1/2 划桨转

（1）右脚进，重心放在左脚，（2）左转 1/4 重心放左脚，（3）右脚进，（4）左转 1/4 重心放左脚。（图 4-2-48）

   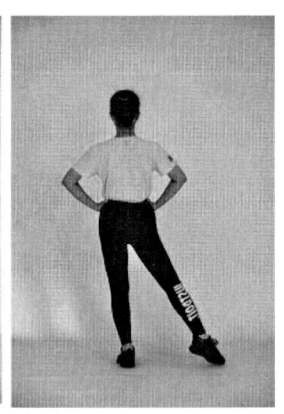

（1）右脚进，重心放左脚　　（2）左转 1/4 重心放左脚　　（3）右脚进　　（4）左转 1/4 重心放左脚

图 4-2-48　1/2 划桨转

## （六）三连步转（Triple Turn）

### 1. 三步转 180～360 度

根据节拍，可以用右—左—右脚或左—右—左脚进行不同方向、不同角度的转动。（图 4-2-49）

（1）右脚进一步　　（&）右转180度左脚退　（2）右转180度右脚进

图 4-2-49　三步转 360 度

（七）全转（Full Turn Half Turn X2）

左 / 右全转，以右全转为例：（1）右转 180 度左脚退，（2）右转 180 度右脚进。（图 4-2-50）

（1）右转 180 度左脚退　　　　（2）右转 180 度右脚进

图 4-2-50　右全转

（八）螺旋转（Spiral Turn）

左 / 右螺旋转，以左螺旋转为例：（1）右脚前进，以右脚为轴，（2）左转 360 度重心在右脚。（图 4-2-51）

（1）右脚前进，以右脚为轴　　　　　　（2）左转 360 度重心在右脚

图 4-2-51　左螺旋转

## 五、排舞运动术语的记写方法与要求

排舞术语是排舞理论和技术等方面的专门用语。它以简明、扼要的词汇,准确又形象地反映出排舞的舞步形式和技术特征。排舞术语是在排舞的演变和发展过程中不断完善的,它来自排舞实践又指导排舞实践,是排舞教学、交流不可缺少的工具。

(1)记写动作时一般应包括准备姿势、动作方法、动作方向、结束姿势几部分,其中动作方法、动作方向是记写完整术语中不可以省略的重要部分。

(2)记写动作组合时,通常只写第一个动作的预备姿势,然后按照动作的节拍顺序依次记写动作做法,最后只写结束动作姿势。

(3)记写动作时要特别注意身体方向,应清晰表述每一舞步动作结束时的身体面向。

## 六、排舞成套动作的记写形式

(一)整体描述

整体描述包括曲目名称、创编者、类型风格、难度级别、方向、前奏拍数、间奏拍数、舞步段落拍数、舞序、音乐信息等内容。

### 《一起向未来》

| 创编: | 杜薇、李萍、沈金花、朱舸明、翁佳丹、王怀智 | | |
|---|---|---|---|
| 类型: | 街舞 | 风格: | —— |
| 难度: | 初级 | 方向: | 2 |
| 前奏: | 32 | 舞蹈: | A:32 B:32 |
| 间奏: | T1:4 T2:20 | 舞序: | AAT1/BBT2/AAT1/BBBB |
| 音乐: | 《一起向未来》 作词:王平久 作曲:常石磊 编曲:邓伊伦 演唱:易烊千玺 | | |

图 4-2-52 排舞成套动作整体描述

需要注意的是,并非以上所有内容都需要写明,要具体情况具体分析。

(二)逐拍舞步描述

逐拍舞步描述是舞谱的主体部分,是对舞步动作的详细记录。

逐拍舞步描述部分又包含有段落节拍、舞码、重点说明、逐拍描述等内容。舞码是每一个八拍的节奏口令,动作小结是按照顺序对整个八拍动作的汇总。

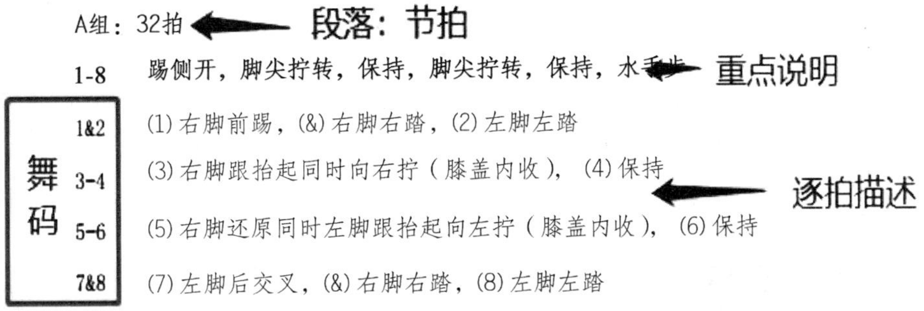

```
段落：节拍
A组：32拍  ←
1-8   踢侧开，脚尖拧转，保持，脚尖拧转，保持，水手步  ← 重点说明
      (1) 右脚前踢，(&) 右脚右踏，(2) 左脚左踏
1&2
舞 3-4  (3) 右脚跟抬起同时向右拧（膝盖内收），(4) 保持  ← 逐拍描述
码 5-6  (5) 右脚还原同时左脚跟抬起向左拧（膝盖内收），(6) 保持
7&8   (7) 左脚后交叉，(&) 右脚右踏，(8) 左脚左踏
```

图 4-2-53  逐拍舞步描述

（三）舞谱的最后还可以加上结语

结语可以是你对排舞学习者的祝福、期望，也可以是创编的思路、意图等，在结语部分也可以留下联系方式，便于大家相互交流和学习。

```
舞动中国，舞出中国梦！
欢迎交流指正！
邮箱：paiwu@linedancechina.com
电话：400-926-1758
```

图 4-2-54  结语

排舞运动经历了多年的发展，已形成一套完整、全面、规范的术语体系，包含基本名词术语、方向术语、动作术语、步伐术语、转体术语。在撰写舞谱时，应使用规范的术语，这一方面是为了避免文字上的歧义，另一方面则是有助于提升自身的专业素养，更有助于排舞项目的规范发展和与国际接轨。

1. 基本名词术语

基本名词术语是排舞项目中对常见的名词进行的规范表述，例如：与曲目信息相关的前奏、间奏、难度、段落、拍数等，与身体部位相关的脚尖、脚跟、手、头等。

2. 方向术语

在排舞运动中，通常以时钟方向作为运动方向。人体直立时，胸部所对的方向为时钟 12:00 方向，右肩所对为时钟 3:00 方向，左肩所对为时钟 9:00 方向，背部所对为时钟 6:00 方向。

3. 动作术语

动作术语指的是踏、刷、扫、点、踢、提、跳、滑、拖等基本身体动作的名称，在舞谱中的使用频率极高；这些基本动作会通过一定的组合方式构成排舞中的基本步伐和基本转体动作。

4. 步伐术语

步伐术语即排舞步伐的名称，大家熟悉的摇摆步、海岸步、查尔斯顿步、反抑制步、恰恰步、钻石步、奔跑步等名称都属于步伐术语的范畴；每一个步伐都有与之对应的动作描述。

5.转体术语

与步伐术语类似，转体术语是指排舞中特定的转体动作的名称，例如定轴转、交叉转、蒙特利转、螺旋转等；转体的角度通常使用分数进行描述，例如：左转1/4，右转1/2。

运用专业术语进行描述和记录，这是撰写舞谱的基本要求之一。用术语进行舞谱的记写，可以让舞谱更加规范，对提高教学能力、提升专业素养也有着很大的帮助。

# 第五章

# 排舞运动八大风格理论与实践

本章主要介绍排舞运动八大风格理论与实践，国际排舞六大风格主要舞种要点见表5-0-1。

表 5-0-1 国际排舞六大风格主要舞种要点汇总表

| 舞种<br>重点 | 国际排舞主要舞种 | | | | | |
|---|---|---|---|---|---|---|
| | 华尔兹 | 夜总会 | 西海岸 | 波尔卡 | 恰恰 | 东海岸 |
| 节奏 | 1, 2, 3, 4, 5, 6 | 1, 2&, 3, 4& 5, 6&, 7, 8& | 12, 3&4, 5&6 或 12, 3&4, 56, 7&8 | 1&2, 3&4, 5&6, 7&8 | 1, 2, 3, 4&5, 6, 7, 8&1 | 1&2, 3&4, 56 或 1&2, 34, 5& 6, 78 |
| 旋律 | 重拍在2, 5 重拍减速 | 重拍在单数拍 重拍减速 | 重拍在双数拍 重拍减速 | 重拍在双数拍 重拍减速 | 重拍在1, 5, 次重拍在2, 6, 重拍加速 | 重拍在2, 6, 次重拍在4, 8, 重拍减速 |
| 动作特征 | 起伏升降、连绵不断 身体 swin\sway | 重心无起伏, 身体随脚步动作稍有摇摆 | 动作平稳, 不要加胯, 双膝向后发力 | 轻快的 LILT | 古巴恰恰双膝微曲较随意缓和, 拉丁恰恰双膝看似伸直 | 略感轻快, 起伏升降不如波尔卡 |
| 表达的情绪 | 优雅的 | 悲伤、浪漫 | 放松、活泼, 不能表现出嬉戏感 | 高兴、兴奋的, 充满正能量的 | 性感的、热烈的、积极向上的 | 高兴的、非常正能量的 |
| 脚的运用 | 跟、经并向侧、前脚掌、脚尖后退, 经并向侧、前脚掌 第一拍身体重心两脚各占50% | 内侧、脚掌、外侧, 第二拍并脚时脚成三位 第一拍身体重心启动脚占80% | 脚跟、脚跟、3&4 为前脚掌、5&6 为脚内侧 第一拍身体重心两脚各占50% | 脚内侧, 第一拍身体前倾, 重心前移80%以上, 注意换脚转体时稍立踵 | 全部为脚内侧, 第一拍重心右移30%, 第二拍则为100% | 全部为脚内侧, 第一拍身体重心双脚各占50% |
| 场地运用 | 斜角移动 | 左右往返, 基本无移动 | 基本在原地 | 可移动的, 前后左右 | 基本在原地 | 基本在原地 |
| 动作组合 | 基本步、盒子步、闪烁步、开左转、自然转 | 基本步、钻石步定轴转 | 基本步、鞭步 | 前进后退基本步飞驰步、吸后跳 | 基本步、纽约步、锁步 | 基本步, 踢腿 klick |

续表

| 舞种重点 | 国际排舞主要舞种 false | | | | | |
|---|---|---|---|---|---|---|
| | 华尔兹 | 夜总会 | 西海岸 | 波尔卡 | 恰恰 | 东海岸 |
| 动作组合 | 左脚起：盒子步+半盒子步+右起自然转360度（每3拍转90度）+半盒子步+左起闪烁步+转体造型右、左各1 | 右脚起：基本步两次+上右脚定轴右转360度+左基本步（对6点钟），退右脚定轴左转360度+左基本步（对12点钟）+基本步两次 | 右脚起：6拍基本步、6拍侧转鞭步、8拍基本步 | 右脚起：向前波尔卡一次+3&4三连转定轴转（对6点钟）+退右脚波尔卡+7&8退左脚定轴转三连转（对12点钟）上左脚结束 | | 东海岸摇摆、美国摇摆、牛仔 |

## 第一节　升降起伏类（Rise and Fall）

定义：一种运用重心升降和身体摆荡动作的舞蹈，强调重心的升降起伏。

### 一、华尔兹（Waltz）

华尔兹（Waltz）简介见表5-1-1。

表5-1-1　华尔兹（Waltz）简介

| 节奏 | 身体位置 | 旋律 | 动作特点 |
|---|---|---|---|
| 1 <u>2</u> 3 4 <u>5</u> 6 | 重心在前脚掌内侧 | 123-456，重拍：2、5 | 轻快、优美、高雅、舒展 |

| 脚的运用（技巧） | 场地运用 | 组合 |
|---|---|---|
| 123 跟—尖（内侧）—掌，456 脚掌/脚掌/脚掌 | 移动的或有斜角的移动 | （1）基本步：合步<br>（2）半个基本步转右转<br>（3）闪烁步 |

（1）节奏：1 <u>2</u> 3 4 <u>5</u> 6

基本步动作分解见图5-1-1至图5-1-13。

图5-1-1　左脚前脚掌内侧向前

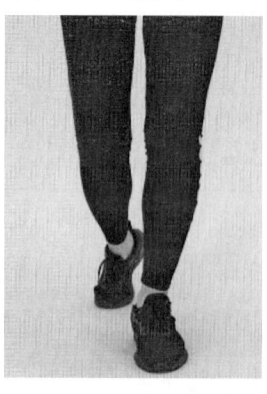

图5-1-2　左脚脚掌过渡到脚跟向前迈一步

图5-1-3　右脚经过左脚内侧

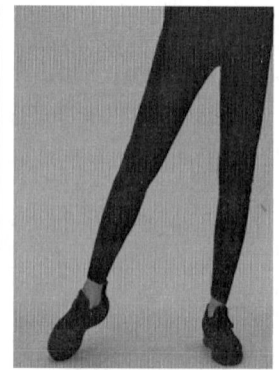

图5-1-4　右脚向旁擦地出

 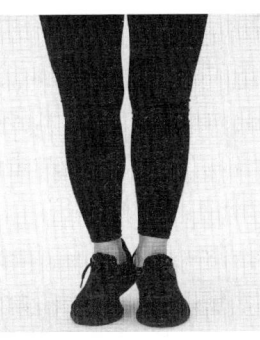  

图 5-1-5　重心推至右脚　图 5-1-6　左脚并右脚　图 5-1-7　右脚向后一步　图 5-1-8　重心推至右脚

 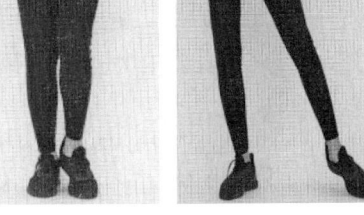   

图 5-1-9　左脚经过右脚旁　图 5-1-10　左脚向旁擦地出　图 5-1-11　重心推至左脚　图 5-1-12　右脚并左脚　图 5-1-13　重心落在右脚

（2）身体位置：重心在前脚掌内侧。

（3）旋律：123-456，重拍：**2**、**5**。

（4）动作特点：轻快、优美、高雅、舒展。

（5）脚的运用（技巧）：

123 跟—尖（内侧）—掌，456 脚掌/脚掌/脚掌。

图 5-1-14　脚跟　　　图 5-1-15　脚内侧　　　图 5-1-16　脚掌

（6）场地运用：移动的或有斜角的移动。

（7）组合：

①基本步：盒步；

②半个基本步转右转；

③闪烁步。

## 二、维也纳华尔兹（Viennese Waltz）

维也纳华尔兹舞曲旋律流畅华丽，节奏轻松明快，为 3/4 拍节奏，每分钟 56～60 小节，每小节为三拍，第一拍为重拍，第四拍为次重拍。基本步伐是六拍走六步，二小节为一循环，第一小节为一次起伏。基本动作是左右快速旋转步，完成反身、倾斜、摆荡、升降等技巧。

维也纳华尔兹舞与华尔兹同属摩登舞类，都是 3/4 音乐，舞蹈的技巧一致；不同之处在于节奏的快慢不同，还有华尔兹动作多技巧复杂，维也纳动作少，技巧不多。

## 三、狐步舞（Foxtrot）

狐步舞蹈是结婚典礼上、宴会上和社交场合的流行舞蹈，结婚新人通常选择一支狐步舞蹈或者一支浪漫的华尔兹舞蹈作为结婚典礼上的第一支双人舞蹈，预祝结婚新人从此以后开始幸福的、美好的、浪漫的崭新生活。狐步舞蹈每一音乐节拍为 4 拍，第 1 拍为重拍，第 3 拍为次重拍，节奏为慢等于 2 拍，快等于 1 拍。

## 四、快步舞（Quickstep）

快步舞因步子很快而得名，又因其具有轻快灵巧、活泼欢跳的风格特点而有"欢快舞"之称。快步舞，将芭蕾舞中的一些小跳动作融合在内，而显得更加轻快灵巧，更具技巧性和艺术魅力。它起源于英国，最早是黑人的土风舞，以后逐渐演变。快步舞与波尔卡、查尔斯顿有着密切的关系。

# 第二节　律动活泼类（Pulse/Lift）

定义：一种运用脉冲运动的舞蹈，强调重心律动。

（一）波尔卡（Polka）

（1）节奏：1 & 2 3 & 4 5 & 6 7 & 8。

基本步动作分解见图 5-2-1 至图 5-2-12。

图 5-2-1　右脚向前一步　　图 5-2-2　左脚跟随右脚后　　图 5-2-3　右脚向前一步

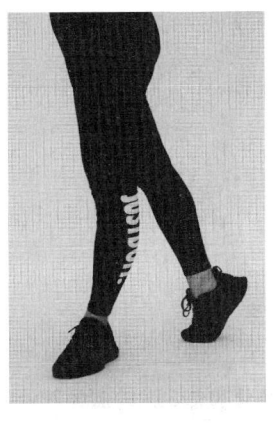  

图 5-2-4　左脚向前一步　　图 5-2-5　右脚跟随左脚后　　图 5-2-6　左脚向前一步

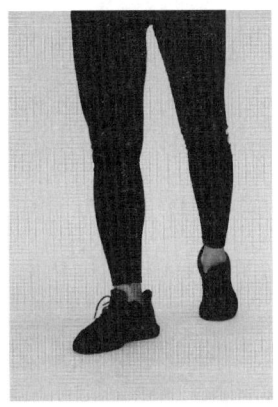 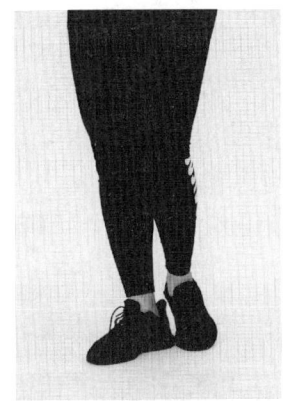 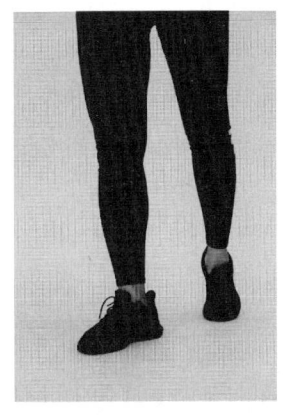

图 5-2-7　右脚向前一步　　图 5-2-8　左脚跟随右脚后　　图 5-2-9　右脚向前一步

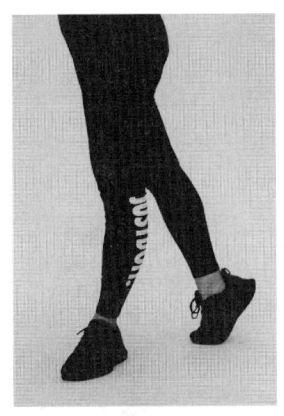  

图 5-2-10　左脚向前一步　　图 5-2-11　右脚跟随左脚后　　图 5-2-12　左脚向前一步

（2）身体位置：重心微前倾，双肩要平，身体微侧，脚内侧先着地，见图 5-2-13、图 5-2-14。

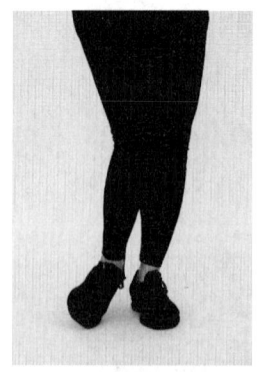

图 5-2-13　身体面向侧面，保持双肩平稳　　图 5-2-14　身体微侧，脚内侧先着地

（3）旋律：

①重拍：2、4、6、8。

②重拍：减速，拉长延伸。

（4）动作特点：轻快、活泼、热情饱满、欢快。

（5）脚的运用（技巧）：都是脚前掌内侧先着地。

（6）场地运用：移动的（或前后的）双人，全场跑动。

（7）组合：

①基本步：向前、向后。

②三连转+定轴转。

③吸后跳步。

（二）东海岸摇摆（ECS）

（1）节奏：两种节奏型：

第一种 6 拍节奏型：1 & 2 3 & 4 & 5 6。

第二种 8 拍节奏型：1 & 2 3 4 5 & 6 7 8。

第一种 6 拍基本步动作分解见图 5-2-15 至 5-2-24 所示。

图 5-2-15　右脚向右一步　　图 5-2-16　重心　　图 5-2-17　&拍：　　图 5-2-18　第 2 拍：右脚
（右脚掌内侧向右擦地出）　　移至右脚　　左脚并到右脚旁　　向右一步，重心移至右脚

图 5-2-19　第 3 拍 -1：左脚向左一步（用脚内侧贴地出）

图 5-2-20　第 3 拍 -2：左脚向左一步，重心在左脚（左脚掌内侧向左擦地出）

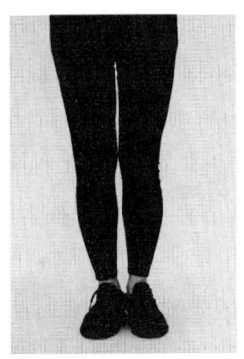

图 5-2-21　&拍：右脚并到左脚旁

图 5-2-22　第 4 拍：左脚向左旁一步，重心在左

图 5-2-23　第 5 拍：右脚向左斜后退一步，重心在右脚

图 5-2-24　第 6 拍：重心移至左脚

第二种 8 拍节奏型基本步动作分解图示见图 5-2-25 至图 5-2-35。

图 5-2-25　第 1 拍：右脚向右一步（右脚掌内侧向右擦地出）

图 5-2-26　重心移至右脚

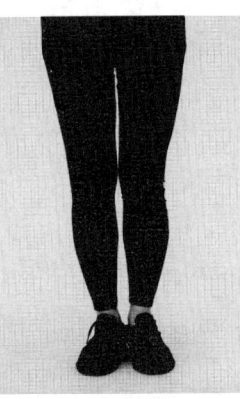

图 5-2-27　&拍：左脚并到右脚旁

图 5-2-28　第 2 拍：右脚向右一步，重心移至右脚

图 5-2-29　第 3 拍：左脚向右斜后退一步，重心在左脚　　图 5-2-30　第 4 拍：重心移至右脚　　图 5-2-31　第 5 拍 -1：左脚向左一步（用脚内侧贴地出）　　图 5-2-32　第 5 拍 -2：右脚向右一步，重心移至右脚

图 5-2-33　第 6 拍：左脚向左旁一步，重心在左脚　　图 5-2-34　第 7 拍：右脚向左斜后退一步，重心在右脚　　图 5-2-35　第 8 拍：重心移至左脚

（2）身体位置：身体升降不要太大，胯部下弧线运动，微摇摆，如图 5-2-36 和图 5-2-37 所示。

图 5-2-36　身体升降不要太大　　图 5-2-37　微摇摆

（3）旋律：

①重拍：减速。

② 6拍：2、4次重拍 6。

③ 8拍：2、6次重拍 4、8。

（4）动作特点：奔放的、开心的、轻快的。

（5）脚的运用（技巧）：都是脚内侧的动作，注意：用前脚掌内侧向旁擦地（图 5-2-38）。

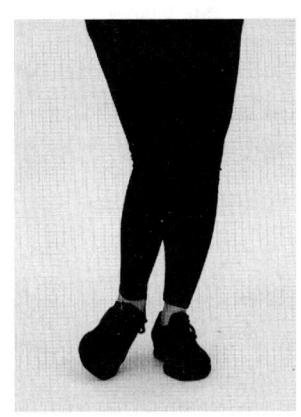

图 5-2-38　用前脚掌内侧向旁擦地

（6）场地运用：原地（或左右移动）。

（7）基本功练习：

①基本步：6拍基本步/8拍基本步。

②踢腿。

③弹踢。

（三）牛仔（Jive）

定义：又称为捷舞。拉丁舞项目之一，牛仔舞原是美国西部牛仔跳的一种踢踏舞，盛行于20世纪二三十年代。牛仔舞起源于美国，是由一种叫"吉特巴"的舞蹈发展而来，牛仔舞剔除了"吉特巴"中所有的难度动作，增加了一些技巧。牛仔源于美国黑人舞蹈，是一种节奏快、耗体力的舞种。第二次世界大战期间由美国水兵传播。旋律欢快，强烈跳跃，节奏为4/4拍，每分钟42～44小节、六拍跳八步。由基本舞步踏步、并合步，结合跳跃、旋转等动作组合而成。舞蹈基础：

要点一：牛仔舞的弹性不在于往上跳，而在于产生"自由落体"般的弹性。牛仔舞的弹性不是向上弹，而是向下。

要点二：牛仔舞的重拍在双数，跟桑巴一样。

要点三：弹性基本步的重拍表现在下降后的撑起，而不是下降的过程。

要点四：在点脚的时候，点的那只脚是动力脚，它不支撑重心，所以不要让它去借力，我们要让支撑脚直立，再产生自由落体式的下降，然后迅速撑起来，完成动作。

要点五：在点脚时，动力腿保持弯曲，不能踩直。跳牛仔舞的时候要注意胯部的摆动。

如何跳出有胯部摆动的牛仔舞？

这要从我们的舞蹈是不是具有对地板的压力来检视。牛仔舞要有很好的弹力，但是练习者往往会只注重弹力而把最基础要领"脚跟地板的关系"给忽略了。牛仔舞的重拍是第二和第四拍，并且是向上弹的拍子，不是通常舞蹈的第一拍，但是想要有弹力好的第二和第四拍，第一拍的压力是最重要的。尤其是在做牛仔舞的摇步的这两个舞步时，要增加胯部的摆动，更要注意躯干和头保持在中间位置。胯部的摆动要靠身体给地板的压力产生，身体在胯部摆动的时候尽量保持在中间位置，在这里值得一提的是练习者在跳牛仔舞的时候躯干到头的部位尽量放在两脚之间的位置，这样胯部的摆动会更明显。

牛仔舞虽然欢快热烈，给人富有弹性、跳跃感很强的感觉，但其实并不能真的跳起来，跳起来的感觉只是人的一种错觉，要压着身体跳。跳跃感不是由于跳起来很高呈现的，而是由于双腿的快速运动给人造成的错觉。

（四）桑巴（Samba）

桑巴舞起源于非洲，被称为巴西的"国舞"。"桑巴"一词据说是从非洲安哥拉第二大部落的语言"森巴"演变而来。"森巴"原是一种激昂的肚皮舞。顾名思义，这种舞蹈以上下抖动腹部、摇动臀部为主要特征。

桑巴舞传入美国之后，由于它趣味性强，生动活泼而为人们所喜爱。后来美国舞蹈专家们对它进行提炼和加工，在基本训练、舞步规范及编排上不断研究与改进，把它纳为拉丁舞系列的五大舞种之一，并正式定为国际标准舞的比赛项目。每逢节日，巴西城镇盛行狂欢，人们会跳起豪放而又带点即兴发挥的桑巴，因为它节奏活泼，轻重有致，很快便流传到欧美各大城市。为了将桑巴舞的特点表现出来，舞者必须欢快、煽情、激昂地表演。桑巴有着特有的节奏，让大家可以在那热情奔放的音乐中享受到身心的愉悦。

桑巴的动作特性是有着很"沉"的重心，在两点间瞬间移动，拥有高度柔软性。

# 第三节　平滑类（Smooth）

定义：一种用平滑动作跳的舞蹈，强调重心的平移。

## 一、西海岸摇摆（WCS）

西海岸摇摆（WCS）简介见表 5-3-1。

表 5-3-1　西海岸摇摆（WCS）简介

| 节奏 | 身体位置 | 旋律 | 动作特点 |
| --- | --- | --- | --- |
| 1 2 3 & 4 5 & 6<br>1 2 3 & 4 5 6 7 & 8 | 根据风格，可运用脚掌或脚跟 | 重拍放慢做<br>重拍：6 拍：2、4、6<br>8 拍：2、4、6、8（不要有胯的动作） | 迷人的、羞涩的、放松的 |

| 脚的运用 | 场地运用 | 组合 |
| --- | --- | --- |
| 擦地面,再脚掌后退,后退时:脚掌过渡到全脚掌 | 原地的(或前后左右) | (1)基本步<br>(2)侧转步<br>(3)鞭步 |

西海岸摇摆舞起源于美国的 Lindy Hop 舞种,是一种灵活性很高的社交舞(patner dance,泛指男女搭伴跳的舞蹈),分为两种角色——领舞(leader,一般是男士)和随舞(follower,一般是女士)。

西海岸摇摆舞对舞蹈基础没有要求,练习者可带着一颗放松的心,尽情享受音乐和舞蹈带来的纯粹快乐。

(1)节奏:

① 1 <u>2</u> 3 & 4 <u>5</u> & <u>6</u>。

② 1 <u>2</u> 3 & <u>4</u> 5 <u>6</u> 7 & <u>8</u>。

第一种 6 拍节奏型基本步动作分解图示见图 5-3-1 至图 5-3-8。

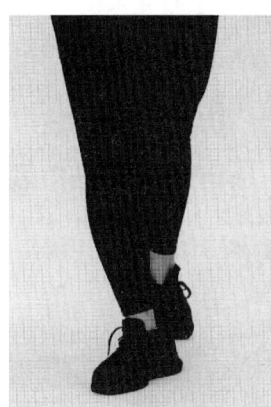

图 5-3-1 第 1 拍:
右脚前进一步

图 5-3-2 第 2 拍:
左脚前进一步

图 5-3-3 第 3 拍:
右脚前进一步

图 5-3-4 & 拍:
重心回至左脚

图 5-3-5 第 4 拍:
右脚后退一小步

图 5-3-6 第 5 拍:
左脚左踏

图 5-3-7 & 拍:
右脚原地踏

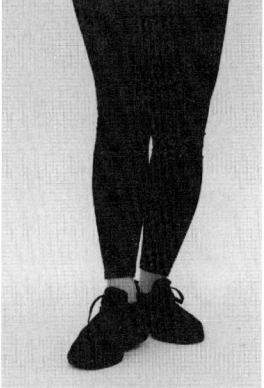

图 5-3-8 第 6 拍:
左脚后退一小步

第二种 8 拍节奏型基本步动作分解图示见图 5-3-9 至图 5-3-18。

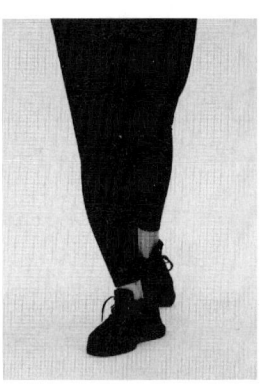

图 5-3-9　第 1 拍：
右脚前进一步

图 5-3-10　第 2 拍：
左脚前进一步

图 5-3-11 第 3 拍：
右脚前进一步

图 5-3-12　&拍：
重心回至左脚

图 5-3-13　第 4 拍：
右脚后退一小步

图 5-3-14　第 5 拍：
左脚后退一步

图 5-3-15　第 6 拍：
右脚后退一步

图 5-3-16　第 7 拍：
左脚左踏

图 5-3-17　&拍：
右脚原地踏

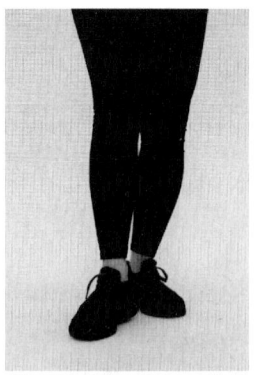

图 5-3-18　第 8 拍：
左脚后退一小步

（2）身体位置：根据风格，可运用脚掌或脚跟。

（3）旋律：重拍放慢做。

①重拍：6 拍：**2**、**4**、**6**。

② 8拍：<u>2</u>、<u>4</u>、<u>6</u>、<u>8</u>（不要有胯的动作）。

（4）动作特点：迷人的、羞涩的、放松的。

（5）脚的运用：擦地面，再脚掌后退，后退时：脚掌过渡到全脚掌。

（6）场地运用：原地的（或前后左右）。

（7）组合：

①基本步。

②侧转步。

③鞭步。

## 二、夜总会（Nightclub）

（1）节奏 <u>1</u> 2 & <u>3</u> 4 & <u>5</u> 6 & <u>7</u> 8 &。

夜总会基本步动作分解图示见图5-3-19至图5-3-26。

图5-3-19 第1拍：右脚向右大侧步　　图5-3-20 第2拍：左脚收到右脚后，呈三位　　图5-3-21 &拍：右脚向斜前擦地出（脚掌外侧）　　图5-3-22 重心移至右脚

  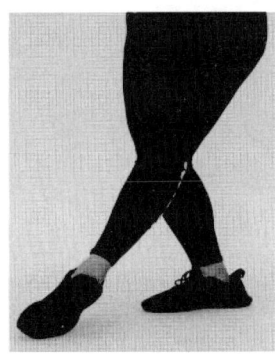 

图5-3-23 第3拍：左脚向左大侧步　　图5-3-24 第4拍：右脚收到左脚后，呈三位　　图5-3-25 &拍：左脚向斜前擦地出（脚掌外侧）　　图5-3-26 重心移至左脚

（2）身体位置：并脚时三位，见图5-3-27。

图 5-3-27　三位脚（丁字步）

（3）旋律：

①重拍：1、3、5、7。

②重拍在慢拍上（身体有一点摇摆）。

（4）动作特点：情感怀旧的、悲伤的。

（5）脚的运用（技巧）：

①出脚：脚掌内侧。

②脚掌过渡到全脚掌。

（6）场地运用：

①原地（左右移动）

②钻石步：菱形。

（7）组合：

①基本步。

②定轴转。

③反转 +3 个基本步。

### 三、探戈（Tango）

大裙摆是探戈的特色之一，那是压抑不住的对表达的渴望，当需要前进时，却向横向移去；当需要后退时，却作横向向前斜移。跳好探戈风格舞曲小技巧：自信。节奏一定是重中之重。

## 第四节　古巴类（Cuban）

说明：一种运用古巴动作的舞蹈，强调髋部运动。

## 一、恰恰（Cha-Cha）

（1）节奏：2 3 4 & 5 6 7 8 & 1。

恰恰基本步动作分解图示见图5-4-1至图5-4-10。

  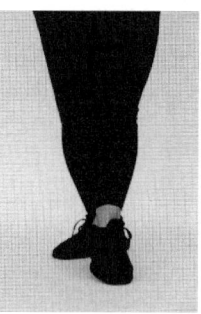 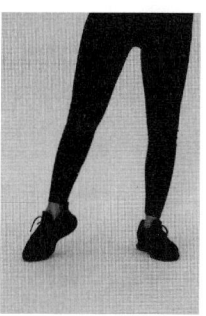 

图5-4-1 第1拍：右脚右踏　　图5-4-2 第2拍：左脚向前一步，重心在左脚　　图5-4-3 第3拍：重心推至右脚　　图5-4-4 第4拍：左脚左踏　　图5-4-5 &拍：右脚并左脚

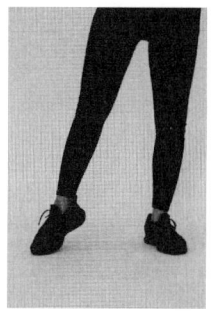 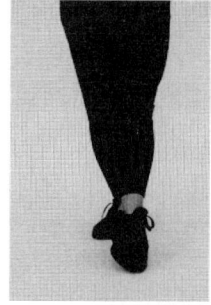   

图5-4-6 第5拍：左脚左踏　　图5-4-7 第6拍：右脚后退一步，重心在右　　图5-4-8 第7拍：重心推至左脚　　图5-4-9 第8拍：右脚右踏　　图5-4-10 &拍：左脚并右脚

（2）身体位置：全部用脚内侧动作。

（3）旋律：

①重拍：加速，1、5。

②次重拍：2、6。

③古巴：膝盖放松。

④拉丁：动作速度快，膝直微曲。

（4）动作特点：热情奔放、充满活力、积极向上、性感的、热烈的。

（5）脚的运用（技巧）：全部用脚内侧动作，第一拍重心右移30%，第二排则为100%。

（6）场地运用：原地的运动。

（7）组合：①基本步；②锁步；③三连步转；④纽约步；⑤定轴转。

## 二、伦巴（Rumba）

伦巴（Rumba）是西班牙文 Rumba 的音译，源于古巴，又叫古巴伦巴，舞曲节奏为 4/4 拍，每分钟 27～29 小节，每小节四拍。乐曲旋律的特点是强拍落在每小节的第四拍。舞步从第 4 拍起跳，由一个慢步和两个快步组成。四拍走三步，慢步占二拍（第四拍和下一小节的第一拍），快步各占一拍（第二拍和第三拍）。特点是风格浪漫，舞姿迷人，男女都讲究身体姿态，舞态柔媚，步法婀娜，舞者若即若离，是表达男女爱慕情感的一种舞蹈。伦巴名字可能来自 rumboso orquestra 一词，这是 1807 年一支舞队的名称，而在加勒比海岸，此名称和朗姆酒（rhum）的名字接近，因此，有人认为伦巴和这种酒有关，伦巴是西班牙语一种喧闹酒会的产物。

伦巴完全是自娱性的，有时可以一男一女相互追逐，也可以成为多人的集体舞。舞步以扭胯、捻步为主，加以抖肩。伴奏以打击乐为主，舞者亦伴以呼喊歌唱，节奏为 2/4 拍，灵活多变。民间伦巴气氛十分热烈欢腾。20 世纪 20 年代后，伦巴传入欧洲、北美，并吸收了爵士乐和其他舞蹈因素，成为舞厅舞的一种重要形式。

伦巴的风格和动律特点，可以归纳为稳中摆、柔中韧、快合慢。

稳中摆：伦巴的动律产生于劳动，劳动的黑人头顶大筐搬运香蕉等水果时，要求上身平稳，走起来上压、下顶，形成臀部的摇摆。因此跳伦巴舞时，要求保持脊椎直和两肩平，臀部的摇摆则是由于重心的转移自然形成的，而不是故意摆动臀部。当脚出步时，脚掌用力踩地，膝部稍屈，这时另一条腿的膝部是直的，当重心移到出步的脚，脚后跟放下，胯部随之向侧后方摆动；另一条则放松稍屈。整体感觉是提气，平稳地控制住上身，而臀部不停地自如摆动。

柔中韧：出步后，膝部使劲顶直，臀部的摆动看起来轻快柔和，实则内部用力，有一股内存的韧劲，因此跳伦巴舞时间长了会有臀部的酸胀感。

快合慢：伦巴舞用四拍走三步，节奏为快快慢，快步一拍一步，慢步两拍一步。臀部是走三步摆三下。它的出脚动作迅捷，无论快步或慢步都是半拍到位，而臀部的摆动则是快步占一拍，慢步占两拍。实际上是四拍三步中，每步都是半拍脚步到位，而臀部则是连绵不断的左、右摆动。这种上、下、慢、快矛盾统一的运动，形成了伦巴的特色动律。

## 三、曼波（Mambo）

曼波舞诞生于加勒比海岛国古巴和海地，加勒比海岛国古巴的音乐是曼波舞音乐的基础，而最初的曼波舞是以摇摆舞的形式产生的，因为它带有很强的刺激性，能够让人们释放自己的热情，对于当时在宗教影响下的拉丁美洲人们来说无疑是一个非常吸引人的舞种。然而也正因为很多跳曼波舞的人舞蹈风格"不拘小节"而被当地的教会认为是低俗的代表，和传统宗教文化有很大的冲突。当然随着宗教对人们生活影响力的逐渐弱化，拉丁美洲人也逐渐冲破了这种束缚让自己的内心感受可以自然流露。

## 第五节 街舞时髦类（Street/Funky）

说明：一种展示步法和身体动作的舞蹈，强调手臂和腿部的弯曲、身体的拉升和抖动。

### 一、嘻哈（Hip-Hop）

嘻哈是由最代表性的动作 UP Down、C-walk、Shake 组合而成，极富变化，并通过头、颈、肩、上肢、躯干等关节的屈伸、转动、绕环、摆振、波浪形扭动等连贯组合而成的，各个动作都有其特定的健身效果，既注意了上肢与下肢、腹部与背部、头部与躯干动作的协调，又注意了组成各环节各部分独立运动。因此街舞不仅具有一般有氧运动改善心肺功能、减少脂肪、增强肌肉弹性、增强韧带柔韧性的功效，还具有协调人体各部位肌肉群，塑造优美体态，提高人体协调能力，陶冶美感的功能。

### 二、霹雳舞（Break）

Breaking（又译 Breakdance，Breaking 舞者统称为 B-BOY、B-GIRL），是一种以个人风格为主的技巧性街舞舞种，也是北美街舞中最早的舞种。Breaking 起源于美国的布朗克斯区，在大量吸收来源于 Capoeira（巴西战舞）、体操、中国武术（来自香港邵氏电影）等不同体育及艺术形式的元素和动作后形成了如今的 Breaking，分为 TopRock（摇滚步）、Footwork（腿部动作）、Freeze（空中定格）、Power Move（整体移动）四大内容，大量手撑地的快速脚步移动、各种倒立定格动作，以及在地板上或者空中匪夷所思的高难度旋转使这种舞蹈充满了视觉冲击力。

Breaking（霹雳舞）也是一种难度较高的舞步，大体上可以分为两种类型：用手、头、身体在地上旋转，称为大地板；用肢体在地上踩出复杂变化的脚步动作，加上刁钻的倒立，称为小地板。当然，跳舞的同时也可以随意去搭配你所想表现的动作。

### 三、机械舞（Popping）

Popping（震感舞），也称为机械舞，属于街舞的一种。Popping 最基本的元素为 POP，是指通过肌肉的快速收缩与舒张而达到震动的效果，一般包括手臂、腿部、胸部、肩颈等部位。有时 Waving（电流）也被现在的舞者融汇在 Popping 的范围里。当今的 Popping 没有 Old School 和 New School 的区分，都是属于 Street Dance 的舞种。

Popping 起源于 20 世纪 70 年代初成型于 20 世纪 70 年代中后期，以不同形式兴起于美国西岸加利福尼亚州的旧金山、弗雷斯诺、奥克兰等地。发明的灵感来源有模仿机器人的默剧表演（Robot Style）、Locking 舞蹈的快速停顿感以及 20 世纪 60 年代的流行舞蹈动作 Jerk Dance 等不同说法。公认的体系归纳及推广者为 Boogaloo Sam 领衔的创始级团体 Electric Boogaloos。通过控制身体各部位肌肉突然放松与收紧产生的"震动/爆点"效果以及肢体运动与走位来表达音乐节奏为其主要特征，并常常结合 Robot（机器人）、Wave（电流）、Slide（滑步）等大量不同的方式和技术来进行表演，现在亦有观点认为如今的 Popping 概念应包含这些与 Popping 紧密关联的方式和技术。

### 四、锁舞（Locking）

锁舞（Locking，最初称为 Campbellocking）是 funk dance 和街舞中的一种舞风。锁舞依赖快速、明显的手臂及手部运动，搭配比较放松的臀部和腿部动作。这些运动通常又大又夸张，往往极具韵律感并且和音乐紧密结合。锁舞经常借由微笑或高举双手击掌（giving a high five）来与观众互动，有些动作在本质上相当具有喜剧性质。

锁舞最初是随着传统放克（funk）音乐舞动，例如灵魂音乐之父詹姆斯·布朗。放克音乐如今仍然广泛地为跳锁舞的舞者们所偏爱，许多锁舞比赛也使用放克音乐。

Locking 这个名字是由"锁"（lock）的动作的概念而来，这个概念基本上是指从一个很迅速的运动中凝固不动，然后停在一个特定的姿势，短暂地保持那样的姿势之后，又继续恢复到原来的速度。锁（locking）的动作就会与许多相对快速而连续不断的运动产生一种强烈的对比。锁的动作向着观众或其他舞者施展，并且结合了默剧风格的表演。

### 五、爵士（Jazz）

爵士舞，就是美国现代舞，是一种急促又富动感的节奏型舞蹈，它也是一种外放性的舞蹈，不像古典芭蕾舞或现代舞所表现出的内敛性。爵士舞蹈最初是非洲舞蹈的延伸，是作为奴隶的黑人群体带到美国本土来，继而在美国逐渐演变成本土化、大众化的舞蹈。

爵士舞主要是追求愉快、活泼、有生气的一种舞蹈。它的特征是可自由自在的跳，不必像传统式的古典芭蕾必须局限于一种形式与遵守固有的姿态。爵士舞动作的本质是一种自由而纯朴的表现，直接把内心的感受用身体的颠、抖、扭表达出来。就像我们听到喜欢的音乐，能从内心自然地流露出感情，身体就不由自主地随着音乐节奏而活动，如弹响手指、摆首顿足、时而兴奋激烈，时而缓慢优柔地融入音乐之中。

爵士舞是一种急促又富动感的节奏型舞蹈，属于一种外放性的舞蹈。它的特征是可自由自在的跳，不必像传统式的古典芭蕾必须局限于一种形式与遵守固有的姿态，但其和的士高舞那种完全自我享受的舞蹈又不同，它在自由之中仍有一种规律的存在。例如它会配合爵士音乐表现感情，也借助或仿效其他舞蹈技巧：如在步法和动作上，应用芭蕾舞的动作位置和原则，结合踢踏舞技巧的灵敏性、现代舞躯体的收缩与放松、拉丁舞的舞步与摆臀以及东方舞蹈上半身的挪动位置等等。

基本动作要领：利用屈膝，保持低重心，使下肢具有弹性，而上半身的各关节则可保持松弛状态，并可迅速做出节拍上需求的动作，使得在动作上获取多样性的变化。身体各个部位，如头，肩，腰，臀，躯干可以做独立的动作。

## 第六节　舞台新颖类（Stage/Novelty）

定义：一种展示步法和身体动作的舞蹈，是一种类同于百老汇、舞台秀的舞种。

### 一、抒情（Lyrical）

直接表现和抒发舞蹈形象思想感情的舞蹈。一般通过在特定的生活情景中对人物思想感情的描绘，塑造出鲜明生动的舞蹈形象，以此来表达创作者对客观世界的感受和对生活的见解。如舞蹈《春江花月夜》，在春、江、花、月、夜的特定环境中，直接表现和抒发了一位古代少女对幸福美好生活的向往，同时也寄托了创作者对封建社会深锁闺中的女性的深切同情。而《红绸舞》则通过红绸飞舞流动的线条，组成丰富多彩的画面，直接表现和抒发了中国人民获得战争捷报以后那种强烈的喜悦兴奋。优秀的抒情舞蹈，往往既带有舞蹈形象的个性特点，又概括了时代的普遍感情，因此能够引起广大观众的共鸣。上述两个舞蹈就是这样。

### 二、现代（Modern）

现代舞是20世纪初在西方兴起的一种与古典芭蕾相对立的舞蹈派别。其主要美学观点是反对古典芭蕾的因循守旧、脱离现实生活和单纯追求技巧的形式主义倾向，主张摆脱古典芭蕾舞过于僵化的动作程式的束缚，以合乎自然运动法则的舞蹈动作，自由地抒发人的真实情感，强调舞蹈艺术要反映现代社会生活。

### 三、芭蕾（Ballet）

一种舞台舞蹈形式，即欧洲古典舞蹈，通称芭蕾舞。其是在欧洲各地民间舞蹈的基础上，经过几个世纪不断加工、丰富、发展而形成的，具有严格规范和结构形式的欧洲传统舞蹈艺术。19世纪以后，技术上的一个重要特征是女演员要穿特制的足尖鞋用脚趾尖端跳舞。

舞剧最初专指以欧洲古典舞蹈为主要表现手段，综合音乐、哑剧、舞台美术、文学于一体，用以表现一个故事或一段情节的戏剧艺术，称古典芭蕾（或古典舞剧）。20世纪出现现代舞以后，以现代舞结合古典舞蹈技术为主要表现手段来表现故事内容或情节的称现代芭蕾。逐渐地，芭蕾一词也用来泛指用其他各种舞蹈为主要表现手段的舞剧作品，尽管在舞蹈风格、结构特征、表现手法等方面均不同于古典芭蕾或现代芭蕾。

在现代编导创作的舞蹈作品中，有相当一部分没有故事内容，也没有情节，编导运用欧洲古典舞蹈或现代舞蹈，或使两者相结合，用以表现某种情绪、意境，或表现作者对某个音乐作品的理解等等，这些也称为芭蕾。

## 四、武术

武术风格是在排舞基本步伐的基础上，大量吸收武术元素而形成的，具有刚健舞姿和刚强风骨的排舞风格。

想要演绎好武术风格排舞，展示武术与舞蹈的精髓，不仅需要有舞蹈功底，更需要扎实的武术功底，对舞者的要求较高。

## 五、百老汇（Broadway）

百老汇大街是美国戏剧和音乐剧的重要发扬地，因而"百老汇"成为音乐剧的代名词。排舞中的百老汇风格就是一种典型的舞台类风格，融入了美国戏剧和音乐舞台剧中的各种舞蹈语汇，是一种多元的舞蹈风格。

百老汇风格的排舞，不论音乐还是动作，都极具风趣、幽默、夸张且具有极高的观赏性。

## 六、踢踏风格（Tap）

踢踏风格展现为用脚的各个部位，在地板上摩擦拍击，形成特有的幽默、诙谐和表现力非常丰富的一种排舞风格。

相比于传统的踢踏舞，排舞中的踢踏风格不要求在舞蹈中发出各种踢踏声，而是强调对踢踏舞姿步法的演绎。

## 七、活力操/健身操舞

活力操/健身操舞风格是在排舞基本步伐的基础上，融入了操舞类项目动作而形成的以展现活力为目的的排舞风格。

## 八、古典（Classical）

世界各国在历史长河中，都形成了属于自己地区和文化的古典舞蹈，例如前面所提到的"印巴"。而这里的古典风格，特指起源于中国古代，融合了中国传统武术、杂技、戏曲中的动作和造型的中国古典舞风格。古典风格，强调"形、神、劲、律"四大要素，注重"形神兼备，身心互融，内外统一"的身韵和"以神领形，以形传神"的意念情感。

## 九、当代（Contemporary）

当代风格广泛吸收和运用了中国传统舞蹈素材和外来艺术素材。正如其名，反映了中国当代火热的社会生活和时代性的精神风貌，更加贴近生活，贴近广大人民群众的情感，更容易受到人们的喜爱。代表性曲目就是去年火爆全网的《没有共产党就没有新中国》。

在曲目中以排舞基本步伐为主,也有健美操中的高、低冲击步伐,具有一定弹动性和较强的节奏感。

排舞八大风格各具特色,每个风格大类下都有许多舞种,在其所属的大类别下,都有相似的特点,例如平滑类、律动类、升降起伏类强调身体重心的运动轨迹;街舞类、古巴类强调对风格核心动作的体现。

而舞台类排舞下属的风格之间,少有动作特点上的相似,表达的情感也各有不同。归属于舞台类的原因,在于这些舞种都十分适合舞台表演或是大型展演,具有观赏性,是一个以表演场所命名的风格,也是排舞中最具包容性和多样性的风格。

排舞是音乐和固定舞步融合在一起的项目,曲目风格不仅通过动作体现,与音乐风格有也十分紧密的联系。

## 第七节 曳步舞类（Shuffle dance）

定义：一种以舞步变化为主要内容。一人或多人同时进行的健身舞蹈。

曳步舞,又称鬼步舞。原名 Melbourne Shuffle,最早起源于澳大利亚墨尔本的一些锐舞（Rave）派对中。它属于一种力量型舞蹈,是一种拖着脚走的舞步,动作快速有力,音乐强悍有震撼力,舞蹈充满动感活力,极具现场渲染力。曳步舞有很多种风格,各风格的性质不一样,曳步舞的主要风格有：硬派、MAS、AUS、BASS、MARK、自由风等（因国籍与地域不同,很多相同风格的叫法略有不同）。

风格特点：动作简洁,快速有力,节奏感强,主要表现为通过双脚动作快速切换,使用滑行、踢腿、踩踏、转身等动作完成的一种即兴表演,自由度很高,个性十足。

## 第八节 民族民间舞类（Folk dance）

定义：泛指产生并流传于民间、受民俗文化制约,即兴表演但风格相对稳定以自娱为主要功能的舞蹈形式。

种类：藏族、蒙古族、维吾尔族、傣族、汉族等民族民间舞。

欧美最初流行的乡村风格的排舞几乎没有上肢动作,人们都是扶着自己的皮带跳舞。而全世界的华人,无论是亚洲地区还是欧美地区的华人,在跳舞的时候都喜欢加上上肢动作,这与东方文化重视整体协调性和整体美感的审美诉求密切相关。将中国的民族风格及元素融入排舞中,一直是中国发展排舞运动的主要方向。一首《红星闪闪》开辟了我国原创排舞曲目的先河。随后,《红色娘子军》《绿旋风》《山丹丹花开》等脍炙人口的红歌和《卓玛》《采茶歌》《茉莉花》等具有民族特色的排舞曲目都在中国的土地上绽放了绚丽的花朵。排舞的多元化发展,把民族艺术元素融入其中,民族特色是一个很好的切入点。考虑把民族舞蹈元素和排舞相结合,创造出具有鲜明民族风情的排舞,向世界传达自己的民族文化，同时给观众以美的感受，推动排舞运动的多元快速发展。中华民族文化博大精深，五十六个民族特色鲜明，多种多样的民族舞蹈中蕴藏着丰富的创新元素。其中《画心》、《中国范儿》和《太湖美》等现代流行歌曲，但也很好地融入了中国元素，特别是《中国范儿》创编者添加了欢乐喜庆的秧歌舞步，使整支排舞充满活力。《侗乡儿女向党》此曲以湖南怀化通道侗族音乐为主要素材，巧妙地结合运用了现代流行音乐的创作手法，既有浓郁的少数民族风格特点，又不失蓬勃向上的时代气息。以朴实明快的笔调，抒发了三百万侗族同胞对党的一片深情。《太阳鼓》、《多噶多耶》和《郎在山高打一望》等民族音乐，在排舞创编时，音乐、动作和服饰等都选自其本土，充分地衬托出其民族特色。随着排舞在我国的快速发展，由我国创编的排舞曲目数量越来越多。排舞运动也是一门艺术，具有一定的文化内涵和价值取向。编舞者应该在排舞创编时就注意慢慢加入中华民族文化的东西，不论是动作编排、音乐搭配，还是表演风格和服饰情境，应找到融合点。

### 一、汉族舞蹈

秧歌是中国（主要在北方地区）广泛流传的一种极具群众性和代表性的汉族民间舞蹈的类称，不同地区有不同称谓和风格样式。

秧歌在中国已有千年的历史，明清之际达到了鼎盛期。其在中国广泛流传且具有鲜明民族特色的舞蹈形式。主要在传统的农历正月十五元宵节于广场表演。这个舞蹈与农业劳动密切相关。其由劳动的步法作为舞蹈步法的基础，加之艺术上的加工，并且使群众的队伍整齐化，形成了完整的秧歌舞，其后逐渐成为祝贺性、娱乐性的新年社火表演，表演内容多为汉族民间故事、神话传说。秧歌舞在清代就已盛行，清朝学者吴锡麒在其《新年杂咏抄》一书中认为宋朝流行的汉族民间舞蹈《村田乐》是秧歌舞前身。

现各地的秧歌一般以秧歌舞队为主要形态，舞队人数少则十数人，多时达上百人，既有集体舞，也有双人舞、三人舞等多种表演形式，根据角色的需要手持相应的手绢、伞、棒、鼓、钱鞭等道具，在锣鼓、唢呐等吹打乐器的伴奏下尽情舞蹈。各地秧歌的舞法、动作和风格各不相同，有的威武雄浑，有的柔美俏丽，千姿百态，美不胜收。

### 二、蒙古族舞蹈

蒙古族舞蹈产生于蒙古族，发源于科尔沁草原的安代舞，安代舞是群众性的民间舞蹈，它动作简洁明快，歌声流畅自然，由众人边唱边舞，气氛和谐而热烈。蒙古族舞蹈的特点是节奏明快、热情奔放、语汇新颖、风格独特，动作多以抖肩、翻腕来表现蒙古族姑娘欢快优美、热情开朗的性格，男子的舞姿造型挺拔豪迈，步伐轻捷洒脱，表现出蒙古族男性剽悍英武、刚劲有力之美。排舞《相约北京》就是排舞与蒙古族舞蹈相结合的有益尝试，具有质朴、庄重的鲜明特点。

### 三、藏族舞蹈

藏族舞蹈从总体上可划分为藏族民间自娱性舞蹈和宗教舞蹈两大类。这两大类舞蹈都有各自丰富的文化内涵、优美而潇洒的翻跹舞姿和独具特色的舞蹈风格及形式。藏族民间自娱性舞蹈可分为"谐"和"卓"两大类。"谐"主要是流传在藏族民间的集体歌舞形式,后来增加了简单的上肢动作、原地旋转和队形变换,成为一种男女交替、载歌载舞的劳动歌舞形式。这种劳动歌舞今天已被搬上舞台,成为历史上劳动艺术的纪念。排舞《卓玛》《哈达》就是排舞与藏族舞蹈的结合,一经问世,就受到广大群众的喜爱和业内专家的一致好评,也为这类风格不断探索开创了广阔的创作前景。

### 四、维吾尔族舞蹈

维吾尔族舞蹈的特点是与民间音乐结合得十分紧密。热情、豪放、稳重、细腻。舞蹈中,从头、肩、腰、臂、肘、膝、脚都有动作,传神的眼神更具代表性。还要加上"动脖""弹指头""翻腕子"等一系列的小装饰,更形成了维吾尔族舞蹈的特点。维吾尔族舞蹈大致可分为自娱性舞蹈、礼俗性舞蹈和表演性舞蹈。从头、肩、腰、臂到脚趾都有动作。昂首、挺胸、直腰是体态的基本特征。通过动、静的结合和大、小动作的对比以及移颈、翻腕等装饰性动作的点缀,形成热情、豪放、稳重、细腻的风格韵味。

其特点还表现在:(1)膝部连续性的微颤或变换动作前瞬间的微颤,使动作柔美,衔接自然。(2)旋转快速、多姿和戛然而止。各种舞蹈形式的旋转,均各具特色,通常在舞蹈的高潮时作竞技性旋转。(3)音乐伴奏多用切分音、符点节奏,弱拍处常给以强奏的艺术处理,用以突出舞蹈的风韵和民族色彩。

### 五、土家族舞蹈

摆手舞,土家族最鲜明的符号。《摆手欢歌》则主要表现了土家族古老传统的代表性舞蹈"摆手舞"的精髓和内涵,将土家来凤摆手舞中单摆、双摆、撒种、插秧、比脚、推磨、纺纱等动作融入创编,凸显"顺拐、屈膝、颤动和下沉"等动作特点。创编的舞步动作相对简单、节奏鲜明、协调自然、易于推广。整个作品粗犷大气,内敛沉稳,充分展现了土家族人民在生产和生活实践中积累的沉甸甸的农耕文化。《神农谷》是一支现代流行乐与民族风相融合的歌曲,旋律流畅,段落清晰,在创编中着重采用较多轻柔的步伐。伴随着音乐节奏有时风起云涌,有时轻脚细步,快慢缓急恰到好处。整个作品兼具现代与古典抒情风格,给人一种融于和谐大自然之感。《大利之川》是湖北利川的一支本土音乐,其动作编排也融入了土家族"肉连响""撒尔嗬""摆手舞""苗舞"等多种舞蹈动作元素,大气磅礴中又不失温柔婉转,同时讲究内劲,很好起到了健身的作用。

### 六、苗族舞蹈

苗族风格的排舞有《太阳鼓》、《幸福山歌》和《郎在高山打一望》等,其《太阳鼓》和《幸福山歌》就采用了苗族舞蹈中踩鼓舞甩手摆舞、轻轻地抬腿踢脚以及团员鼓舞中"大摆""小摆""细摆"的风格特点。《郎在高山打一望》除了有芦笙舞矮步、蹲踢等跳法，还采用了木鼓舞中引腰甩胯、顺手顺脚的动作。苗族风格的排舞表达了苗族人民的真挚、纯朴，也最能使人感受到民间艺术的真、善、美。

### 七、羌族舞蹈

排舞《幸福羌寨》改编自舞曲《羌山情》。《羌山情》展现了羌族的小伙和姑娘在放牧的时候，通过唱山歌来传情达意，表达自己的爱慕之情与内心的欢快与喜悦。歌曲节奏鲜明，具有浓厚的羌族韵味。改编后的《幸福羌寨》以排舞的形式展现了能歌善舞的羌族人的民族特色以及纯朴、善良、热情的羌人们美好的生活画面。而《手牵手》原曲是一首欢乐的羌族歌曲，歌词中包含了"羌笛"、"莎朗舞"、"岷江河"、"青稞咂酒"等羌族元素。在曲目的羌族风情上，排舞《手牵手》又融入了羌族锅庄与"铠甲舞"等舞蹈的细节，展现了羌族人的能歌善舞与热情好客。

# 第六章

# 排舞运动的教学

深入了解排舞教学特点，有利于加深对排舞教学过程的理解，为揭示排舞教学过程的规律提供依据。归纳起来，排舞教学主要有以下几个特点：

### 一、注重教学内容的选择

排舞曲目风格各异，内容丰富多彩，技术难易程度各不相同，舞步动作千变万化。但无论怎样变化，曲目风格决定了基本舞步动作及其难易程度。一般来说，街舞风格、爵士风格、伦巴风格的排舞曲目，无论是舞步组合还是风格的把控都相对容易一些；而踢踏舞风格、探戈风格的排舞曲目，舞步动作虽简单，但对身体的控制能力及音乐节奏的处理较难掌握。因此，排舞教学中，应根据学习者的情况，在不同时段选择适合的排舞曲目。

### 二、注重音乐素养的培养

音乐是排舞运动的"魂"。学习者通过音乐节奏、旋律、和声来表达曲目风格；而音乐也通过不同风格的舞步和组合变成了"看"得见的艺术。因而，对学习者音乐素养的培养，应贯穿于学习活动的始终，这同时也是教学评价的一个重要方面。

### 三、注重团队意识和个性魅力的培养

排舞教学内容的多元性和创新性，决定了教师在教学中应广泛采用学导式和诱导式教学方法，通过学习者之间的传、帮、带，顺利完成教学任务。但由于各方面原因造成学习者掌握排舞技能的差异，这就要求学习者课上课下相互指导、互相学习、取长补短，共同进步。在比赛中，个人赛时要有场外的指导才能帮助队员看清自己的不足；团队赛时大家要拧成一股绳，形成合力，才能拾遗补缺，夺得最终的胜利。在排舞教学中，学习者衣着得体、举止文明，才能表现排舞的艺术形式，这些正是一个人富有个性魅力的鲜明特征。因此，排舞教学不仅有助于培养学习者的协作意识和团队精神，也有助于培养学习者乐观、积极、主动、自信等个性特征。

## 第一节　排舞运动的教学目标

### 一、运动参与目标

主动参与动作组合的学习，自觉在课外进行体育锻炼并根据身体情况进行体育活动。

### 二、运动技能目标

进一步提高动作的表现力，通过小组合作能完成排舞动作组合并进行动作组合的拓展。

### 三、身体健康目标

发展学生的协调性、柔韧性和有氧耐力；让学生理解体育锻炼对身体形态和机能的影响。

### 四、心理健康目标

通过运动技能的学习树立学生的自尊和自信；让学生在运动中逐步建立乐观、积极的生活态度。

### 五、社会适应目标

调动学生学习的主动性，培养学生团队协作意识，以及乐于探究、勇于实践、大胆创新的品质。

## 第二节　排舞运动的教学手段与方法

### 一、排舞运动的教学手段

排舞运动的教学手段能够反映教学过程规律，为一定的教学目的服务，是长期教学实践经验的概括和总结。教师教学质量的高低，可以反映出教师对排舞教学原则的理解程度，与在教学中能否正确把握排舞教学特点密切相关。

（一）健康性与娱乐性相统一

在排舞教学过程中，应树立"健康第一"的思想，把增进健康与身心全面和谐发展有机统一起来，把传授排舞知识、技术、技能与发展个性、培养兴趣结合起来，以达到健身、健心、娱乐的教育目标。通过排舞学习，能够有效地促进身体各器官功能的发展，提高健康水平，并为终身体育奠定基础。因此，排舞教学中应注意发展学习者的感知、观察、判断、想象、创造思维能力，培养其健康、愉快的情绪，以及良好的社会行为和高尚的道德情操等。

（二）全面性与个性培养相统一

排舞教学应以人的全面发展和人格完善为价值取向，促进人的全面发展与人性塑造。教学中，教师应在引导学习者学习排舞知识、技术、技能以及达到增进健康、增强体质目的的同时，强调发挥学习者学习的积极性和主动性，特别重视发展学习者的智力和情商，培养学习者的自学能力及创新能力。

（三）体能发展与技能发展相统一

排舞是一种大众健身舞蹈。因而，在排舞教学中，基本理论、技能的教学和发展身体、增强体质，都是教学应达到的目的，两者是相互联系、相辅相成的。教学实践证明，学习者掌握技能，为发展体能奠定了知识与技术基础，而发展体能也为技能的掌握奠定了生理和生化的物质基础。因此，排舞教学应该处理好技能发展和体能的关系。通过排舞教学使学习者掌握排舞技能，培养能力，发展体能，提高身体的健康水平和适应力，为身心健康和全民发展奠定基础，进而达到体能发展与技能发展相统一。

（四）整体性与因材施教相统一

这一原则是根据教育要求面对全体学习者，同时又要考虑学习者的个性特点提出的。面向全体学习者就是要促进每一个学习者的发展，既要为所有的学习者打好共同的基础，也要注意发展学习者个体及其特点。在排舞教学中，从学习者的实际情况出发，应注意提高学习者的整体水平，又要兼顾学习者的个性差异，区别对待、因材施教、因势利导。通过多种途径和方法，满足学习者的学习需求。

（五）直观模仿与启发思维相统一

这一原则是依据学习者认识活动的特点提出的。在排舞教学中，除了通过听觉、视觉来感知动作的形象及空间与实践的关系外，还要通过触觉和肌肉本体感觉来感知动作技术要领（动作的力度、速度、幅度、方向等），从而建立正确的动作表象和概念。教师通过示范等直观手段，利用学习者的多种感官和已有的经验，形成清晰的表象，丰富他们的感性认知，启发他们的思维，引导学习者对学习内容进行分析、综合、抽象和概括。通过身体活动和思维活动，学习者对所学动作建立条件反射和形成动作概念，使其逐渐掌握所学知识、技术和技能，并能在实践活动中灵活运用。

（六）循序渐进、巩固与提高相统一

在排舞教学中，排舞教学内容一方面要随着排舞的发展而不断更新，增强其科学性，另一方面必须照顾到学习者的年龄特点和接受能力（包括心理和生理负荷）。在教学方法上应根据教材的难易度和学习者的实际水平，运用多种教学手段和辅助练习，由易到难，逐步深化，循序渐进地进行教学，做到"瓜熟蒂落"，使学习者能比较顺利地完成成套舞步动作。通过循序渐进的原则，使学习者在已基本掌握舞步组合的情况下，注意体验组合风格；对已基本掌握的某一成套动作能作多次连续重复；通过学习者对动作技术的逐渐熟练，从而不断得到巩固和提高，最后完全掌握和运用排舞技术。

## 二、排舞运动的教学方法

### （一）口令提示法

为了更好地学习舞步并活跃课堂气氛，教师在排舞教学中会运用一些指令性、调动性、警告性且富有激情的语言对动作进行提示，以产生激励、鼓舞的作用。常用的提示语言有"很棒""不错""加油"等以及带有指令性的提示语言，比如："恰恰步""三联转""跺脚""6点方向"等。

运用口令提示法时，应注意以下几点：

（1）口令与音乐节奏相吻合。学习并掌握口令指挥，在排舞教学中尤为重要，不正确的口令指挥会混淆动作结构。还要注意口令与音乐的韵律、节奏相一致，口令的音量、语调的轻重要适宜。

（2）语言要有号召性和鼓动性。教师生动、带有鼓励性且富有感情色彩的语言可以活跃课堂气氛，调动学习情绪，激励学习积极性，使学习者保持愉悦、轻松的心情。

### （二）动作提示法

动作是身体语言的一种，教师运用身体的各种动作来指导学习者完成各种练习。其特点是直观、简单、明了，有利于学习者连贯完成动作。通过教师身体动作的引导，提示学习者按顺序、方向、要点完成动作，保证学习者能将整套动作连贯、完整地完成。

运用动作提示法时，应注意以下几点：

（1）教师动作的运用要果断，有明确目的性，对要做出什么样的动作应做到心中有数。

（2）在上一个动作没结束之前，教师应将下一个动作的要点、方向及时地提示出来，帮助学习者准确地完成动作。

（3）教师根据学习者完成动作的情况，在易出现问题的地方提前发出信号，如做出击掌、口头甚至眼神等的提示，引起学习者注意。

### （三）分解教学法

一种把单个动作按顺序连接并发展成组合的方法。其方法是，先教第一个八拍动作，掌握后教第二个八拍，然后把第一、第二个八拍动作连起来反复练习，然后教第三个八拍，掌握后教第四个八拍。第三、第四个八拍动作连起来反复练习。最后再把第一至第四个八拍完整地反复练习。分解法的优点是可以将所学动作简化，让学习者集中精力学习某些较难的技术环节，使他们较快地掌握技术动作。局限是容易割裂各部分之间的内在联系，破坏动作间的结构，不利于形成完整的动作概念。完整法有利于建立完整的动作概念，但不适合较难、较复杂舞步动作的学习。

运用分解法与完整法时，应注意以下几点：

（1）对较简单的动作，不必刻意分解，以免降低学习效率。

（2）科学分解动作。

（3）分解练习时间不宜过长。

（4）注意分解法与完整法的配合。

## 第三节　排舞运动教学能力的培养

排舞教学能力的培养有很多方法，大致分为以下几点：

（1）文献法：通过中国知网、电子阅览室查找相关资料，通过阅读、归纳整理得出科学的结论。

（2）逻辑分析法：对资料进行分析整理，保证资料的正确性。

（3）观察法：通过排舞展演比赛，观察学生创新能力水平。

培养学生的教学能力，可以从以下几点来考虑。

### 一、通过排舞教学，培养学生的创新意识

创新意识是指人们根据社会和个体生活发展的需要，激起创造前所未有的事物或观念的动机，并在创造活动中表现出的意向、愿望和设想。它是人类意识活动中的一种积极的、富有成果性的表现形式，是人们进行创新活动的出发点和内在动力。创新意识包括好奇心、求知欲、自信心、进取心等心理品质。排舞运动是新兴的体育运动，在排舞教学中，培养创新意识既是学生进行创新学习的起点，又是教师创新教学的开端。从实验教学中可以观察到，学生对新事物特别感兴趣。教师应该抓住这一特点，在排舞教学中采用生动活泼的教学形式，培养学生的学习兴趣，激活学生的创新意识。

### 二、学习排舞专业知识，培养学生的好奇心与求知欲

体育教师通过多媒体与实践教学传授排舞运动知识，让学生了解排舞的发展情况、特点、风格、比赛规则等。教师在传授知识的同时，教会学生通过网络学习排舞知识，调动学生的好奇心及求知欲，了解排舞队形的变化，不同风格舞曲手臂的基本动作，进而培养学生的创新意识。

### 三、营造轻松的教学环境，促进学生创新欲望的提高

苏霍姆林斯基认为："师生之间是一种友好、互相尊重的和谐关系，这将有利于教学任务的完成。"这就要求教师要与学生建立民主和谐的关系。师生关系的和谐，会使学生形成积极的人生态度与情感体验，让学生享受到学习的快乐，体验到学习过程中的平等、民主、尊重、信任、友善、理解等。而人的创新能力，不仅以其知识和智慧作基

础，而且与积极情绪，特别是创新欲望密切相关。

在排舞教学中，教师可从心理上引导学生，培养学生的自信心及表现力，还可从美学方面引导学生，提高学生对美的鉴赏能力。教师耐心的指导、用心的鼓励，将提高学生的学习积极性，会营造出一个和谐、积极好学的教学环境，使学生的创造力得到充分发挥。

### 四、完善评价体系，激发和培养学生兴趣

要想在体育教学中真正培养学生创新的能力，还应该注重改革评价体系。体育教学考核是对学生学习效果的评价，考核中应尊重学生的个体差异，除了将体育知识、技能、出勤情况、学习态度等纳入体育教学考核评价体系中外，在排舞的考核中将加上创新的评价。开展"课堂展演"比赛，按分组进行比赛，比赛成绩作为考试成绩，评分标准增设一项创新分，分两个方面加分，一是队形的创新分，二是手臂动作的创新分。在实践教学中侧重培养学生手部动作创新意识，对学生提出不同的任务和要求，从多维度和多方面来鼓励学生进行动作的创新，在强烈的创新意识引导下，激发强烈的创新动机，树立创新目标，释放创新激情，以此来不断培养学生的创新意识。

### 五、通过排舞的教学，培养学生的创新思维能力

创新思维能力是在掌握一定知识的基础上经过大量练习后逐渐形成和发展起来的。在排舞教学中要鼓励学生敢于想象，通过创新队形及手臂动作的实践活动加强学生创新思维的训练，提高学生的创新能力。

### 六、认识舞曲风格，创新表演服装

教师的教学组织能力对教学效果将产生最直接、最显著的影响，尤其是组织学生学习活动的能力。因此，要求教师要有一定的课堂驾驭能力，首先教师要树立自己的威信，其次要掌控好课堂教学各环节。

### 七、课堂上开展"课堂展演比赛"

按分组进行比赛，比赛成绩作为考试成绩。开展课堂展演比赛一方面可以锻炼学生的表现力、自信心，提高学生欣赏美、鉴赏美的能力，同时也可以锻炼学生的组织能力、团结协作能力等，对创新能力的培养具有重大意义。

在体育教学中，教师应充分利用体育课的特点，创新教学内容，改革教学方法，调动学生的主动性、积极性和创造力。通过教学实践、考试、比赛，学生在创编过程中积极性高涨，在动作创新、编排创意等方面均有较大的提高，创新技能也有明显进步。在培养学生创新能力的同时，要求教师也必须具备创新能力。教师需不断努力学习、刻苦钻研、丰富知识面，促进自身创新能力的提高。

# 第四节 排舞运动损伤预防与康复

## 一、运动损伤的定义
体育运动中，造成人体组织和器官在解剖上的破坏和生理上的紊乱，称为运动损伤。

## 二、运动损伤的分类
（1）因损伤部位力量作用方向致机体解剖学结构改变的损伤分为：拉伤、挫伤、扭伤、骨折和骨裂。

（2）按损伤的过程分为：急性损伤和慢性损伤。

①急性损伤：直接或间接外力一次作用而致伤，伤后症状恢复较快，病程一般较短。

②慢性损伤：局部组织重复单一超负荷活动，又没有及时改善局部负担造成的局部组织学损伤，陈旧伤、急性损伤、劳损伤后处理不当，长期负担过重超出了组织所能承受的限度，因局部过劳致伤。症状出现缓慢，病程迁延较长。

（3）按损伤的性质分类：开放性损伤和闭合性损伤，排舞运动中出现闭合性损伤较多。

①开放性损伤：伤后皮肤和黏膜的完整性遭到破坏，受伤组织有裂口与体表相通。如擦伤、刺伤、切伤、撕裂伤及开放性骨折等。

②闭合性损伤：伤后皮肤或黏膜仍保持完整，无裂口与体表相通。例如：挫伤、关节韧带扭伤、肌肉拉伤、闭合性骨折等。

（4）按损伤的程度分类：轻度损伤、中度损伤和重伤。

①轻度损伤：伤后影响机体活动短于48小时，锻炼者仍能按计划参加体育锻炼，做一般治疗即可痊愈。

②中度损伤：伤后影响机体活动1～2周，不能按计划进行训练，需进行短期康复性训练帮助恢复。

③重伤：软组织损伤影响活动2周以上，受伤后不能训练，在健身运动中重伤比较少见。

## 三、排舞的运动特点
排舞是一项具备多样风格的运动健身操舞项目，多种风格例如东海岸摇摆、街舞、爵士、恰恰风格的韵律感和节奏感都比较强，因此完成动作需要练习者具备一定的协调性和身体控制能力，加上排舞方向的变化，难度增强，增加了练习中运动损伤的概率。

## 四、排舞运动中常见的运动损伤及发生原因

### （一）排舞运动常见的运动损伤类型

根据排舞的运动特点，结合运动损伤的分类，在排舞练习或训练中常见的运动损伤多见于闭合性损伤、轻度和中度的损伤。主要有拉伤和扭伤等类型。

拉伤主要指肌肉的拉伤，是肌肉在运动中急剧收缩或过度牵拉引起的损伤。拉伤导致活动受限，一般表现为伤处疼痛、局部肿胀、肌肉紧张或抽筋，有明显的压痛。

扭伤是指四肢关节或躯体部位的软组织（如肌肉、肌腱、韧带等）损伤，而无骨折、脱臼、皮肉破损等，一般表现为损伤部位疼痛肿胀和关节活动受限，多发于腰、踝、膝、肩、腕、肘、髋等部位。

排舞运动损伤主要发生在肩、腰、膝、踝等部位，例如：运动中肩关节、腰部、踝关节扭伤，运动中髋关节打开不完全，扭曲膝盖造成的膝关节半月板和软骨开裂，腿部的急性拉伤，或是由于长期训练导致的腰肌劳损、膝关节髌骨劳损等。

### （二）运动损伤发生的原因

**1. 热身准备活动不充分或准备活动过量**

科学运动讲究循序渐进的运动过程，在正式的排舞练习之前必须进行热身准备活动。在练习排舞过程中容易出现的错误是不做准备活动或者是准备活动不够充分，神经系统和其他器官系统的功能活动并未达兴奋舒适的状态，就急忙投入紧张的训练中。由于肌肉力量弹性和伸展性较差，身体缺乏必要的协调性，容易发生损伤。而当准备活动的量过大，身体会出现疲劳，在参加正式训练过程中，身体功能水平不足以处于最佳状态，而是略有下降，此时更容易造成运动损伤。

**2. 练习者思想不集中，自我防护意识不强**

在排舞练习活动中，练习者思想不集中和自我防护意识弱也是导致运动受伤的因素。一方面，练习者在动作练习时思想开小差，进行错误动作练习容易发生运动损伤；另一方面，练习者缺乏运动防护相关理论知识的教育学习，在练习过程中没有做好防护措施的意识，例如不重视热身准备活动，练习过程中思想不集中。

**3. 完成动作不规范，出现技术错误**

根据排舞的运动规律，有的排舞动作节奏快、脚步变化多，容易出现脚踝扭伤。而排舞舞步又有节拍较快的动作和转体动作，练习者在练习时应掌握正确的动作技术，尤其是进行转体动作练习时，明确动作要领，尽量规范地完成动作的连接。如果练习者在跟随视频进行自我练习或跟随教练学习时模仿动作存在偏差，就容易导致动作变形，发生运动损伤。

**4. 运动时长、运动强度、运动负荷安排不合理**

练习时间长、运动强度和运动负荷大也是造成运动损伤的原因。由于长时间的训练，身体各部位始终处于紧张状态，例如长时间的训练，踝关节承受压力大，且膝关节不断摩擦，承受挤压，造成膝关节和踝关节过度疲劳，导致髌骨劳损和踝关节发生损伤。另外，局部动作练习负荷超量，容易导致局部发生运动损伤，若进行长时间、大强

度、高负荷的运动训练又未得到及时的放松缓解，增加了急性损伤发生的概率，长此以往也会造成局部的劳损，例如腰肌劳损。

5. 成套动作编排存在问题

在排舞训练当中，教练员带队参赛需对成套动作进行创新编排：

（1）在进行上肢动作编排时，选择复杂、变化较快、幅度大的手臂动作，在训练过程中进行反复的练习，肩关节活动量大，容易造成肩部的损伤。

（2）在进行队形变化时，教练员设计不合理，未按照就近原则进行编排，在保证完成高质量上肢动作的同时，加大了运动员移动的范围，且变化速度较快，容易造成损伤。

（3）教练员在设计层次变化时，变化频次较多，多次的弯腰练习使得运动员腰部产生疲劳，容易造成腰部损伤。

### 五、排舞运动损伤的预防

（一）做好充分的准备活动

热身准备活动的目的是激活身体机能，进一步提高中枢神经系统的兴奋性，增强各器官系统的功能活动，减少肌肉的黏滞性，使人体从相对的静止状态过渡到紧张的活动状态。为了提高运动中动作幅度，尽量避免受伤，在排舞运动前要做好充足的准备活动，充分活动各关节，增加关节灵活度，提高身体舒展程度，拉伸主要的肌肉，如大腿后侧、大腿内侧、小腿、背部等。

（二）提高自我防护意识

参与者由于缺乏运动损伤防护意识，容易造成运动损伤，因此在运动中应该加强运动损伤防护方面的宣传和教育。一方面，引导参与者遵守客观的运动规律，制订运动方案时注意难易程度、身体所能到达限度以及练习时间的长短等，一旦运动中出现异常感觉，应及时中止运动，确保自身安全。学习基本的运动常识，例如应避免夏季运动后马上洗冷水浴或大量运动后立即洗热水澡。只有掌握运动常识，才能养成良好的运动习惯，进而预防运动损伤的发生。另一方面，加强对练习者运动损伤防护的教育工作，让练习者学会对自己的运动能力进行测定，对自身的身体状况和运动有一个客观准确的认识，选择适合自己的运动项目并合理安排训练活动，控制好自己的运动强度，科学预防损伤。最后，需加强参与者运动损伤防护知识的培训，提前预防损伤，如果发生损伤也能及时治疗。

（三）规范动作技术

在排舞练习中，技术动作不规范极易造成运动损伤。在学习新的脚步动作时，应该仔细观察新脚步的步伐特点，规范动作要领，感受用力部位以及重心的转换，反复练习保证步伐的准确性，尤其是转体动作的练习要在掌握正确动作要领后进行反复练习。学习整套曲目时，认真练习曲目中每一个基本舞步，直到能够熟练完成，配乐练习时严格按照基本舞步完成整首曲目，严格规范技术动作，不能为了跟节奏而随意改变步伐。

### （四）合理安排运动时长、强度和负荷

对于排舞训练而言，每一次训练时间应在 2 小时左右为宜，运动负荷和强度应该根据训练课的类型、训练的时间以及参与者的具体身体状况决定。而普通排舞练习一般可安排在 1 个小时左右。运动负荷和强度过大，会导致参与者身体出现疲劳现象，做技术动作不到位，很容易造成身体关键部位损伤，例如膝盖半月板受损、腰肌劳损、扭脚等。运动负荷和强度过小，对参与者身体刺激较小，会影响训练效果，达不到训练目的。因此，安排合理的运动强度、负荷和时长不仅能够减少运动损伤发生的概率，也能提高训练效果。

### （五）合理编排成套动作

教练员在创编上肢动作时，应根据人体解剖结构以及生理结构特点，避免出现反关节的动作造成损伤；教练员进行队形编排时采用就近原则，既保证队形变化的质量，又可减少运动员移动变化的范围；在层次变化设计上，不要重复采用高低位的层次变化或过多采用一拍快速高低变化的动作，以减少腰部损伤的概率。

## 六、排舞运动损伤的康复

### （一）物理治疗

出现扭伤在临床上表现为局部的红、肿、热、痛和功能障碍，活动受限。早期的损伤处理原则是制动、止血、防肿、镇痛及减轻炎症。可以采用冷敷来减轻症状。在排舞训练中发生急性损伤踝关节扭伤时，应及时采取治疗措施，制动、冷敷、抬高患肢，缓解疼痛。

### （二）康复训练

在经过一段时间的恢复之后，受伤部位疼痛基本消失，可以进行适当的运动来恢复身体功能，包括动力性练习和静力性练习，增加关节的活动范围。动力练习利用本身肌肉力量视情况做肌肉、关节、韧带的负重和不负重练习，也可以进行排舞舞步动作的练习，由简单的步伐练习到难度逐渐增大，最后尝试转体的舞步练习，自主调节活动强度，在自己力所能及范围之内，避免再次受伤。加强肌肉力量的主要方式以静力性、慢节奏、重复性动作练习为主，活动时控制好运动量、运动负荷和强度，从小到大逐渐加强，练习的次数控制在每周 3 ~ 5 次，通过运动使身体恢复运动功能。发生的损伤原理不同，要有针对性地进行身体功能锻炼。

# 第七章

# 排舞运动的舞谱编写

撰写排舞曲目的舞谱，一向是排舞学习者十分头疼的事情。如何撰写一份标准、规范、易于读懂的舞谱呢？

首先，要搞清楚什么是舞谱？舞谱是排舞运动的标志性元素之一，一份完整的舞谱记录了一首排舞曲目的基本信息和舞步动作。形象地说，舞谱就是排舞的谱子，就像是音乐领域里的五线谱，当我们看到舞谱时，就能根据舞谱上的描述，完成一首排舞曲目的"演奏"。

舞谱的意义和作用：舞谱是排舞曲目的重要组成部分，舞谱的存在既是排舞项目区别于其他项目的最大特点之一，又体现了排舞项目的规范性、专业性，更是一种参与国际交流的语言。舞谱贯穿于我们在排舞项目当中的学习、练习、教学乃至比赛、创编的全过程。当我们要学习一首排舞曲目时，我们要对照舞谱，检查自己跟随教学视频学习时的舞步方向、动作、节拍是否正确；当我们在进行排舞比赛时，舞谱是裁判员评判参赛队伍成套动作优劣的重要依据之一；当我们在创作排舞曲目时，我们要撰写一份属于这首曲目的舞谱才算完成了整个创编过程。舞谱如下实例：

表 7-0-1 《一起向未来》舞谱基本信息

| 创编： | 杜薇、李萍、沈金花、朱舸明、翁佳丹、王怀智 | | |
|---|---|---|---|
| 类型： | 街舞 | 风格： | —— |
| 难度： | 初级 | 方向： | 2 |
| 前奏： | 32 | 舞蹈： | A: 32 B: 32 |
| 间奏： | T1: 4 T2: 20 | 舞序： | AAT1/BBT2/AAT1/BBBB |
| 音乐： | 《一起向未来》 | 作词：王平久 作曲：常石磊 编曲：邓伊伦<br>演唱：易烊千玺 | |

**A 组：32 拍**

**1—8 踢侧开，脚尖拧转，保持，脚尖拧转，保持，水手步**

1&2 （1）右脚前踢，（&）右脚旁踏，（2）左脚左踏

3—4 （3）右脚跟抬起同时向右拧（膝盖内收），（4）保持

| | | |
|---|---|---|
| 5-6 | （5）右脚还原同时左脚跟抬起向左拧（膝盖内收），（6）保持 | |
| 7&8 | （7）左脚后交叉，（&）右脚右踏，（8）左脚左踏 | |

| 9-16 | 脚跟开关步，右摇摆 |
|---|---|
| 1-4 | （1）右脚跟前点，（2）右脚并左脚，（3）左脚跟前点，（4）左脚并右脚 |
| 5-8 | （5）右脚向右一大步，（6）保持，（7）重心回到左脚，（8）保持 |

| 17-24 | 藤步，转1/4，前踏，转1/4，抬腿，并步，保持 |
|---|---|
| 1-4 | （1）右脚右踏，（2）左脚后交叉，（3）右脚右踏，（4）左脚在右脚旁点地 |
| 5-6 | （5）左转1/4同时左脚前踏，（6）左转1/4同时右脚向后抬起 |
| 7-8 | （7）右脚并左脚，（8）保持 |

| 25-32 | （对角线踏步，并跳）×4 |
|---|---|
| 1-4 | （1）右脚向1:30方向踏步，（2）左脚并跳，（3）左脚向10:30方向踏步，（2）右脚并跳 |
| 5-8 | （5）右脚向4:30方向踏步，（6）左脚并跳，（7）左脚向7:30方向踏步，（8）右脚并跳 |

B组：32拍

| 1-8 | 跑跳步，曼波步，旁踏，保持 |
|---|---|
| &1&2 | （&）左脚跳同时右吸腿，（1）右脚落地，（&）右脚跳同时吸左脚，（2）左脚落地 |
| 3&4 | （3）右脚旁踏，（&）重心回左脚，（4）右脚并左脚 |
| 5-8 | （5）左脚左踏，重心在左脚，（6）~（8）保持 |

| 9-16 | 旁踏，弹动，旁踏，弹动，旁踏，跟旋步 |
|---|---|
| 1-2 | （1）右脚略向前旁踏，膝盖弹动，（2）膝盖弹动 |
| 3-4 | （3）左脚略向前旁踏，膝盖弹动，（4）膝盖弹动 |
| 5-6 | （5）右脚右踏，（6）左脚左踏 |
| 7-8 | （7）双脚跟同时向右转动（8）双脚跟同时向左转动 |

| 17-24 | （旁踏，后交叉）×4 |
|---|---|
| 1-2 | （1）右脚右踏，（2）左脚后交叉点地 |
| 3-4 | （3）左脚左踏，（4）右脚后交叉点地 |
| 5-6 | （5）右脚右踏，（6）左脚后交叉点地 |
| 7-8 | （7）左脚左踏，（8）右脚后交叉点地 |

| 25-32 | 后退，扫腿，交叉转，旁踏，保持 |
|---|---|
| 1-4 | （1）右脚后踏同时左腿由前向后扫，（2）继续扫腿，（3）左脚后交叉，（4）左转1/2 |
| 5-8 | （5）右脚右踏，（6）~（8）保持 |

T1：4拍 自行创编

T2：20拍 自行创编

舞动中国，舞出中国梦！
欢迎交流指正！
邮箱：57236841@qq.com
电话：15396242750

## 一、先看再写

相信所有的排舞爱好者们在刚接触排舞的学习时，一定是跟随教练员的演示或是教学视频来学习动作的，难免存在方向不明确、动作不清晰等问题。

建议大家尽可能在学习曲目时同步对照舞谱进行练习，不仅是为了规范舞步动作、明确舞步方向，更是为了了解规范的撰写格式、撰写方式以及舞谱的结构、表述等，让练习者对舞谱有一个整体的印象，并找到舞谱与动作之间密不可分且一一对照的联系。

获取舞谱的方式：

（1）历年排舞推广曲目的舞谱可以前往中国蹦床与技巧协会排舞分会官网（www.linedancechina.com）下载专区下载；

（2）国际排舞曲目的舞谱可以前往舞谱网（www.copperknob.co.uk）搜索并下载。

## 二、结构完整，信息齐全

一份完整的舞谱，需要通过文字完整地记录一首排舞曲目的所有信息，包含整体描述、逐拍舞步描述两个部分，缺少其中任意一部分或者是任意一个细小的内容，都不足以称其为一份完整的舞谱。

（一）整体描述

整体描述包括曲目名称、创编者、类型风格、难度级别、方向、前奏拍数、间奏拍数、舞步段落拍数、舞序、音乐信息等内容。

需要注意的是，并非以上所有内容都需要写明，要具体情况具体分析。

（二）逐拍舞步描述

逐拍舞步描述是舞谱的主体部分，是对舞步动作的详细记录。

逐拍舞步描述部分又包含有段落节拍、舞码、重点说明、逐拍描述等内容。舞码是每一个八拍的节奏口令，动作小结是按照顺序对整个八拍动作的汇总。

（三）舞谱的最后还可以加上结语

结语可以是舞谱编写者对排舞学习者的祝福、期望，也可以是创编的思路、意图等，在结语部分也可以留下联系方式，便于大家相互交流和学习。

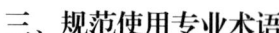

### 三、规范使用专业术语

排舞运动经历了多年的发展，已形成一套完整、全面、规范的术语体系，包含基本名词术语、方向术语、动作术语、步伐术语、转体术语。在撰写舞谱时，应使用规范的术语，一方面是为了避免文字上的歧义，另一方面则是有助于提升自身的专业素养，更有助于排舞项目的规范发展和与国际接轨。

#### （一）基本名词术语

基本名词术语是排舞项目中对常见的名词进行的规范表述，例如：与曲目信息相关的前奏、间奏、难度、段落、拍数等，与身体部位相关的脚尖、脚跟、手、头等。

#### （二）方向术语

在排舞运动中，通常以时钟方向作为运动方向。人体直立时，胸部所对的方向为时钟 12：00 方向，右肩所对为时钟 3：00 方向，左肩所对为时钟 9：00 方向，背部所对为时钟 6：00 方向。

#### （三）动作术语

动作术语指的是踏、刷、扫、点、踢、提、跳、滑、拖等基本身体动作的名称，在舞谱中的使用频率极高；这些基本动作会通过一定的组合方式构成排舞中的基本步伐和基本转体动作。

#### （四）步伐术语

步伐术语即排舞步伐的名称，大家熟悉的摇摆步、海岸步、查尔斯顿步、反抑制步、恰恰步、钻石步、奔跑步等名称都属于步伐术语的范畴；每一个步伐都有与之对应的动作描述。

#### （五）转体术语

转体术语与步伐术语类似，是指排舞中特定的转体动作的名称，例如定轴转、交叉转、蒙特利转、螺旋转等；转体的角度通常使用分数进行描述，例如：左转 1/4，右转 1/2。

运用专业术语进行描述和记录，这是撰写舞谱的基本要求之一。排舞专业术语方面的内容在本书第四章中有系统、规范、详细的归纳和总结，练习者可以对照进行舞谱的记写，这不仅可以让舞谱更加规范，对提高教学能力、提升专业素养也有很大的帮助。

## 第一节 排舞舞谱的构成

排舞的一个显著特点是要有舞谱，舞谱是创编者阐述自己所创编排舞的基本要素。有了舞谱，便于大家学习和掌握，以达到舞蹈的统一性。其也是比赛评分的重要依据。因此，排舞教练和排舞裁判员能识舞谱是学习排舞必不可少的基础知识。我们将舞谱分成三个部分：最上面这部分，称它为片头，包括舞名（name）、节拍数（count）、面（wall）、水平（level）、创编者（choreographer）、所选音乐（music）这六项。中间部分称为实质内容，它包括：排舞介绍（intro）、舞码（sequence of steps）、舞步详细介绍

（introduce steps）、附加内容（tag or restart）、结束介绍（ending）这五项。最下面一行是片尾，只是提示和邮箱联系方式介绍。

## 一、舞谱的片头

### （一）排舞的舞名

众所周知，排舞是根据歌曲来创编排舞舞谱的。简单理解是先有歌曲后有排舞。所以应该给创编好的排舞取个名，或翻译好一个舞名，使得这支排舞的舞名读起来既能朗朗上口，便于记忆，又能体现歌曲的含义。

### （二）排舞的节拍

创编者根据自己所选的舞曲，要决定好以多少节拍的形式来编舞，或者是否采用分段的形式来编舞，即 A，B 或更长的段落拍数，在节拍中注明。要注意的是，我们在确定节拍时，一定要依据音乐的节奏来进行，把握好音乐节拍的分析，应尽量简单。

### （三）排舞中的面

排舞中有"面"一词，可能对其他舞蹈者来说比较陌生。排舞是一种按一定节拍或段落周而复始的舞蹈，为了更明确从哪个方向开始周而复始的，就要有面这一说法。所谓面，就是室内跳舞的四个墙面，也即时钟 12 点、3 点、6 点、9 点方向。如果一支舞周而复始是四个墙面都要遇到，那就是 4 个面，如果只是正反两个方向，那就是 2 个面。排舞中 1 个面和 3 个面比较少。大家如果对面不熟悉，也可以把面理解为"遍"，即第几遍从哪个方向开始。

### （四）水平制定（Level）

排舞给每支舞定一个水平是推动其发展的一大举措。因为，随着越来越多的排舞推出，教师们开始考虑因人制宜地选择排舞，学员们也注意到要有的放矢地去选择自己所要学的排舞。但如果推出"水平"后，创编者还是随心所欲地标写水平，就会造成教学中的混乱，无法实现因人而异、因材施教。

在国际上水平等级现分为 6 级：绝对初级 Ultra Beginner（有时也用 Absolute Beginner 表示），初级 Beginner（有时也用 Novice 表示），初级/中级 Improver（有时也用 Low Intermediate 或 Beg/Inter），中级 Intermediate，中级/高级 High Intermediate（有时用 Inter/Adv 表示），高级 Advance。决定排舞水平等级高低一般参照以下五个因素：节拍多少、步伐难易、旋转幅度、节奏变化和附加因素。

### （五）创编者（Chorographer）

创编者这栏比较简单，写明姓名并在括号中标明国籍，还要注明创编的时间。

### （六）音乐的选取（Music）

人们常说："排舞是世界统一的舞蹈，只要音乐响起，会跳排舞的都能翩翩起舞。"这从另一个侧面也说明，排舞对音乐的要求是非常严格的。因为，同名的音乐会有不同的节奏，不同的演唱方法，不同的乐器演奏，不同的人来演唱等。有时，就是同一个人，同一支乐队伴奏，在不同地点或由不同的唱片公司制作也会有所差别，这样势必达不到统一性的目的。

（七）介绍（Intro）

主要介绍第几拍开始跳舞，跳舞前的重心应该落在哪只脚。也有人介绍音乐、人物等，并写一些鸣谢之类的话。如果是段落排舞，段落怎么安排也在这里作介绍。

## 二、舞谱的中间部分

（一）舞码（Sequence of Steps）

舞码，即舞谱实质内容中每个段落最上面的部分，它简明扼要，国际统一。舞码既有单个动作，又有组合步伐，来源于国际标准舞、芭蕾舞、乡村舞蹈和一些国家的民族舞等，它是经过国际论证，排舞爱好者认可的舞步。在国外排舞教学中，教师讲解步伐用的均是舞码，因为它简明扼要，通俗易懂，起到了提示语的作用，舞者一听到这个口令就知道该如何跳。例如：ROCK L 左摇摆，大家立刻明白，左脚左侧一步，然后重心回到右脚上，无需用 ROCK L，RECOVER R。一般舞码表示有以下几个规律：

（1）表示方向：即前 Forward（Step）、后 Back、左 L、右 R、斜方向 Diagonal。

（2）表示两脚关系：前交叉 Cross、后交叉 Behind、旁 Side、并 Together，Beside，Next to 等。

（3）有方向的动作：先动作，再方向。例如：Rock Forward 前摇摆，Point L 左旁点等。

（4）转的动作：先转的度数 1/4，1/2，3/4。FULL，再怎么转 Turn，Pivot，Monterey 等。

但由于国家不同，对语言的认知不同，创编者在舞码的书写方式上差异很大，显得不太规范。主要体现在两个方面：一是语序不同，有的喜欢把动词放在最前面，告诉舞者该怎么跳；有的喜欢把介词放前面，想说明该往哪个方向跳。二是有的创编者太喜欢把舞码表达清楚，把该出哪只脚都写在舞码中，使舞码显得太长，达不到提示口令的目的。

（二）舞步详细介绍

在舞码下面是对每一节拍的舞步进行详细介绍，假如有方向的改变，会在这一拍或一个组合步描述完以后注明面朝几点，通常在后面用括号来表示。学会看舞步介绍，这是识舞谱的重中之重。

1. 简单舞步描述的语序

通常是：动词+名词+介词，这是一种最简单、使用最多的语序。动词告诉我们怎么做；名词表述用哪只脚或哪个部位做；介词指明我们往哪儿做。有时，在介词前面会加副词表示做的程度。现将常用的舞步介绍举例说明（按英语字母排序）：

表 7-1-1 常用的舞步介绍

| 动词告诉我们怎么做 | | 名词表述用哪只脚或哪个部位做 | | 介词指明我们往哪儿做 | |
|---|---|---|---|---|---|
| bend | 弯曲 | left foot ( lf ) | 左脚 | forward ( Fwd ) | 前 |
| bump | 顶胯 | right foot ( rf ) | 右脚 | back | 后 |
| dig | 脚跟着地 | ( L/R ) heel | （左/右）脚跟 | ( on ) left | 左 |
| drag | 拖动 | ( L/R ) toe | （左/右）脚尖 | ( on ) right | 右 |
| extend | 延伸 | ( L/R ) knee | （左/右）膝 | together | 并拢 |
| flick | 甩腿 | ball of ( L/R ) | （左/右）前脚掌 | side | 旁边 |
| hitch | 提膝 | both foot | 两脚 | backwards | 后面 |
| hold | 停步 | hip | 臀 | diagonal | 斜方向 |
| hook | 勾脚 | shoulder | 肩 | beside | 旁边 |
| kick | 踢 | | | out | 外 |
| make | 做 | | | in | 内 |
| point | 点 | | | in place | 适当位置 |
| recover | 恢复 | | | in wards | 里面 |
| return | 回到 | | | center | 中心 |
| rock | 摇摆 | | | up | 向上 |
| roll | 滚动 | | | down | 向下 |
| scuff | 蹭 | | | | |
| skate | 滑冰步 | | | | |
| slide | 滑动 | | | | |
| snap | 打响 | | | | |
| split | 脚跟分开 | | | | |
| step | 迈步 | | | | |
| stomp | 重踏 | | | | |
| strut | 脚尖点地 | | | | |
| sway | 左右摇摆 | | | | |
| swivel | 旋转 | | | | |
| tap | 轻点 | | | | |
| touch | 点地 | | | | |
| twist | 捻 | | | | |
| walk | 走两步 | | | | |

## 2. 两脚关系的舞步描述

两脚关系的舞步描述通常是：动词 + 脚 + 关系代词 + 脚，见表 7-1-2。

表 7-1-2　两脚关系的舞步描述

| 动词 | | 脚 | | 关系代词 | | 脚 | |
|---|---|---|---|---|---|---|---|
| close | 并拢 | left foot ( LF ) | 左脚 | towards | 朝 | left foot ( LF ) | 左脚 |
| cross | 交叉 | right foot ( RF ) | 右脚 | behind | 在……后面 | right foot ( RF ) | 右脚 |
| cross Rock | 交叉摇摆 | ( L/R ) heel | （左/右）脚跟 | next to | 在……旁边 | ( L/R ) heel | （左/右）脚跟 |
| sweep | 扫退 | ( L/R ) toe | （左/右）脚尖 | beside | 在……旁边 | ( L/R ) toe | （左/右）脚尖 |
| | | ( L/R ) knee | （左/右）膝 | in front of | 在……前面 | ( L/R ) knee | （左/右）膝 |
| | | ball of ( L/R ) | （左/右）前脚掌 | over | 前面 | ball of ( L/R ) | （左/右）前脚掌 |

## 3. 关于转的舞步描述

排舞的转的角度都是以分子、分母来表示，即以 1/8、1/4、1/2、3/4 和全转来表示。它的语序是：什么转 + 分子、分母或全转 + 左、右方向，如果是普通转 turn，turn+ 分子、分母 + 左、右方向 + 动名词 stepping 或连词 and step+ 前、后、左、右方向。关于转的舞步描述见表 7-1-3。

表 7-1-3　关于转的舞步描述

| 什么转 | | 转的度数 | | 转的方向 | |
|---|---|---|---|---|---|
| pivot | 轴转 | 1/8 turn | 45 度 | L | 左 |
| monterey | 蒙特利尔转 | 1/4 turn | 90 度 | R | 右 |
| paddle | 桨转 | 1/2 turn | 180 度 | | |
| chain | 链转 | 3/4 turn | 270 度 | | |
| swing/Sway | 摇摆转 | full turn | 全转 | | |
| heel Turn | 跟转 | | | | |
| spiral | 螺旋转 | | | | |
| spin | 加速转 | | | | |
| untwist | 松转 | | | | |

## 4. 一节拍中有两个动作同时发生

主要动作 + 动名词（或连词 and，with+ 原型动词）+ 次要动作。比如：Step RF back stating to turn 1/2 L（右脚后退一步开始做向左的 180 度转）。也可以这样书写：Step RF back and start to turn 1/2 L。在这个例子中，主要动作是后退一步，次要动作是做向左 180

度转的准备，切不可交换位置。如果位置颠倒，意思完全不同了，变成左转 180 度的同时右脚后退一步。

（三）间奏和重新开始的介绍（Tag or Restart）

为了使音乐和舞蹈步伐达成一致，有时不得不加入一个间奏（有的舞谱中也称为桥：Bridge）。间奏和重新开始有点相似，都是由于音乐的旋律长短不一。间奏一般都比较简单，但创编者也会注明在第几个面，面朝几点有几拍的插段，间奏完以后面朝的又是几点等。

音乐有主旋律，但每段或某一段音乐长短不同，为了达到音乐和步伐的和谐，往往采用重新开始。创编者都会在需要重新开始节拍后用 ※ 或直接写 Restart，并注明第几面，面朝的是几点。但假如在同一节拍后重新开始，面朝却不相同，这时，创编者在舞谱实质内容的最后会做说明。

（四）结束的介绍（Ending）

如果音乐结束和舞谱结束相吻合，且面也正好朝着时钟 12：00（开始方向），一般创编者不会做任何说明，也就是没有 Ending。但一旦不符合上述条件，创编者都会介绍结束部分应该怎么处理。大致可分为下列几种：

（1）跳到舞谱的某一处音乐结束了。这时，会注明跳到第几个面（第几遍），第几拍时，面朝哪里结束。例如：Ending: Happen after 24 counts on wall 12.now facing 12：00。结束：跳到 12 个面 24 拍后结束，这时正好面朝时钟 12：00。

（2）音乐结束时面没有朝时钟 12：00。这时，会注明最后一步或最后几步改成怎么跳，使得舞者最后面朝的是时钟 12：00。

（3）为了配合歌词，再加或减节拍。歌曲的结尾往往最耐人寻味，优秀的创编者为了迎合歌词内容，会稍稍改变结尾的步伐，通过加节拍或减节拍，使舞曲更精彩。

### 三、舞谱的片尾

舞谱的片尾比较简单，一般有问候语、联系方法、知识提示和邮箱联系方式介绍，更新时间和鸣谢等。

## 第二节　排舞运动舞谱的编写方法

创编者将编排好的排舞曲目以规范的形式写成舞谱后，才能成为一个完整的作品。或许你曾经遇到过这种情况。有的舞谱写得非常简明易懂，一看就会。有的舞谱写得十分复杂，描述不清。通常出现这种情况，主要是没有掌握好编写舞谱的基本要素，尤其是对舞谱动作的描述结构不清楚，没有掌握好舞谱编写的方法和技巧，因此，懂得使用正确的方法去编写舞谱就显得尤为重要。

## 一、中文舞谱的编写方法

### （一）对曲目的整体结构进行描述

所谓整体结构就是介绍曲目的名称、前奏、舞序、创编者、舞步组合、节拍、方向、难度级别、所选音乐的出处等。

### （二）编写舞步术语和舞码

舞步术语是指每一个八拍或每四个三拍主要完成的舞步动作。舞码是指每一个八拍的节奏口令。目前排舞曲目的编写要求每一个八拍或每四个三拍中必须要有一个排舞步伐包含在里面。

### （三）对舞步进行逐拍描述

根据舞步术语和舞码的要求，逐拍对舞步进行准确的描述。按照编写时 A–B–C 的顺序进行编写，A 表示身体部位，B 表示动作方向，C 表示动作方法。

### （四）间奏舞步的编写

为保证音乐的完整性，有的曲目中需要创编间奏动作，确保能够与音乐协调融合，这就需要我们对间奏的节拍数进行说明，明确间奏开始的节拍及方向等。

## 二、英文舞谱的编写方法

我们在使用英文编写舞谱时，要注意中英文表达方式的不同。在编写舞谱时，中文是按照 A–B–C 的顺序，而英文则是按照 C–A–B 的顺序编写。（见表 7-2-1）

### （一）基本舞步的编写

表 7-2-1 基本舞步中英文对照记写表（以右脚为例）

| A | B | C | A | B |
|---|---|---|---|---|
| 右脚 | 向前 | 一步 Step | Right | Forward |
| | 向后 | 摇摆 Rock | | Back |
| | 向右 | 滑步 Slide | | To right side |
| | 向后 | 拖步 Drag | | Back |
| | 向右斜前方 | 弓步 Lunge | | To diagonal right forward |
| | 向右斜后方 | 扫步 Sweep | | To diagonal right back |
| | 向右前方 | 点地 Point | | To diagonal right forward |
| | 在左脚前 | 交叉 Cross | | Over left |
| | 在左脚后 | 一步 Step | | Behind left |
| | 在左脚后 | 锁步 Lock | | Behind left |
| | 在左脚旁 | 并步 Next to/together | | To left |

续表

| A | B | C | A | B |
|---|---|---|---|---|
| 右脚 | 在左脚前 | 屈 Hook | Right | In front of left |
| | 在左脚旁 | 点地 Touch | | Beside left |
| 还原 | 重心 | 到右脚 | Recover | On right |
| 右脚向前同时 | | 1/2 向右转 Turn1/4 R | Step forward on right | |
| 右脚向前同时 | | 1/2 向左转 Turn1/4 L | Step back on right | |
| 髋部 | 顺时针方向 | 环绕 Roll | Hips | Clockwise |
| | 逆时针方向 | 扭动 Bump | | Counter clockwise |
| | 向右（左） | 摆动 Sway | | To right（left） |

1. 简便缩写

（1）Step R to R 右脚右踏。

（2）Step R Fwd 右脚前踏。

（3）Step R Back 右脚后踏。

（4）Step R Cross 右脚交叉。

2. 英文舞步编写举例

（1）定轴转（Pivot Turn）。1/4 定轴转（Pivot 1/4 Turn）：1 Step right forward，2 Turn left 90°and shift your weight to your left foot。

（2）摇摆（Rock）。前摇摆（Rock Forward）：1 Step right forward，2 Return your weight to your left foot。

（3）扇形步（Fan）。脚尖扇形步（Toe Fan）：1 Flatten out（in）the single tip of the foot，2 restore the tip of the foot。

（4）抛锚/支撑步（Anchor Step）。左/右抛锚/支撑步（Left/Right Anchor Step）：1 Right foot back，& Left foot in place，2 Right foot in place。

（5）恰恰步（Cha Cha Cha Shuffle Chasse）。左/右恰恰（Left/Right Chasse）：1 Step right to right，& Step left together，2 Step right to right。

（6）海岸步（Coaster Step）。左/右海岸步（Left/Right Coaster Step）：1 Step right back，&Step left together，2 Step right forward。

（7）踢换脚（Kick Ball Change）。1 Right foot kick，& Right foot restore，2 Left foot step in place（point，side point，front cross，etc.）。

（8）跟掌交叉步（Heel Ball Cross）。左/右跟掌交叉步（Left/Right Heel Ball Cross）：1 Lateral point of right heel，& Sole of right foot next to left foot，2 Cross left foot in front of it。

（9）锁步（Lock）。前锁步（Forward Lock）：1 Step right forward，& lock the left foot behind the right foot。

（10）曼波步（Mambo Step）。前曼波（Forward Mambo）：1 Step right forward, & return the weight to the left foot, 2 Step left together。

（11）水手步（Sailor Step）。左/右水手步（Left/Right Sailor Step）：1 Cross your right foot back, & Step left with your left foot, 2 Step right with your right foot。

（12）桑巴步（Samba Step）。左/右桑巴步（Left/Right Samba Step）：1 Cross your right foot in front of you, & step left with your left foot and keep your weight on your right foot, 2 Place your right foot。

（13）剪刀步（Scissors Step）。左/右剪刀步（Left/Right Scissors Step）：1 Step right to right, & Step left together, 2 Cross your right foot in front of you。

（14）夜总会二步（Night Club（Basic））。左/右夜总会二步（Left/Right Basic Step）：1 Step the right foot to the right side, 2 Step the left foot back to the right heel into three feet, & Cross the right foot in front of you。

（15）桃乐茜步（Dorothy）。左/右桃乐茜步（Left/Right Dorothy）：1 Bevel right foot in, 2 Lock left foot behind right foot, & Bevel right foot in。

（16）苹果杰克（Apple Jack）：1 Turn left heel to the left and right heel to the right, & Restore, 2 Turn left heel to the right and right heel to the right, & reduction。

（17）开关步（Switch）：脚尖开关步（Toe Switch）：1 Point the ground in front（side）of the right toe, & Restore the right foot, 2 Point the ground in front of the left toe, & left foot reduction。

（18）纺织步（Weave）：左/右纺织步（Left/Right Weave）：1 Cross right foot forward, 2 Step left with left foot, 3 Cross right foot back。

（19）平衡步（Balance Step）：左/右前进平衡步（Left/Right Forward Balance）：1 Step right to right, 2 Step left together, 3 Place your right foot。

（20）查尔斯顿步（Charleston）：1 Step forward with right foot, 2 step forward with left foot, 3 step back with left foot, 4 step back with right foot。

（21）摇椅步（Rocking Chair）。左/右摇椅步（Left/Right Rocking Chair）：1 Step right forward, 2 Return your weight to your left foot, 3 Step right back, 4 Return your weight to your left foot。

（22）爵士盒步（Jazz Box）。左/右爵士盒步（Left/Right Jazz Box）：1 Right foot forward cross, 2 Left foot back, 3 Right foot right step, 4 Left foot forward cross（parallel step, side point, etc）。

（23）藤步（Grapevine/ Vine）。左/右藤步（Left/Right Grapevine）：1 Step right with right foot, 2 Cross left foot back, 3 Step right with right foot, 4 Cross left foot forward（left foot parallel, dot, brush, etc）。

（24）伦巴盒步（Rumba Box）。左/右伦巴盒步（Left/Right Rumba Box）：1 Step right to right，2 Step with left foot，3 Forward with right foot，4 Pause，5 Step left with right foot to left，6 Step with your right foot，7 Step back with your left foot，8 Pause。

（25）奔跑步（Running Step）：& Suck right leg and slide left foot back，1 Drop right foot forward and slide left foot back，& Suck left leg and slide right foot back，2 Drop your right foot forward and slide your left foot back。

（26）蝴蝶步（Butterfly Step）：1 Bring your right foot forward and rotate both heels inside，& Rotate both heels outside，2 Bring your left foot forward and rotate both heels inside，&3 Rotate the left foot back and both heels inside，& Rotate both heels outside at the same time，4 Right foot back with both heel pronation，& Both heel pronation at the same time。

（27）退踏步（Back Step Push）：1 Step back with the right foot，& Step back with the left foot，2 Step forward with the right foot。

（28）拧碾步（Twist Step）：1 Twist the right heel in front of the left foot and land on the sole of the left foot，2 Roll the right heel in and land on the sole of the left foot，3 The right foot retreats，and the left heel rolls in，4 The left heel turns out，and the front sole of the right foot touches the ground。

（29）藤转（Rolling Vine）。左/右藤转（L/R Rolling Vine）：1 Turn right 1/4，enter with the right foot，2 Turn right 1/2，retreat with the left foot，3 Turn right 1/4，step right with the right foot，4 Step together with the left foot（point，brush，etc）。

（30）全转（Full Turn）。左/右全转（L/R Fwd. Full Turn）：1 Turn right 180°，step back with left foot，2 Turn right 180°，step in with right foot。

## 第三节　舞谱编写的注意事项

### 一、舞谱中对舞蹈的音乐结构和风格定位要明确体现

舞谱编写的前期步骤首先要做的就是研究分析所选音乐的结构特征，然后进行分段落，最后在每个段落分析拍节数和拍节节奏特点。接下来，在上述的音乐结构分析和划分段落、拍节后，就可以确定舞曲的风格特征。最后，在音乐结构解析和风格定位的基础上，创编与之和谐共融的舞步。

### 二、排舞拍节与舞步术语的描述应准确、简洁、易懂、和谐

简明、准确、易懂、和谐的舞谱能使初学的舞者清晰、快速地掌握一首排舞曲目。所谓准确，不仅要求以规范的符号示意舞蹈动作的准确性，而且要求文字说明也要准确

无误。简明、简洁意味着用最少的词，原则上就是"少"而"精"，这就要求描述舞蹈过程中准确选定最具典型性的舞步术语。

简洁易懂，是对舞谱的基本要求。简洁指舞谱的各种符号和文字都注入了一定的、应有的信息含量。易懂就是用最简单的词句，让舞者初学时就能一目了然动作要求，方便使用。

舞谱要求"乐""舞"和谐。一般来说，舞蹈者总是随着音乐的伴奏完成舞曲。音乐的节奏和舞蹈动作的节奏，与情感的类别和程度都有密切关系。快节奏表现机敏和灵活，而慢节奏则表现庄重和抒情，"乐""舞"脱节显然是无法"身"情并茂的，二者和谐、相辅相成才能产生理想的艺术效果。

### 三、舞步记写应逻辑性强

舞步描述记写应严格按照中文舞谱编写规范，或按照英文舞谱编写规范的步骤，因为每一记写的步骤都是遵循人们基本的阅读逻辑思维来规范编写顺序的，只有这样，才能让世界各地的舞者都能顺畅自如地识读舞谱，自学舞曲，帮助舞者无障碍交流。

### 四、舞步和上肢动作按照从下到上顺序分开记写

（一）英文舞谱的表达方式

用英文编写舞步组合时，不要试图用"创造性"的词汇来表达已有的舞步组合。根据前述的表 7-2-1，能够很清晰地把常用舞步组合记写方式呈现出来。尤其注意中文用 A—B—C 的顺序记写，英文却用 C—A—B 的顺序；用向左、向右来表述转体启动方向，而不用顺时针或逆时针转动；用时钟的 12 个刻度来表示转体度数和最终转向的位置点，而不用 90°、180°、360° 等。

（二）舞步记写要前后一致

所谓前后一致，指的是舞步的记写方式、顺序要全谱统一，例如，中文记写右脚向前一步和向前一步用右脚，英文中用 step right forward 和 step forward on right，这样的描述意思都是相同的，只有严格始终如一地采用前者或者后者中的一类表达方式或顺序，才能避免降低舞谱的可读性、条理清晰性、严谨性。

（三）舞步和上肢动作不应同时记写，要分开记写。

记写舞步时如需要同时说明手臂、髋部、肩部、头部等身体不同部位的动作，一定要分开记写，这样才不容易造成混淆，才可防止识读舞谱时产生混乱。例如，左脚向前摇摆，右手分掌搭在左肩，同时头向右转。就是按照从下肢动作到上肢动作再到头部动作的分段描述，而不能写成并列句，即左脚向前摇摆同时右手分掌搭在左肩并头向右转。

**五、各类舞步动作及术语在不同风格排舞中的合理运用**

认真学习并熟练掌握排舞运动术语的内容，对舞谱编写尤为重要。正确的舞步记写，能加深对排舞作品的理解和风格的把握。例如，恰恰步、锁步和三连步，舞步动作虽很相似，但体现出不同的曲目风格。

本章介绍排舞曲目的编排与创作。排舞曲目的创编，是把分散的排舞元素按照自己想要表达的主题，按照一定的组织或顺序整合在一起，从而形成了一个新的作品。创编排舞曲目是一项复杂而艰巨的创作过程，它可以将各种舞蹈动作、道具、音乐、服装以及其他元素完美结合起来，形成具有审美价值和反映主题内容的作品。排舞的创编，需要具有一定排舞技能和知识，熟悉各种风格的舞步动作和音乐内涵，掌握创编的基本原则和方法，紧紧抓住排舞表现手段的根本，在不断地总结与实践中编排出好的排舞作品。

# 第八章

# 排舞运动的创编

## 第一节 编排原则

排舞的编排需要具备各种风格、各种类型的舞蹈动作和音乐；需要具备一定的排舞理论知识和技能知识；需要掌握编排的基本方法和正确的编排途径；并且动作组合要编排得活跃、流利、悦目，在不断实践、探索和创新中，编排出好的排舞作品。排舞曲目创编原则见图 8-1-1。

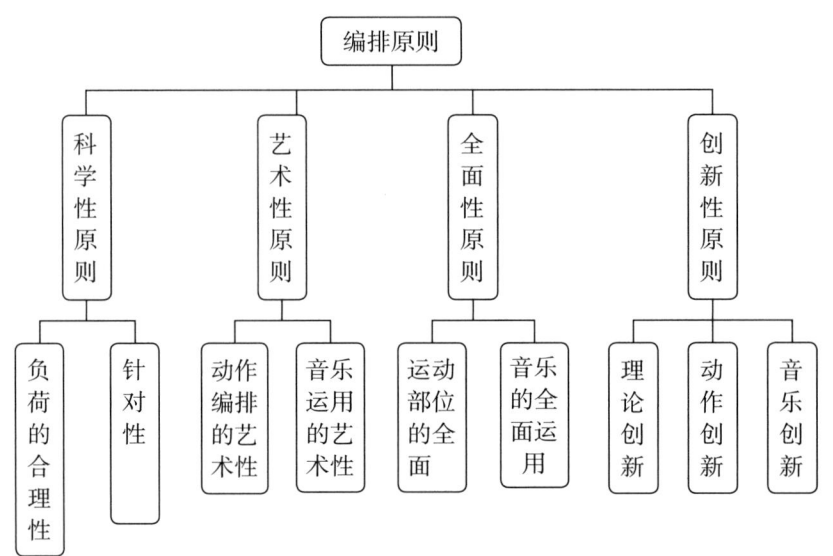

图 8-1-1 排舞曲目创编原则

### 一、科学性原则

科学性原则包括负荷的合理性和针对性两方面。排舞的创编是以创编对象的性别、年龄、职业、身体状况等具体情况为依据，以人体生理学、人体解剖学、营养学、心理学、人体造型学、体育美学等理论知识为指导进行的，每套动作的结构、数量、顺序、时间、身体各关节的作用、形体、心率、有氧代谢等诸多因素都经过科学的测定和分析，针对参与对象编排出符合需要的排舞成套动作。

（一）负荷的合理性

排舞对增强体质、预防疾病和促进健康等都有良好作用。但是，并非所有的人从事相同的运动就会产生相同的效果。相同的运动负荷，对不同的运动对象产生的运动效果不一样，即便同一运动负荷，在不同时期、不同的机能状态下，运动对象的反应和效果也不一样。因此，合理地安排运动负荷是科学地从事体育锻炼的关键。

对于大学生来说，排舞的动作应该严格遵循人体解剖学和运动生理学规律，在此基础上去把握一首排舞曲目的运动负荷、动作难易、强度大小。普通高校排舞具有自身独特性：动作简单易学、运动量可以控制、没有强制性的单纯肌肉训练。在动作的选择上尽可能多采用丰富、健美大方、幅度大、表演性强的动作，在丰富多样的动作基础上，调动练习者的积极性，使他们乐于投入此项运动中，展现自身的风采。

（二）针对性

针对性是指在排舞创编过程中要针对不同的年龄、性别、运动水平以及练习者的心理、爱好、接受能力，以及参与排舞活动的需要的不同侧重，有的放矢地进行排舞的创编，做到因人而异。对于不同的练习对象，其动作的接受能力、感受能力以及表现力都有所差别。因此在创编时应注意动作的难易程度、动作风格及练习的强度，有针对性地选择切合实际的排舞素材。练习的对象是女性青年学生，在对待授课对象时就应该把女性的特征和青年的特征这两个方面作为考虑的要点。

1. 针对女性的创编

为女性创编时首先应该明确女性的生理和心理特点。从生理角度来讲，女性的肌肉力量较弱，皮下脂肪较厚，四肢修长，协调性、柔韧性较好；从心理角度来讲，喜欢展现身体曲线但又不满足于身体的条件，或是通过运动健身来实现自身独特的气质。因此，应在创编的过程中适当增加肌肉力量和跳跃动作的练习；应该多设计一些影响胸、腰、腹、臀的动作，从而突出女性身体曲线美；应该合理安排表现女性舒展优美、柔中带刚、刚柔相济、舞蹈性强的动作。

2. 针对青年人的创编

首先，明确青年人的身心特点，主要表现在她们正处在青春发育的中后阶段，新陈代谢旺盛，精力充沛，动作敏捷，不仅追求身体健康，更追求形体美等特征；其次，应根据学生个体差异特征进行有针对性的创编。例如，成套动作的难度、运动强度和运动时间可以适当增大延长，以满足更多青年减肥降脂的目的，体现优美体态，或是成套动作以发展身体形态、协调性、灵敏性为主。在编排过程中要注意气氛和效果，同时还要注意动作与音乐风格上的协调。因此，在创编时，要根据音乐背景和文化特点，尽量设计出既能充分阐释音乐，又不失排舞特点的动作，使音乐旋律和风格与动作形象和风格融为一体，达到音乐与动作相互促进和表现的高度统一。

二、艺术性原则

排舞创编的艺术性主要体现在动作编排的艺术性和音乐选择的艺术性两个方面。音乐是排舞的灵魂，排舞是表现音乐的一种手段，动作是解释音乐的一种身体语言，可见排舞的动作与音乐有着密不可分的关系。排舞既是锻炼身体的手段，又是一种形体艺术。

（一）动作编排的艺术性

排舞动作编排的艺术性主要体现在成套的艺术风格上。除符合创编任务和练习对象外，要求节奏明快的同时避免动作设计上的陈旧。只有在统一中求变化才符合形式美的基本法则。动作语汇丰富新颖、富有特色。排舞的节数一般不多，创编时除要选择一些具有锻炼实效的动作外，动作元素力求丰富变换、不断创新。为此，创编排舞时可多吸收拉丁舞、爵士舞等具有时代特征且深受当代大学生喜爱的动作，也可以把芭蕾基本动作编入大学生形体排舞中，以培养学生优美的体态和高雅大方的气质风度。

（二）音乐运用的艺术性

旋律、节奏、和声是音乐的三大要素，其中最主导要素是旋律。旋律是由许多音乐基本要素，如调式、节奏、节拍、力度、音色表演方法方式等有机地结合而成的。如果脱离了节奏就不能构成旋律，但是节奏离开旋律能单独存在，例如各种没有固定音高的打击乐器就能演奏出各种不同情绪的节奏来。因此，节奏可以作为一种单独的艺术表现形式。

排舞的音乐要求节奏鲜明强劲、旋律悦耳动听，一般以 8 拍的节奏呈现的规律进行。如果想让音乐产生非规律性的变化，可以在节奏和风格上打破常规，在熟悉的音乐中加上一定的变化，例如在 8 拍节奏组合中穿插一个 6 拍、4 拍、2 拍甚至是 1 拍的音乐节奏。在同一韵律中穿插其他风格的音律，例如在一段节奏鲜明、鼓点强劲的音乐中间或是末尾加一段悠扬的钢琴或小提琴的演奏等。排舞可以借助不同风格的音乐，把它们有机地、巧妙地连接在一起，制作出新颖独特的曲子。

### 三、全面性原则

排舞创编的全面性原则包括运动部位的全面性和音乐运用的全面性两个方面。运动部位的全面性是指在排舞创编中，以全面发展人体健康和健美的需要为前提，尽量考虑人体参与运动的部位，使身体各部位的肌肉、韧带、关节得到全面发展，内脏器官机能得到改善。音乐的全面运用是指在创编过程中对不同风格和节奏音乐的运用，展示出音乐的多元化、风格化。

（一）运动部位的全面

在创编中遵循全面发展身体的原则主要是由排舞的目的和性质所决定的。练习排舞的目的之一就是要通过练习，使身体各部位的关节、肌肉、韧带和内脏器官得到锻炼，从而促进身体功能、身体素质以及运动能力全面协调发展，所以创编的成套动作要尽可能地使身体各部位得到充分锻炼，才能真正达到全面健身的目的，从而能够充分体现排舞的特点。

另外，在动作编排上应注意选择一些有表现力的、柔美抒情的舞蹈类动作，可将这些动作编排在开始部分和结束部分，也可编在大幅度的跑跳动作后以作调整，这样既能增加整套操的节奏起伏,又避免了运动量过大的可能,而更重要的是使女大学生充分表现自我、愉悦身心,同时紧跟时代潮流和时尚的内容。例如,将街舞、爵士舞、拉丁舞等编入排舞中,让学生备感新鲜,从而激发练习排舞的兴趣。

(二)音乐的全面运用

在排舞练习过程中,选用纯音乐比选用英文歌曲更容易让练习者理解,因为很多英文歌曲的歌词内容不少练习者听不懂,只能单纯地凭借音乐的情绪变化去感觉,表达出的动作是不够准确的,在编排时也就会出现动作与音乐不符的现象。使用中文歌曲时,练习者和观众都可以听懂中文歌曲的歌词,更容易引起共鸣,这对于提高排舞的整体效果具有非常重要的作用。

### 四、创新性原则

排舞的创新包括排舞理论创新、组合动作的创新和音乐的创新。创新是排舞编排的生命,排舞的创编过程是创新方法和手段在各个环节的运用过程,包括单个动作或组合动作的创新、配乐的创新等。创编者要了解国内外排舞的发展动态,深刻理解排舞的精髓,唤起创新意识,增强探索能力,树立创新目标,充分发挥创新潜力和聪明才智,根据排舞的特点及创编对象,创编出健与美、观赏与表演融为一体的新颖、独特的排舞,体现出排舞动作的多变性和创造性。

(一)理论创新

"排舞运动与其他运动项目一样均具有该项目本身的科学理论知识。""知识、能力、素质三方面是相辅相成的,它们分别处于不同的层面,并通过相互之间的紧密联系从而促进人的全面发展。从学术角度来讲,知识是基础,是能力和素质的载体,没有丰富的知识,也就没有较强的能力和较高的素质。"体育与健康知识的传授依赖于一定量的体育理论知识,体育理论知识的创新推动着体育技术的发展。排舞的理论基础包括人体解剖学、运动生理学、运动心理学、体育美学等学科,它的创新就要基于这些基础学科的理论更新和新的研究成果。

(二)动作创新

在坚持全面发展身体的基础上,应当把握当前排舞的发展趋势,充分考虑场地、实施可行性等因素,对已有的动作素材进行加工、移植、对比和再创造,再配以适当的音乐,编排出新颖独特的,适宜于不同人群或个体练习者需要的单个动作、动作连接和动作套路。结合我国少数民族传统体育特色,把民族特色、特点融入排舞的创编中,也可以加入一些流行于校园内外的爵士有氧操、有氧舞蹈、有氧拉丁、爵士舞、现代舞蹈、拉丁舞等内容来进行创编。它们都是以排舞的基本动作元素为基础的,有的是结合了民族特色舞蹈,有的是结合了西方特色,有的是结合了一些简单的器械,使原本有限单一的动作变得丰富多彩、趣味十足。这样不仅丰富了排舞动作组合的内容,而且大大提高了学生学习的兴趣。

排舞动作的创新需要把相近学科的不同点和交叉学科的相同点,结合学生喜爱的内容,通过借鉴、移植等方法运用到排舞的动作编排过程中,使其动作既是大众喜闻乐见的,又是有创新、容易掌握的内容。

### (三)音乐创新

众所周知,排舞的特点和风格是通过与音乐的协调搭配而表现出来的。音乐是排舞的灵魂,排舞是表现音乐的一种手段。动作是解释音乐的一种身体语言,音乐的抉择决定了动作的风格。因此,在创编排舞时,要根据音乐的背景文化特点,尽量设计出既能充分说明音乐,又不失排舞特点的动作,同时在平淡无奇的音乐中适当穿插一些音效,这样就会使原有音乐变得更加生动,更有特色。在音乐的速度方面,音乐速度的快慢直接影响到练习者的动作速度的快慢。

## 第二节 编排要素

排舞竞赛时,裁判员根据评分规则对完整的成套动作进行评分。成套动作由教练员合理编排组合而成,因此,排舞成套动作编排是排舞竞赛中取得优异成绩的重要因素之一。成套动作的编排是依据排舞竞赛规则进行的,随着排舞运动的快速发展和运动员竞技水平的提高,排舞竞赛规则在不断地发展和完善。规则的制订对项目的创新和发展也起到了至关重要的作用。

依据排舞规则评分标准和定义,动作风格部分、音乐部分、空间部分、服饰道具部分是成套动作编排的重要组成部分。结合李遵、王燕梅等相关专家学者的研究,可将排舞成套创编构成要素主要分为以下四种:动作风格要素、音乐要素、空间要素以及服装与道具要素。四大要素相互影响、相互联系、相互依存,共同构成了排舞的成套动作。(图 8-2-1)

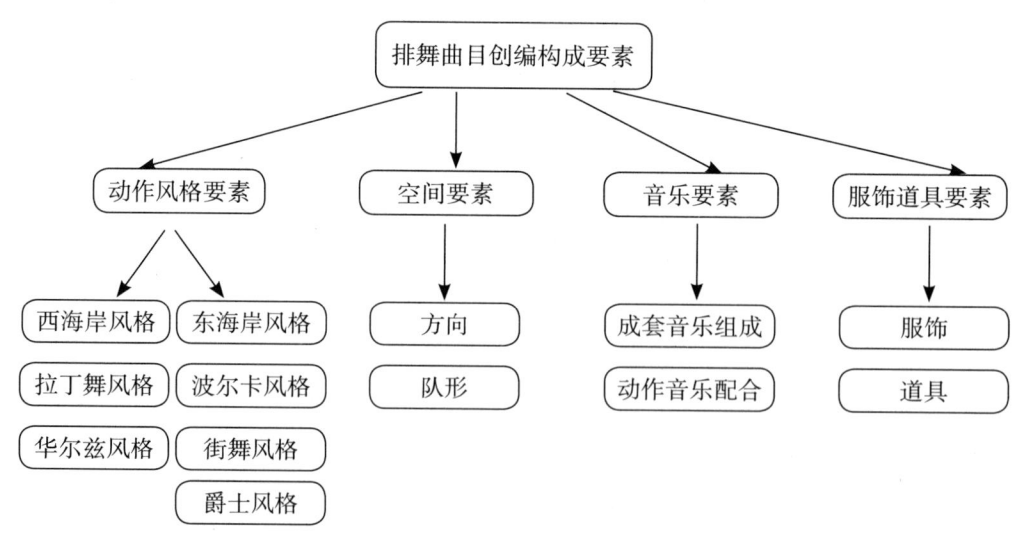

图 8-2-1 排舞曲目创编要素结构图

一、动作要素——重中之重

常规的排舞套路是由若干个肢体活动动作通过要求排列在一起。排舞的动作创编是整个成套动作的重中之重，它决定着整套动作的表演效果以及竞赛成绩。一首排舞曲目动作包括舞蹈类动作、健美操动作等。

（一）拉丁舞风格

所谓拉丁舞风格的排舞是指以拉丁舞动作作为排舞的基本创编元素，形成具有鲜明特点的激情浪漫而又富有活力的舞曲形式。拉丁舞风格的排舞主要包括恰恰风格、桑巴风格和伦巴风格，这一风格的排舞多为完整型排舞。恰恰风格的排舞舞步利落花哨，风格诙谐风趣，步频较快，较多地运用锁步、恰恰步、摇摆步、走步等舞步元素，如《红磨坊》是一首具有浓烈恰恰风格的完整型排舞；桑巴风格的排舞热情奔放、节奏动感、有很强的感染力，舞步摇曳多变，较多地运用曼波步、杂耍步、桑巴步、三联步、后退步等舞步元素，如《加州小鲸》是一首融桑巴和恰恰风格为一体的完整型排舞；伦巴风格的排舞舞步婀娜款摆、舒展缠绵，较多地运用纺织步、伦巴盒步、扫步、摇摆步、闪亮步等舞步元素，《欲望》是典型的伦巴风格的完整型排舞。

（二）西海岸风格

所谓西海岸风格的排舞是指一种以丰富的脚点变化为主要特色的排舞。动作要求快速、干脆、刚劲有力，较多地运用踩脚步、摇椅步、戳步、拖步、脚跟点地、脚尖点地、走步、踏车步及轴心转等舞步元素。通过脚的各个部位，在地板上摩擦、拍击发出各种各样的响声。《荣耀之光》是融入了西海岸风格的完整型排舞。

（三）华尔兹风格

所谓华尔兹风格的排舞是指一种三拍子舞步的排舞。这种风格的排舞华丽高雅、秀美潇洒，舞步三步一起伏循环，起伏流畅，优美柔情。华尔兹风格的排舞通过膝、踝、足底、跟掌趾的动作，结合身体的升降、倾斜、旋转，带动舞步移动，大量地运用前进步、后退步、拖步、平衡步、摇摆步、闪烁步、转身等舞步动作。例如，《爱的华尔兹》《月亮河》都是融入了华尔兹风格的完整型排舞。

（四）东海岸风格

所谓东海岸风格的排舞是指一种主要以人体中段的动作、平稳为主的排舞。东海岸风格的排舞最明显的特点就是身体语言丰富，尤其手部动作更是变幻莫测，再加上身体各部分的配合，其姿势优美绝伦，较多地运用了剪刀步、水手步、弹踢换脚、锁步、踏车步、恰恰步、摇椅步、摇摆步等舞步动作。例如《摇摆冻结》《周日摇摆》都是具有浓烈东海岸风格的间奏型排舞曲目。

（五）波尔卡风格

所谓波尔卡风格的排舞是指一种二拍子的快速舞曲，描述的是一只脚与另一只脚之间按 2/4 拍子飞快交替的舞蹈动作。波尔卡风格的排舞轻松欢快、自由祥和，较多地运用向前波尔卡步、滑步、踏车步、踵趾波尔卡等舞步动作。例如，《漫游多尼哥》《圈圈舞》都是完整型的具有波尔卡风格的排舞代表曲目，轻松欢快的乐曲仿佛把我们带到了蓝天白云、青山绿水的辽阔草原。

（六）街舞风格

所谓街舞风格的排舞是指一种由各种走、跑、跳组合而成，并通过头、颈、肩、上肢、躯干等关节的屈伸、转动、绕环、摆振、波浪形扭动等连贯组合而成的排舞。街舞风格的排舞音乐节奏强劲，风格自由，舞步迅速多变，较多地运用踢腿、转体、滑步、交叉步、太空步、脚尖点地、手臂和身体波浪等经典街舞动作元素。例如，《我的火花》《放松》等都是融入了街舞风格的完整型排舞。

（七）爵士风格

所谓爵士风格的排舞是指一种集芭蕾舞、现代舞、非洲舞蹈、歌舞厅舞蹈、剧场舞蹈、社交舞和东印度民间舞于一身的排舞。这一风格的排舞，其独特的魅力在于它有着幅度大而简单的舞步，能够表现出复杂的舞感。它融合了芭蕾舞和 Hip Hop 元素，要求身体延展的同时还要有极强的控制力和爆发力。每个动作都要求身体有内在延伸的感觉和外在追求力度的美感，从而体现了舞者的热情与奔放。爵士风格的排舞较多地运用弹簧步、跺脚步、滑步、顶髋、转体、交叉步、摇摆步、踏车步等舞步元素。例如，《付出》是一首具有爵士风格的组合型排舞。《波斯之爱》则是一首具有印巴风格的完整型排舞。

## 二、空间要素——不可或缺

所有难美性项群的项目都有空间三维的变化。在排舞成套编排中，排舞竞赛规则、参与对象、主题风格等因素决定了对空间的运用。鉴于对难美性项群项目对空间的了解，并通过规则和前人对排舞项目的研究，将排舞成套动作对空间的运用分为运动方向、队形变化两大类。

（一）方向变化运用

方向变化作为排舞成套动作创编的基础性内容，充分和合理地运用方向变化有助于提高编排的整体效果。在成套动作中，为了增加动作的多样性，许多动作都被加入了不同方向的变化。方向的变化可运用在动作要素及队列队形变化中。分析排舞成套编排中对方向的运用，可通过分析同时多方向动作出现的次数实现。合理地进行同时多方向的编排，能提高排舞成套的多样性。

排舞作品的结构主要表现在舞步组合的方向和节拍上，经过两个方向或四个方向的不断重复，形成完整型排舞、组合型排舞或间奏型排舞。所谓完整型排舞就是通过四个方向的变化，不断重复一个固定的舞步组合。这种类型的排舞，多数属于初级水平的排舞。所谓组合型排舞一般由两个、最多不超过三个舞步组合构成，并且每一舞步组合的节拍数不一定相同。舞步组合并不一定按 ABC 组合的规律循环，也可能是 AABCBC、ABCAAC 等组合方式，但每一组合的节拍数必须在 32 拍以上，一般有 2 个方向的变化。

间奏型排舞是为了保持音乐的完整性，在固定的舞步组合外，还有一个或多个节拍数不一定相同的间奏舞步。间奏舞步一般不超过两个八拍。通常，这一类型的排舞在学习时较难记忆，因此多出现在中等难度级别的排舞。

（二）队形运用

排舞作为一项集体项目，其特征是强调团队协作，通过队员间的配合进行的队形变换，需要整个团队的团结协作能力。队形的运用在排舞成套编排中占相当重要的位置。

排舞区别于其他运动项目，其中最大的区别在于强大的团队协作和队形多样变换的视觉冲击力。以成型队形为主，流动队形为辅，单组队形和多组队形相结合。

成型队形能在视觉上给人强有力的气势感。但流动队形相较于成型队形，会给人以不同的视觉冲击，使作品的整体画面呈流动状态。流动队形创编难度要大一些，它需要参与者有团队的高度协作和身体协调，还需要创编者编导的创新力。所以，要灵活选择人数与运用队形才能使编排走上新的高度。

构图特点：

（1）直线斜线：有行进、强烈移动、前进稳重感。
（2）圆形：跑圆形有流动感，有画面集中感，明确中心焦点。
（3）圆弧形：形成朝向感，突出领舞，能够产生广阔的空间感。
（4）三角形：突出稳重感，能充分展示层次变化。
（5）垂直线：强而有力、有聚有散，突显大气的效果。
（6）横线：突出整齐，体现集体舞的水平，有开阔感。
（7）对比：高低层次突显立面，阴暗对比突显聚散，给人立体感。

常见排舞队形见图 8-2-2。

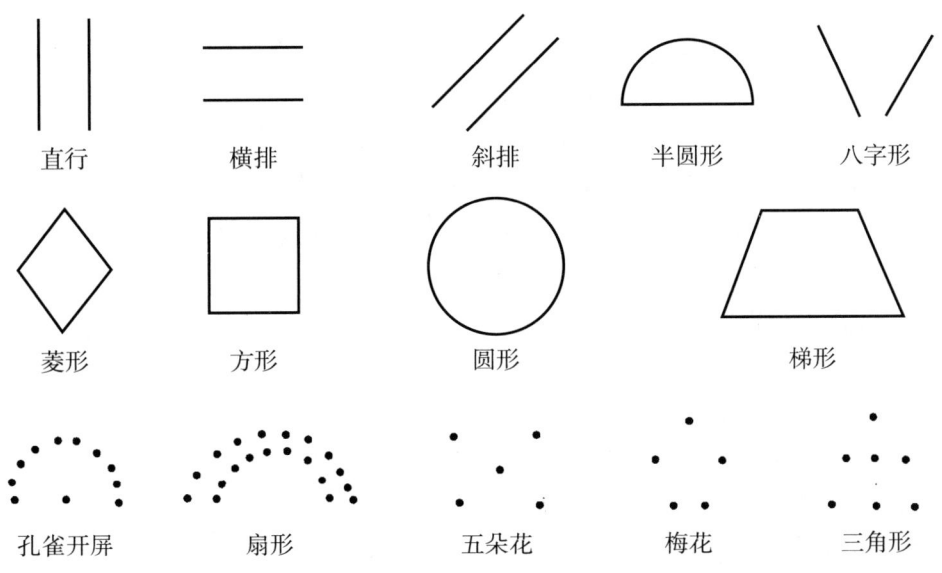

图 8-2-2　常见排舞队形

### 三、音乐要素——重要组成

音乐是排舞的灵魂,是成套动作展现和构成的基础,选取适合的音乐能有效提高成套动作的表演性,对整体动作以及舞台呈现效果都能起到促进作用。排舞规则对音乐是有要求的,重视音乐的选择,合理运用音乐对于排舞成套动作编排有着至关重要的作用。

（一）排舞音乐的选材要求

（1）鼓点、节奏明确,主题突出,速度合适的排舞音乐普遍使用的是一个八拍、每四个八拍为一个段落的节奏的音乐,这种音乐的特点是强弱拍明确、节奏明显。学习者容易抓到强弱节拍,动作整齐划一,成套动作感染力强。

（2）音乐所表现的主题思想以及特色风格与动作风格相统一。

明确的音乐主题思想也是一套排舞成套的创造核心,也是创编者想要呈现给观众的思想内容,在舞蹈啦啦操的主题选择上面,一般都采用健康向上、共鸣感强烈的主题素材。

音乐与动作是排舞的重要表现方式,因此二者之间在风格上就需要高度统一。如果选用民族元素的音乐,就要选用带有强烈民族风格特点的典型动作,让音乐与动作风格特点相统一。

（二）排舞音乐的素材分类

音乐的世界就像浩瀚的海洋,人类经过了数千年的区域生活,形成了不同类型的音乐形式。拥有深厚音乐素养的创编者不仅需要保留自己民族的音乐特色,也可以根据自己创编作品的不同,选用其他民族特点的乐曲。排舞音乐的素材类型有20多种,分别为:现代风格;美国乡村、街舞风格;拉美风格、波尔卡风格、抒情朝鲜风格、抒情华尔兹风格、摇滚的老爵士风格、踢踏舞风格、印度风格、迪斯科、现代欧陆、美国爵士、现代与传统歌剧结合、现代拉丁、迈克尔·杰克逊风格、奥斯卡金曲与摇滚结合、欧洲现代风格、乡村风格、现代励志、北欧波尔卡、经典歌剧、曼波风格等。

音乐类型种类繁多,可以给编排者提供更多的选择,音乐类型中有着不同的音乐节奏,同时相同的音乐类型具有不同的音乐节奏,人们根据生理和心理特点来对音乐类型进行选择,只有这样才会在排舞比赛过程中获胜,也显现出合理选择排舞音乐类型的重要性。

（三）排舞音乐编辑要求

（1）所采用的音乐素材主题健康向上、音质清晰、旋律优美、充满活力、时代感强。

（2）音乐剪辑合理,部分明确。音乐的剪辑不仅要按照成套动作的用途,严格遵守音乐时间要求,而且要根据成套动作的情绪与情节的起伏,充分做好衔接音乐剪辑,避免出现断点连接生硬、杂乱无章以及乐曲不完整等技术性问题。

### 四、服装与道具要素——锦上添花

在排舞表演和比赛中，服装的包装和道具的运用对提高成套动作的整体效果起着重要作用。具有特色的服饰和各种道具能增加团队的艺术表现力和视觉冲击力。服饰和道具运用得当的话也能为成套动作增色添彩。

排舞作为肢体表演形式的一种，它也存在着语言表达不足，单单通过肢体的表现并不能够充分表现排舞的魅力。通过对服装、妆容、造型的设计，能够更直观地向观众和评委展现成套主题与思想。

（一）服饰的运用

1. 排舞服装设计需要符合成套动作风格

在比赛以及表演中所使用的排舞服装，会在很大程度上帮助整个成套动作加分，因为一套符合动作风格的服装，不仅能对动作内容进行强化渲染，也更容易让运动员和演员更加地投入情景角色当中去。

2. 排舞服装设计需要符合成套动作的需要

服装是穿在身上完成成套动作的道具，这就要求它必须有利于成套动作的展现，不让动作受到拘束，而且更应该帮助队员优美、轻盈地完成肢体动作。

3. 排舞服装配饰需要符合整套服装的设计风格

现在排舞服装越来越丰富，不仅包括穿在身上的服装，还包括妆容以及头上或者身上的配饰。在常规的舞美化妆中，大家都是尽量遵循舞台化妆的基本方法，使得演员在舞台上更加自信和美丽，且有些化妆需要配合主题思想的特殊要求。

（二）道具选择与使用

在排舞表演及比赛当中，舞蹈道具直接关系到舞蹈人物的形象塑造和故事情节发展，也是直接参与或左右舞蹈情感抒发的道具。同时，道具具有舞蹈动作语言的功能，是舞蹈语言的延伸。

舞蹈编创者在选择并最终确定舞蹈道具时，必然会考虑何种方式能最直接、最鲜明地塑造人物形象。在舞台上存在的一系列"物"的要素中，舞蹈道具一定是与舞蹈人物形象塑造关系最紧密的因素，它必然是舞蹈人物的现实"在手"之物。这种"在手"状态是舞蹈道具与其他一切道具最根本的不同。

1. 排舞道具选择需折射曲目风格的文化底蕴

在进行道具的选择过程中，需把握该曲目风格的现实背景与文化底蕴，同时又要对排舞的具体要求有合理把握，当然这些都离不开编创者的主观努力。在一部排舞作品中，能表现排舞情节、人物关系的道具可能有很多，但是最符合创作要求的道具往往是唯一的。

2. 道具选择要能恰当地抒发情感

在进行道具选择时，要依据作品的内容和人物情感表达的需要来选择合适和有助于该情感抒发的道具。在编排的过程中时刻谨记，排舞用的道具是人物塑造和情感抒发的辅助，道具的主要作用是用来推进故事情节的发展，同时更好地抒发人物的情感，而不

只是一堆没有意义的动作的堆积。所有的着力点在于作品主题的表现、人物形象的刻画、人物情感的表达。所以，在后面的编排过程中，都应以此为原则。所有的一切都为作品的主题服务。

**3. 道具选择要符合其语言性要求**

道具能帮助设计"构思"。这是一种能吸引观众注意力，给他们充当参照物的有功效的物质性装置。它能将编导的意图最直接地体现出来，它使"构思"具体化。换言之，道具体现的是编创者的构思。由于人自身及其价值追求的多样性，在情感的表达和人物塑造方面也会存在多样性，因此表达的方式和途径也要以人为准。

## 第三节　创编过程

### 一、确定编排的目的任务，了解对象的基本情况

不同类型的排舞，其侧重点不一样。例如，排舞和竞技排舞不一样，因竞技排舞的编排必须了解和掌握比赛规则的要求。除此之外，还要调查使用者的年龄、特点、身体状况、训练水平等，以便确定曲目的任务。

### 二、初步构思，拟定编排方案

在确定了曲目的目的和任务后，应及时了解国内外排舞的发展水平和趋势，根据当前流行的创新动作、音乐旋律、组合结构和规则要求以及使用者的水平等，初步设计一套排舞的总体方案，特别应注意要确定自己的独特风格，尤其是设计的舞蹈动作应有一个明确的主线和统一风格。

### 三、按照编操方案、原则和动作要求编选和设计各节动作

在了解和掌握国内外动态的基础上，编排者借鉴其他各种形式的舞蹈动作进行综合提炼和再创造，确定出该套操的核心动作，同时要注意全套排舞动作分布的对称性。这样一套排舞不仅使人感觉协调，而且还保证了身体各部位均衡地全面发展。

### 四、确定编排和组织成套动作的顺序

（一）创编单个动作

单个动作是排舞的基础，也是构成一套完整排舞的要素。单个动作选择的好坏影响到整套排舞的质量。单个动作有发展身体各项素质的动作、活动身体各关节及部位的动作、适合不同性别和年龄的各类动作。根据曲目的风格来创编单个动作，针对不同阶段，根据个体的运动规律，用正确的动作来影响身体的某个部位。单个动作应考虑动作

的合理性与艺术性，应选用美观大方、幅度大、锻炼效果好的动作，而不应把注意力放在单个动作的细微之处或者创编细节过多的动作。

（二）创编组合动作

小段动作组合就是把单个动作有机地连接起来，按照一定的规律把编好的动作连在一起，使小段动作的连贯性、顺延性、可记忆性都得到体现。把小段动作创编成有生命力的动作连接，充满韵律的段落表。让连接成段的动作更加体现单个动作属性，增进单个动作的锻炼效果，而对一首排舞曲目来说，某一个阶段就可以创编一个小段动作组合。小段动作组合的创编要注意动作由简到难的顺序，让单个动作有一定数量的重复。

（三）创编成套动作

创编曲目动作之前，要先选好曲目动作的音乐，根据一首曲目动作的几个阶段选好音乐，通过剪辑把各段音乐连接在一起，然后听音乐记下各段落音乐的节拍和音乐的变化。有了音乐的节拍就可以根据音乐的情绪按节拍来创编动作，有多少个八拍就创编多少个八拍的动作，让动作与韵律同步，尤其要注意动作有变化时应选择在音乐有变化的地方，让音乐与动作有机地结合。既做到让动作演绎音乐的内涵，又让音乐烘托动作。整个动作力求给人以丰富的视觉效果，体现造型美，编排新颖独特，又具有锻炼价值。

**五、音乐的选择与剪辑**

排舞的配乐方法一般有三种，一是先编动作，后选乐曲；二是先选乐曲，后编动作；三是先编动作，后创编乐曲。这三种方法须根据具体情况和条件来选择，使动作和音乐配合默契、和谐，显示出独特的风格。但在一般情况下，排舞音乐是通过挑选、节录现成的音乐作品而来的。在录制音乐时，首先要保持乐曲的完整性和风格的统一性，不能将乐曲剪辑得支离破碎，要强调旋律的完整性。而不单是为追求时间、节拍上的同步，把两种风格的曲子硬性拼凑，这会大大损害成套动作的艺术效果。要做到这一点，编者必须在考虑动作结构和规律的基础上，充分理解音乐的结构，使音乐的情绪与动作的特点相吻合。在音乐剪辑技术处理时，一定要注意衔接处乐段的完整性，补接音乐一定要与动作的段落协调配合，前后主旋律要一致。节录时不一定要等全曲结束，可根据需要在某一乐段完结时补接，补接的音乐应是某乐段的开始，这样加工制作出的音乐才自然、和谐、完整。

**六、反复实践、调整与修饰加工，最后确定套路动作**

在这段时间中，一般采用的步骤为实践—分析—调整—再实践—再分析调整—确定排舞曲目动作，是一个不断反复的过程，一般从以下几个方面进行检查修改。

（1）检查每个组合之间的衔接与过渡是否自然巧妙，能否跟上节拍，有无不必要的重复。

（2）检查音乐和节奏是否与动作协调一致，是否符合年龄特征。

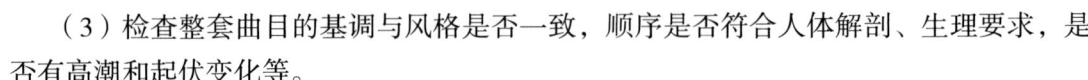

（3）检查整套曲目的基调与风格是否一致，顺序是否符合人体解剖、生理要求，是否有高潮和起伏变化等。

（4）通过动作中或运动后心率指标的测定，检查是否符合预定目的，如对练习者不合适，应予调整。

### 七、记写成套动作

记写成套动作的过程，是正确地运用术语和图形，表达创编意图和要求的过程。要写出各节动作的名称、节拍、做法及动作重复次数。动作说明要简洁扼要，术语正确，突出动作做法与特点，并要绘制出动作简图，应包括开始姿势、每拍动作的姿势、动作路线和结束动作，使之生动形象、便于记忆，并且利于推广。

# 第九章

# 排舞运动的训练

## 第一节 运动训练计划概要

运动训练是为提高运动员的竞技能力和运动成绩，在教练员的指导下，专门组织的有计划的体育活动。运动训练既是竞技体育的组成部分，也是实现竞技运动目标的最重要途径。

运动训练计划的制订与实施，是运动训练过程的中心环节，贯穿于教练员与运动员的全部训练实践活动，运动训练计划的制订，可以使训练目标清晰化、具体化；认识行动一致化、高度化；训练过程程序化、控制化。

## 第二节 运动训练内容

### 一、身体素质训练

（一）非专项身体素质训练

运动员注重采用非专项的运动项目练习促进运动水平的提高，进行一定程度的有氧练习来提高运动员的耐力、力量以及灵敏与协调等身体素质。如进行一定的长跑、短跑、跳跃等活动来提高运动员的耐力、力量、灵敏等身体素质。

（二）专项身体素质训练

采用在技术结构上近似于基本运动技能的动作和能提高运动素质新水平的专门动作作为专项素质训练的手段。根据排舞项目特点和要求采用专门的手段方法去练习和发展，是衡量训练水平和运动能力的标准之一。

### 二、技战术训练

（一）技能

技能主要表现为空间判断准确，对身体姿态控制的能力强，能够熟练掌握各种专门器械以及与同伴的协调配合。技术训练是排舞训练的核心组成部分，占有很大的比重。

主要包括基本动作和难度动作的训练。其中基本动作训练贯穿于运动员多年训练及各年度训练的全过程，基本动作内容要选准、选精和照顾全面。而难新动作的教学训练过程也更加精细并分阶段依次实施；规定性动作又具有很强的时间特点，需要运动员尽快掌握；在自选动作的训练中，要注重扬长避短。

（二）战术

在战术运用上，主要体现在动作编排上的扬长避短、动作的合理布局等方面，战术训练是排舞训练的升华，所占比重也很大。如何在规则允许的范围内进行身体动作、上肢动作、队形变化、空间利用、情景设计等方面的编排，发挥想象力和创造力，以最具创意的方式呈现舞蹈作品，赢得优异的比赛成绩，是排舞战术部分的要求。在训练过程中，要充分了解规则要求，灵活运用规则对舞蹈进行编排。

### 三、心理训练

由于专项竞技的特殊性，排舞运动员心理训练越来越得到人们的重视。主要目的是调节运动员心理状态，为取得优异成绩而进行各种必要的心理准备。采用的主要方法有念动训练法、模拟训练法和自我调节法等。除此以外，树立运动员团队意识与体育道德精神品质也是心理训练的重要内容。

### 四、艺术表现能力训练

目前排舞的表现形式有三种，即：单人舞、双人舞、集体舞，其在艺术表现形式上为：

（一）单人舞

单人舞，由一个人表演完成一个主题的舞蹈，多用来直接抒发人物的思想感情和揭示人物的内心世界。

（二）双人舞

双人舞，由两个人共同表演完成一个主题的舞蹈，多用来直接抒发人物的思想感情的交流和展现人物的关系。

（三）集体舞

集体舞，由3个以上舞者完成的舞蹈均可称为集体舞，表现某种情节或塑造群体的形象，通过舞蹈队形、画面的更迭变化和不同速度、不同力度、不同幅度的舞蹈动作、姿态、造型的发展，能够创造出深邃的意境，具有较强的艺术感染力；排舞艺术表现能力训练多以舞蹈训练为主培养形体表现力，让运动员按不同节奏完成动作和根据音乐内容做即兴表演，以培养动作节奏感和表演能力。

其中，单人重点在于个人技能和表现能力训练；双人除单人所具能力外还应注重双人配合技巧和表达；集体舞除以上要求外应注重队列队形的编排和整体的配合。

### 五、舞蹈风格训练

要做到对舞蹈风格演绎的准确把握，需要教练员对不同舞蹈风格的特点和动作特征有着清楚准确的认识，具体方法为：

（1）掌握不同类型排舞的动作特点，如：平滑类排舞，要求平稳、滑动、身体重心无起伏。

（2）牢固不同舞种的基本技术动作，如：脚的技术、地板技术、身体技术。

（3）把握不同舞种的风格特点和表现形式，如：华尔兹表现优雅、恰恰表现热情活泼。

（4）情绪表达与舞台表现力呈现。不同音乐风格与主题，所传达的情绪和感情千差万别，含蓄、奔放、内敛等情绪的表达需要运动员通过肢体的演绎来进行传递。

## 第三节　运动训练周期计划实施

### 一、常规训练周期计划

常规训练周期可以分为一般训练阶段和专项训练阶段，每个阶段都有自己不同的阶段任务。

（1）一般训练阶段的任务是提高发展身体素质、舞蹈基础训练、练习舞蹈基本技术，逐渐增加负荷量和负荷强度。

（2）专项训练阶段的任务是重点提高舞蹈技术和舞蹈风格的运用能力以及专项运动素质，并且以逐渐增加负荷强度为主同时减小负荷量；常规训练期训练内容制订的主要依据，是对运动员起始状态的诊断和建立训练目标，确定这两项工作既是运动训练过程中与训练计划的制订并列的两个独立环节，其内容又是训练计划中不可缺少的重要组成部分。常规训练周期的时间安排以运动员的训练水平、比赛任务、项目特点以及多年、全年训练周期确定的数据为依据。

### 二、竞赛训练周期计划

竞赛期是训练周期的第二个阶段，是训练周期的重要组成部分。竞赛期的最终目的是巩固和提高运动员的专项竞技能力，做好充分的生理和心理准备，最大限度地发挥自己的已有水平，获得优异的运动成绩。竞赛期又分为赛前准备阶段和比赛阶段。

赛前准备阶段应注意做到：第一，采取各种措施（包括社会因素、训练因素、奖励机制等）恰当地激励运动员积极进取、开拓创新的动机。第二，安排适宜的专项练习，使技术掌握达到高度自动化。第三，安排好适宜的运动负荷，使运动员在比赛时的体能处于超量恢复阶段。比赛阶段应注意：（1）体能训练主要采用重复法；成套动作训练主要采用完整法，结合比赛法，以便综合发展与运动竞赛密切相关的体能、技能和运动心理能力；（2）要注意组织好比赛期间的训练，对运动员的竞技状态进行积极的调整，充分利用短暂的赛间间歇，力求短时间内采取有效措施改善相关方面，以获得新的训练效应。

# 应用篇

第十章　　国内排舞竞赛规则

第十一章　　国际排舞竞赛规则

第十二章　　排舞原创作品创编与赏析

# 第十章

# 国内排舞竞赛规则

排舞运动充满了吸引力，灵动的舞姿，变幻的脚步，吸引了来自全球各地的舞者参与其中，排舞运动的各类比赛随之蓬勃兴起。为了保证排舞比赛的公平、公正、客观、规范，排舞运动的竞赛规则应运而生。随着时间的推移，排舞运动的竞赛规则在不断的更新、修正中日益完善。本章介绍当前通行的排舞运动竞赛规则。

## 第一节　竞赛组别

一、学校部

（一）学生组

1. 幼儿组（＜7岁）

（1）男童星组；

（2）女童星组；

（3）混合组。

2. 小学生乙组（1～3年级）

（1）女生组；

（2）男生组；

（3）混合组。

3. 小学生甲组（4～6年级）

（1）女生组；

（2）男生组；

（3）混合组。

4. 中学生乙组（7～9年级）

（1）女生组；

（2）男生组；

（3）混合组。

5. 中学生甲组（10～12年级）

（1）女生组；

（2）男生组；

（3）混合组。

6. 职业中专组

（1）女生组；

（2）男生组；

（3）混合组。

7. 高职高专组

（1）女生组；

（2）男生组；

（3）混合组。

8. 普通院校组（含独立学院、职业学院）

（1）女生组；

（2）男生组；

（3）混合组。

9. 专业院校组（含体育学院、艺术院校组）

（1）女生组；

（2）男生组；

（3）混合组。

10. 特教学校组

（1）轮椅公开组；

（2）智力残疾组；

（3）听力残疾组；

（4）融合组。

（二）师生组（学生比例为40%～70%）

（1）幼儿组；

（2）小学生乙组；

（3）小学生甲组；

（4）中学生乙组；

（5）中学生甲组；

（6）职业中专组；

（7）高职高专组；

（8）普通院校组（含独立学院、职业学院）；

（9）专业院校组（含体育学院、艺术院校组）。

（三）教师组

教师组由大中小学教师组队参加。

## 二、职工部

（1）行业体协（青年组、中年组）；

（2）产业工会（青年组、中年组）；

（3）机关工会（青年组、中年组）。

注：（1）行业体育协会：主要由政府创立或经政府倡议，在行业内部由工会组织发起并建立，体育总局为其业务指导部门。就其性质而言，行业体育协会大部分是依据自愿原则建立，并在民政部门登记注册的具有社团法人资格的非营利性组织。

（2）产业工会：相同的产业、公司、团体等旗下的个别工会所合并、共同参与的上一级工会组织。

（3）机关工会：是指在部、局等机关工作的人员中成立的工会组织，行政单位的工会一般属于机关工会范畴。

## 三、社会部

（1）青年组；

（2）中年组；

（3）常青组。

## 四、家庭组

家庭组即以家庭为单位组队参加。

## 五、精英级

精英级即以专业人士为主要成员组队参加。

## 六、其他说明

（1）青年组（平均年龄18～35岁）；

（2）中年组（平均年龄36～50岁）；

（3）常青组（平均年龄51～65岁）。

（4）以上组别为平均年龄，计算方式（遇小数点四舍五入）：

年份 － 身份证上标注的年份 = 实际年龄

全部队员实际年龄之和 / 人数 = 平均年龄

## 第二节 竞赛项目及人数

一、竞赛项目

（一）单人项目

（1）初级男生组；

（2）初级女生组；

（3）中级男生组；

（4）中级女生组；

（5）高级男生组；

（6）高级女生组。

（二）混双项目

（1）华尔兹；

（2）夜总会；

（3）恰恰；

（4）桑巴。

（三）集体项目

（1）规定；

（2）自选：①平滑，②律动，③升降起伏，④古巴，⑤街舞，⑥舞台，⑦民族，⑧曳步舞。

注：曲目风格以中国蹦床与技巧协会排舞分会公布的为准。

（3）串烧：

①初级串烧（两首初级曲目串烧）；

②中级串烧（三首中级曲目串烧）；

③高级串烧（三首高级曲目串烧）；

④民族采风。

（四）原创项目

1. 初级原创

至少含4个排舞舞步，拍数在32～48拍之间，旋转不超过180度，间奏不超过一个八拍。

2. 中级原创

至少含8个排舞舞步，拍数在64拍以上，旋转不超过360度，四个八拍及以上间奏。

3. 高级原创

至少含12个排舞舞步，拍数在96～128拍之间，旋转450度以上，可有连续&拍动作，允许地面翻滚或小技巧动作，多个组合、间奏及段落重复。

（五）开放项目（表演形式不限）

（1）年龄组；

（2）公开年龄组。

## 二、参赛人数

集体项目：

（1）小集体6～12人（含12人）。

（2）大集体13人及以上。

①原创项目：人数不限；

②开放项目：12人及以上；

③家庭组：2人以上。

# 第三节 裁判组的组成

排舞竞赛的裁判组是排舞竞赛至关重要的组成部分，决定了整个比赛的布局和走势。裁判组有多种分组，通常来说，排舞运动竞赛的裁判组由大会组委会、仲裁委员会、裁判委员会3个部分组成，每个组成部分承担不同的工作内容。

## 一、大会组委会

大会组委会是排舞竞赛的前期组织策划以及具体承办者。主要由主办、承办和协办单位的相关领导、工作人员及各参赛队领队组成，主要负责大会的组织、宣传、竞赛及后勤保障工作。排舞竞赛的组织宣传是重要的一部分，而后勤保障工作更是排舞竞赛不可或缺的一部分，保证了排舞竞赛的顺利开展。

## 二、仲裁委员会

仲裁委员会是一个极具权威的委员会，由本项目的专家和官员组成，一般为3～5人，负责监督裁判组工作，并按规则和规程等有关规定对比赛中发生的争议作出裁决。提出申诉的单位，在递交申诉报告的同时，还需要缴纳申诉费，胜诉者退还，败诉者不退还。仲裁委员会的裁决为最终裁决。因此，对比赛结果有异议的参赛选手和组织要谨慎申诉仲裁。

## 三、裁判委员会

裁判委员会具有一定的规模，其成员数量不亚于每一支参加排舞竞赛的队伍，不同规模的比赛具有不同规模的裁判委员会。

联赛总决赛、全国冠军赛、全国锦标赛裁判委员会组成为：高级裁判组 5 名、总裁判长 1 名、副总裁判长（高级裁判）2 名和裁判员 10 名［其中舞步裁判 2 名、艺术裁判 4 名（风格裁判 2 名、编排裁判 2 名）、完成裁判 4 名］、记录长 1 名、记录员 2~3 名（负责成绩打印、分发、张贴等）、检录长 1 名、检录员 3~4 名、放音员 1~2 名、计时员 1 名、宣告员 1~2 名、证书组 2~3 名。全国联赛分区赛、各省级比赛裁判委员会参照总决赛设置要求，也可根据比赛规模的大小适当增减裁判人员。但大多数的人员都是固定的，以便于整个竞赛结果的判定。

### 四、裁判员资格

排舞竞赛中除了参赛者和观众以外，最重要的便是裁判员了，裁判员的质量和数量是决定排舞竞赛走向的关键。

（1）担任排舞比赛的裁判员必须参加过由国家体育总局体操运动管理中心和中国蹦床与技巧协会排舞分会共同举办的排舞裁判培训，考试合格并取得相应的等级证书；

（2）裁判员须熟悉比赛范围内所有曲目的舞步和音乐；

（3）裁判员须精通评分规则，熟悉竞赛规程，遵守裁判纪律，在评判过程中秉承"严肃、认真、公正、准确"的方针，做到独立评分。

排舞裁判员等级证书与各种专业证书一样，须得到国际认证，是具有一定公信力的实用证书。

### 五、裁判员职责

（一）高级裁判组/总裁判长工作职责

高级裁判组/总裁判长是一场排舞竞赛中不可或缺的角色。其在排舞竞赛中的工作有许多，一般包括：

（1）全面负责竞赛裁判工作：检查赛前各项准备工作，参与处理比赛中出现的重大问题；

（2）管理裁判员队伍：组织裁判员业务学习、考试，根据考试结果决定裁判员是否具有执裁资格，并确定裁判员分工，指导裁判员观看赛前训练；

（3）主持技术会议：安排竞赛事宜，与参赛队沟通，按规则和规程解释相关问题；

（4）监督和管理裁判员进行公平、公正、独立的评判，当评分出现严重偏差时，有权做出适当调整；

（5）调控比赛进程，发出运动员入场信号，对裁判员、教练员、运动员干扰比赛进程的不正当行为，有批评、教育、警告和建议取消比赛资格的权利；

（6）审核并宣布最终比赛成绩；

（7）做好竞赛工作总结。

（二）裁判长/副总裁判长工作职责

裁判长/副总裁判长对于排舞竞赛结果的把控同样非常重要，其主要工作内容与总裁判长相似，比较而言，总裁判长需要更多关注总体的把握，需要具有大局观，副总裁判长协助总裁判长做好各项工作，具体工作包括：

（1）协助总裁判长做好竞赛工作；

（2）协助裁判长负责检查场地、宣告、音乐准备、组织编排和抽签等工作；

（3）检查记录的成绩登记，审核最后得分。

（三）裁判员工作职责

裁判员要熟知比赛规程和评分细则并严格把控，其主要工作包括：

（1）全面学习掌握比赛规程和评分规则，熟悉参赛排舞舞步；

（2）参加赛前裁判员学习，听从管理机构的指示，服从总裁判长的领导；

（3）按时出席赛前的全体裁判员会议，观看赛前训练；

（4）做好各项准备工作，比赛期间统一行动，不得随意和参赛队接触；

（5）执裁期间严格按照裁判纪律要求，注意仪容，姿态端庄大方；

（6）严格按规则准确、快速、客观、公正、合乎道德地评判。

（四）计时员工作职责

计时员对于排舞比赛来说十分重要，其主要工作是对参赛队比赛的起止时间准确计时，时间不足或超出须立即报裁判长。出现此类情况，表明该参赛队伍对于比赛时间的掌握不够，这会直接影响到参赛队伍的成绩。

（五）检录长和检录员工作职责

（1）召集参赛队伍，做好入场前期准备，确保开幕式、各场各项比赛按时顺利进行；

（2）组织领奖队伍，确保颁奖工作有序进行。

（六）宣告员工作职责

（1）在高级裁判组指导下进行赛前准备；

（2）临场介绍仲裁委员会人员、裁判委员会人员；

（3）在高级裁判组示意下宣告出场队伍，宣读裁判员评分结果和最后得分；

（4）介绍与比赛相关的知识和组委会指定的宣传材料。

（七）放音员工作职责

收集各队比赛用音乐文件，整理、核对、排序，准确播放各队音乐，并做好保管和退回（按需）工作。

（八）证书组工作职责

（1）在裁判长指导下根据比赛规模进行赛前证书准备；

（2）参加领队会，对秩序册中运动员、教练员和裁判员的姓名进行校对；

（3）主动和记录组对接，收集比赛单项成绩信息，及时打印各组别单项比赛获奖成绩证书；

（4）根据记录组提供的团体成绩准备团体成绩证书；
（5）根据竞赛组提供的特别奖获奖情况准备特别奖证书。

### 六、裁判员守则

（1）拥护中国共产党，热爱社会主义祖国，热爱体育事业，热心体育竞赛裁判工作；
（2）努力钻研业务，熟悉本项竞赛规则，严格履行裁判员职责，做到严肃、认真、公正、准确；
（3）作风正派，不徇私情，坚持原则，敢于开展批评与自我批评；
（4）裁判员之间相互学习，相互尊重，相互支持，加强团结；
（5）服从领导，遵守纪律，执行任务时精神饱满，服装整洁，仪表大方。

### 七、裁判员选派原则

（一）公开的原则

国家体育总局体操中心和中国蹦床与技巧协会排舞分会举办全国性排舞比赛前，要求排舞裁委会执委会制订裁判员的选派方法，并予以公布执行。对拟选定的裁判员进行赛前公示。

（二）择优的原则

根据比赛重要程度，优先选派技术等级高，具备良好职业道德，口碑好，在以往重要比赛中未出现过明显错判、漏判等重大工作失误的裁判员执裁。

（三）回避的原则

三分之一参赛单位对公示裁判员提出回避要求的，不得选派其担任裁判。

（四）均衡的原则

避免在同一赛事中过多选派来自同一注册申报单位的裁判员。

（五）就近的原则

举办全国性体育比赛，在同等条件下应优先就近选派裁判员担任裁判工作。

### 八、裁判员选派程序

（1）排舞裁委会执委会提出选派裁判员的等级、标准、条件和程序，推荐仲裁委员会成员、总（副）裁判长、赛事监督等人选，报国家体育总局体操中心和中国蹦床与技巧协会排舞分会批准。
（2）各参赛单位按比赛通知要求推荐裁判员人选。
（3）裁委会执委会对各单位推荐裁判员人员进行审核，将选用的裁判员名单报国家体育总局体操中心和中国蹦床与技巧协会排舞分会批准；裁委会执委会可在各单位推荐人选之外，补充推荐少量人选。

（4）国家体育总局体操中心和中国蹦床与技巧协会排舞分会公示拟选用的裁判员名单。

（5）各参赛单位可对公示名单提出意见，并可对公示的裁判员有条件提出回避要求。

（6）通过公示的裁判员应当于赛前与国家体育总局和中国蹦床与技巧协会排舞分会签订《国家体育总局体操中心全国性排舞比赛裁判员赛风赛纪责任书》，做到严格自律，遵纪守法，秉公执裁。

## 第四节　舞步、音乐及编排

### 一、舞步要求

（1）舞步方向：前奏结束，运动员面向裁判员完成一个方向的舞步段落后，方可改变舞步的方向；

（2）舞步风格：排舞基本舞步适用于不同风格，同样的舞步动作在不同风格曲目中应用不同的表现形式演绎风格；

（3）基本舞步：编排过程中，已经公布的基本舞步中出现的舞步必须清晰展示，可以改变方向、更换左右脚，舞步性质和节奏不能改变；

（4）舞步移动：队形变化或队员换位移动时，可利用方向、面的变化进行移动，也可以更换左右脚（更换左右脚时不能改变原舞步性质，如左脚海岸步可以转换为右脚海岸步），更换左右脚移动到位后，应立即恢复到与音乐所对应的原舞步。

### 二、音乐要求

（一）规定项目

（1）单人项目、混双项目的音乐，统一使用中国蹦床与技巧协会排舞分会公布的音乐版本，音乐时长为2'00″。

（2）集体规定项目的音乐，统一使用中国蹦床与技巧协会排舞分会公布的音乐版本，不得剪辑与拼接。

（二）自选项目

（1）以排舞历年推广曲目为限，不得选择本年度本组别的规定曲目以及排舞历年民族采风曲目；

（2）统一使用中国蹦床与技巧协会排舞分会公布的音乐版本，时长为原曲时间，不得剪辑与拼接。

（三）串烧项目

（1）音乐时长（音乐起至音乐结束）：

①初级串烧：2首曲目串烧的音乐时长为 3′00″ ~ 4′00″；

②中级串烧：3首曲目串烧的音乐时长为 4′00″ ~ 5′00″；

③高级串烧：3首曲目串烧的音乐时长为 4′00″ ~ 5′00″。

（2）要求音乐与舞步完整对应，音乐只能整段剪辑、组合、拼接，不允许拆分拼接，不允许改变音乐的速度和节奏。

（3）音乐连接部分可以有不超过两个八拍的音效处理，无节拍音效不得超过 10″。

（4）同一首音乐不得多次出现，除结束造型或动态退场。

（5）以排舞历年推广曲目和 UCWDC 本年度推广的高级曲目为限，不得选用本年度本组别的规定曲目。

（四）民族采风项目

（1）以排舞历年民族采风曲目为限；

（2）统一使用中国蹦床与技巧协会排舞分会公布的音乐版本，时长为原曲时间，不得剪辑与拼接。

（五）原创项目

（1）音乐时长不得超过 4′30″；

（2）音乐内容健康、积极，风格明显，前奏清晰易辨。

（六）开放项目

（1）音乐可以单曲也可由多首音乐组合串烧而成；

（2）音乐内容健康、积极，风格明显，前奏清晰易辨；

（3）音乐时长不得超过 6′00″。

三、编排要求

（1）编排应充分考虑舞步风格、场地、空间的使用，队员间身体接触的互动交流（运动员同时或依次完成）、连续方向的转换、集中与分散等整体视觉效果的呈现。

（2）在不改变曲目风格和音乐节奏的前提下，可对曲目的前奏（队员入场）、间奏和舞谱描述以外的上肢动作、舞步方向、队形等进行编排；所有项目的结尾部分可以有不超过 2 个 8 拍不同于原舞步的编排，3/4 节拍的曲目可以有 8 个 3 拍不同于原舞步的编排（含队员退场）。

（3）所有项目编排时，队形变化不得少于 5 次，串烧曲目每个单曲队形变化不得少于 5 次。

（4）成套动作中依次或交替完成动作时，不跳舞步的选手停止时间不得超过 8 拍，3/4 节拍的曲目停止时间不得超过 12 拍。

（5）特殊编排要求。

①单人项目编排。

a. 运动员只能在自己的区域内完成动作。

| 背景 | | |
|---|---|---|
| ④ | ⑤ | ⑥ |
| ① | ② | ③ |
| 裁判席 | | |

图 10-4-1

b. 单人初级项目不允许编排，须完全按照舞谱完成。

c. 单人中级、高级项目允许编排，要求如下：

（a）第一遍必须面向裁判完成一个方向舞步，第二遍的第一个 8 拍必须是完全按舞谱完成，第二遍的第二个 8 拍开始可以按完整的 8 拍形式进行改编，每次改编舞步只能以连续 8 拍形式出现，不得超过一个 8 拍，一个 8 拍以后必须回到与舞谱一样的内容；

（b）可以有地面动作，不得超过一个 8 拍。

②混双项目编排。

a. 运动员只能在自己的区域内完成动作。

| 背景 | |
|---|---|
| ③ | ④ |
| ① | ② |
| 裁判席 | |

图 10-4-2

b. 前奏结束，须面向裁判完成第一个舞步段落后方可改变舞步的方向，运动员在比赛中每次可进行不超过两个 8 拍的炫技展示，炫技不是指改编舞步和方向，而是应有技术技巧呈现；炫技内容应符合演绎曲目的风格；炫技结束后要接上原音乐对应的舞步动作，不得改编炫技之外的原有舞步。

③串烧项目编排。

a. 每首曲目之间的舞步衔接要流畅，动作过渡要自然。

b. 运动员在每首曲目衔接音乐后，必须面向裁判完成每首曲目的一个方向的舞步段落，如遇参赛曲目有 ABC 等多段动作，运动员可只向裁判完成任一段动作一个方向的舞步段落。

c. 串烧曲目中的每个单曲队形变化不得少于 5 次。

④原创项目编排。

a. 运动员在音乐前奏结束后必须完整完成原创曲目的全部内容（包括结尾动作），不允许有队形和方向的变换。

b. 必须符合排舞运动的项目特点和基本要求，围绕排舞八大风格进行，易于推广普及。

c. 必须包含所原创曲目对应风格的基本舞步。

d. 初级原创至少包含 4 个排舞舞步，拍数在 32 至 48 拍之间，180 度旋转以内，间奏不超过 8 拍。

e. 中级原创至少包含 8 个排舞舞步，拍数在 64 拍以上，360 度旋转以内，四个 8 拍及以上间奏。

f. 高级原创至少包含 12 个排舞舞步，拍数在 96 至 128 拍之间，450 度以上旋转，可有连续 & 拍动作，允许地面翻滚或小技巧动作，多个组合、间奏及段落重复。

g. 原创曲目必须注明风格、等级、创编用途；参加原创曲目的比赛需提交舞谱所需各项内容（包括音乐名、作者信息、前奏、舞步拍节、方向、舞序、启动脚等）。

⑤开放项目编排。

编排和表现形式不限，可融入舞台风格表演，需要有故事情节。

（6）安全规定。

①成套动作中不得出现抛接和空翻等危险动作；

②单人项目、混双项目炫技部分可以有表现个人能力，且符合曲目风格的技巧动作；

③前奏和结尾部分不得出现与曲目风格不符或超出个人能力的技巧动作。

（7）入场和退场。

①入场：参赛队可以选择动态入场或造型开始动作；

②退场：参赛队根据音乐可选择造型结束动作或在音乐伴奏下退场。

## 第五节　服装、服饰与场地

### 一、服装与服饰

（1）服装不得违反奥林匹克精神，不得出现反映宗教、暴力、色情等的元素，须符合道德规范和国际体育惯例。

（2）着装须符合排舞八大风格的服装特点，参赛服装与风格不匹配将被减分。

（3）带跟鞋要求安全，长裙下摆不得超过踝关节，在穿裙装时需穿长筒袜或紧身裤袜。

（4）可使用花纹贴纸，可以佩戴与表演相关的饰物。

（5）禁止佩戴珠宝、首饰、手表、手镯等私用物品。

（6）音乐类型为乡村音乐时（舞谱中会注明），男运动员必须戴牛仔帽、穿靴子，女运动员必须穿靴子。

（7）串烧项目在比赛过程中鼓励服装服饰变化，允许因成套动作风格演绎需要，将服装、服饰或道具有序放置地面。

（8）广告贴标规定。

①组委会有赞助商统一广告标贴规定的，按照统一规定执行。

②参赛选手赞助商的广告标贴，允许缝制在选手的服装上，不得超过4平方厘米。

③臂贴可以是方形或环绕手臂，宽度不得超过4厘米。

④印制在选手服装背面的广告，面积不得超过21×5平方厘米，成一线排列。

## 二、场地

（1）比赛场地为不低于16×16平方米的平整场地；

（2）裁判席设在场地的正前方（单人项目可采用裁判移动评分）；

（3）裁判席位置见表10-5-1。

表10-5-1 裁判席位置

| 记录员 | | 记录长 | | 裁判长 | | 宣告员 | 高级舞步 | | 仲裁席 | | |
|---|---|---|---|---|---|---|---|---|---|---|---|
| 高级综评2 | 综评1 | 综评2 | 舞步1 | 综评3 | 综评4 | 综评5 | 综评6 | 舞步2 | 综评7 | 综评8 | 高级综评1 |

裁判席

## 第六节 裁判员的评分方法

在排舞竞赛当中，裁判员的评分原则和方法决定了整个竞赛的结果，同时，也是评估参赛选手排舞水平的重要尺度工具，下面对评分方法予以介绍。

所有的排舞竞赛都需要裁判进行临场评分，这对于裁判员来说是一项不轻松的工作。裁判员需要准确判断项目的完成程度以及水平程度，精神紧张程度不亚于考试。所以一场排舞竞赛，不仅是对选手的考验，也是对裁判员临场评分精准程度的考验。

临场评分裁判由高级裁判组3名（高级综合评价2名和高级舞步评价1名）、普通综合评价裁判组8名、普通舞步裁判2名组成。

裁判员评分采用减分制。裁判员根据参赛队的场上表现进行减分，评分精确到0.01分。裁判员的评分去掉1个最高分和1个最低分，中间分数的平均分为裁判员评分，再减去总裁判长减分即为参赛队最后得分，最后得分精确到0.01分。

成套动作采用10分制，满分为10分，临场裁判员评分精确到0.01分。

### 一、普通裁判组

普通裁判组分为舞步裁判组和综合裁判组，分别对舞步以及整个舞台的综合表现做出正确的判断并给出相对应的准确分数，其中相对应裁判组的得分为评委评分的平均分，这两个裁判组的得分分别占普通裁判组得分的20%和80%。

（1）舞步裁判组：2 名舞步裁判评分的平均分为普通舞步得分。
（2）综合裁判组：8 名综合裁判评分去掉两个最高分、去掉两个最低分后的平均分为普通综合得分。

普通裁判组得分 = 普通综合得分 ×0.8+ 普通舞步得分 ×0.2。

## 二、高级裁判组

高级裁判组由 5 名成员组成。高级裁判组实行回避制。在每竞赛单元赛前半小时，抽签决定由 3 人执裁，其中舞步裁判 1 名，综合裁判 2 名。

（1）高级舞步组：1 名高级舞步裁判的评分为高级舞步得分。
（2）高级综合组：2 名高级综合裁判的平均分为高级综合得分。

但是高级裁判组分数一般不轻易介入使用，高级裁判组分数介入使用是有前提的。

高级裁判组分数介入使用的前提：以普通裁判组的普通舞步得分和普通综合得分为基准分数。如表 10-6-1 所示，在不同的分数区间，任意一项的基准分与高级舞步得分、高级综合得分之间会有一固定数值差，当等于或超过此数值差时，高级裁判组分数将介入。此时，取普通裁判组得分与高级裁判组得分的平均值。

表 10-6-1

| 基准分数（临场得分区间） | 固定数值差 |
| --- | --- |
| 9.5 及以上 | 0.2 |
| 9.0-9.49 | 0.3 |
| 8.0-8.99 | 0.5 |
| 7.0-7.99 | 0.8 |
| 6.99 及以下 | 1.0 |

## 三、总裁判长减分

为了维护排舞竞赛的客观性和公平性，总裁判长应对参赛队的一些行为进行介入和禁止。排舞竞赛应成为一个公平的、所有参赛者展示真实水平的平台，所以总裁判长一些必要的减分措施，可以对排舞竞赛形成一定的制约，防止一些违规行为的发生。

## 四、最后得分

由于高级裁判组的加入，会对于比赛结果产生很大的影响。同时，因为有高级裁判组的存在，所以最后得分要分两种情况进行讨论。

（1）高级裁判组分数不介入时，参赛队最后得分为：普通裁判组得分减去裁判长减分（如有）再加上裁判长加分（如有）；

（2）高级裁判组分数介入时，参赛队最后得分为：（普通综合得分加高级综合得分之和的平均分）×0.8+（普通舞步得分加高级舞步得分之和的平均分）×0.2，再减去裁判长减分（如有）并加上裁判长加分（如有）。

## 第七节　裁判员的评分原则

除了评分方法之外，决定排舞竞赛结果的还有裁判员的评分原则。评分原则包含诸多细则和方方面面的具体要求，对参赛选手提出了较为严格的限制。

### 一、成套动作评分内容

裁判员的评分内容由标准舞步、综合评判组成。针对现实的不同情况对每个参赛者给出客观的评分。

（一）标准舞步

标准舞步指与舞谱描述完全一致的舞步顺序和舞步动作。

（二）综合评判

1. 艺术编排

艺术编排指运动员通过教练员的编排设计，在不违反创编原则的基础上，在成套动作中为了达到艺术效果，通过服装、移动、风格表现、动作设计、场地运用等所展现出的创造性、多样性情况；任何表现种族歧视以及有宗教和暴力色彩的主题，都因不符合艺术宗旨应予反对和摒弃。

2. 完成质量

完成质量指运动员通过符合曲目风格的身体姿态，完成标准舞步、队形变化等教练员的编排设计的全部内容，将音乐、动作和表演融为一体的效果。

3. 整体评价

整体评价指裁判员在运动员完成全部动作后，综合完成质量、艺术编排、风格演绎、运动员的表演技巧等各方面所展示的效果，对运动员进行的整体评判。

### 二、舞步裁判评分

舞步评分（10分）：裁判对下列出现的错误进行减分：

表 10-7-1　舞步评分减分类型

| 评分因素 | 减分重点 | 减分细则 | 减分 |
| --- | --- | --- | --- |
| 基本舞步（6分） | 舞步错误（3分） | 规定舞步方向以外出现的舞步错误 | 0.1分/次 |

续表

| 评分因素 | 减分重点 | 减分细则 | 减分 |
|---|---|---|---|
| 基本舞步（6分） | 舞步错误（3分） | 移动过程中舞步出现错误 | 0.1 分 / 次 |
| | | 前奏后队员面向裁判完成规定方向舞步时出现错误 | 0.1 分 / 次 |
| | 拆分或颠倒舞步（2分） | 改变和拆分舞步 | 0.2 分 / 次 |
| | 节拍错误（1分） | 音乐节拍错误 | 0.1 分 / 次 |
| 舞步方向或循环（2分） | 规定方向或循环（2分） | 规定方向或段落展示时第一个8拍的1、2拍和最后一个8拍的7、8拍方向错误或有队形变化 | 0.2 分 / 次 |
| | | 未完成一个完整方向的舞步段落 | 1 分 |
| 版本错误（2分） | 音乐版本错误（1分） | | 1 分 |
| | 舞谱版本错误（1分） | | 1 分 |

## 三、综合裁判评分

综合评分（10分）：裁判对下列出现的错误进行减分：

表 10-7-2　综合评分减分类型

| 评分因素 | 减分重点 | 减分细则 | 减分 |
|---|---|---|---|
| 完成情况（4分） | 完成一致性（2分） | 成套动作不一致 | 0.05 ～ 0.2 分 / 次 |
| | | 队形不清晰 | 0.2 分 / 次 |
| | 整体完成质量（2分） | 上肢动作出现错误 | 0.05 ～ 0.2 分 / 次 |
| | | 明显的方向错误 | 0.2 分 |
| | | 同伴身体发生碰撞 | 0.2 分 |
| | | 摔跤，臀部或手臂着地 | 0.5 分 |
| 艺术编排（4分） | 服装服饰搭配（0.5分） | 服装服饰搭配与曲目风格不协调或格格不入，不能通过服装体现风格特点 | 0.1 ～ 0.5 分 |
| | 舞步编排（1分） | 编排中改变舞步节奏 | 0.2 分 / 次 |
| | | 编排中舞步停顿超过一个8拍或12拍（3/4拍） | 0.2 分 / 次 |
| | | 编排中不停顿跳其他舞步 | 0.1 分 |
| | | 结尾部分有超过2个8拍不同于原舞步的编排，3/4拍节的曲目有超过8个3拍不同于原舞步的编排 | 0.2 分 |
| | 队形编排（1分） | 未达到5次队形变化，队形变化须是形状发生变化，每少1次进行减分 | 0.2 分 / 次 |
| | | 没有队形变化时换脚进行移动 | 0.2 分 / 次 |
| | 场地空间利用（0.5分） | 场地、空间利用不充分 | 0.1 ～ 0.5 分 |

续表

| 评分因素 | 减分重点 | 减分细则 | 减分 |
|---|---|---|---|
| 艺术编排（4分） | 成套编排（1分） | 器械选择与曲目风格不符合 | 0.1～0.5分 |
| | | 音乐前奏、结尾部分的表演和曲目风格不符 | 0.1～0.5分 |
| | | 成套动作未作互动交流 | 0.2分 |
| | | 不合适的上肢动作编排 | 0.1～0.5分 |
| 整体评价（2分） | 风格演绎、表现力、感染力、成套表演效果（2分） | 完美 | 0.1～0.2分 |
| | | 优 | 0.3～0.4分 |
| | | 好 | 0.5～0.6分 |
| | | 一般 | 0.7～0.8分 |
| | | 较差 | 0.9～1.0分 |

## 四、具体项目特殊评分要求

### （一）单人、混双项目

单人、混双项目评分减分类型见表10-7-3。

表10-7-3 单人、混双项目评分减分类型

| 减分裁判 | 减分因素 | 减分细则 | 减分 |
|---|---|---|---|
| 舞步裁判 | 基本舞步 | 单人项目中级、高级曲目炫技后没有完成规定舞步动作 | 0.5分 |
| 综合裁判 | 完成情况 | 有意碰撞其他运动员 | 0.5分/次 |
| | | 身体失去平衡 | 0.2分/次 |
| | 艺术编排 | 未按照单人/双人项目要求编排的成套动作 | 0.2分 |
| | | 单人项目中级、高级曲目在比赛中没有改编舞步 | 0.5分 |
| | | 单人、混双项目的炫技内容与曲目风格不符 | 0.1～0.5分，最多1分 |

### （二）串烧项目

串烧项目评分减分类型见表10-7-4。

表10-7-4 串烧项目评分减分类型

| 减分裁判 | 减分因素 | 减分细则 | 减分 |
|---|---|---|---|
| 舞步裁判 | 舞步方向或循环 | 任意一首曲目中，未出现完成一个方向的舞步段落 | 1分 |
| 综合裁判 | 艺术编排 | 串烧曲目中的每个单曲队形变化不得少于5次，每少1次进行减分 | 0.2分/次 |
| | 整体评价 | 串烧曲目中采用八大风格中不同风格类别组合的串烧和同类别下不同风格组合的串烧在评判时，总体评价中应有0.2分的分差；选用高级曲目、中级曲目和初级曲目的数量有0.1～0.3分的分差 | |

### （三）原创项目

原创项目评分减分类型见表 10-7-5。

表 10-7-5　原创项目评分减分类型

| 减分裁判 | 减分因素 | 减分细则 | 减分 |
| --- | --- | --- | --- |
| 舞步裁判 | 舞步方向 | 完整型、组合型、间奏型、表演型原创曲目比赛时未做循环或未完成方向 | 1 分 |
| | 舞谱撰写 | 舞谱书写不规范 | 0.1 分 / 次 |
| 综合裁判 | 艺术编排 | 舞步创编须符合原创级别的数量要求，每少 1 个进行减分 | 0.1 分 / 次 |
| | | 曲目风格、选择舞步与音乐不匹配 | 0.1 ~ 0.5 分 |

### （四）开放项目

（1）开放项目应注重整体设计与表演，裁判员对出现的错误和不符合规则的编排进行减分；

（2）只有综合裁判分，舞步裁判分为满分；

（3）开放项目编排无故事情节，减 0.5 分。

## 五、总裁判长评分

总裁判长对表 10-7-6 中出现的错误进行减分。

表 10-7-6　总裁判长评分减分类型

| 减分原因 | 减分 |
| --- | --- |
| 出现不安全动作，如空翻、抛接等 | 0.1 分 / 次 |
| 出现违反规定的广告标贴 | |
| 暴露隐私部位、内衣等 | |
| 服装、服饰、头发散落、头饰、道具、鞋掉落等 | |
| 佩戴珠宝、首饰、手表等私用物品，改变音乐速度 | |
| 音乐时长不符合比赛要求 | |
| 参赛人数不符合比赛要求 | |
| 运动员比赛中途上、下场（开放组除外） | |
| 运动员不按要求着装 | |
| 参赛项目 / 组别 / 曲目选择错误 | 0.2 分 |

## 六、速记符号记写

速记符号记写见图 10-7-1。

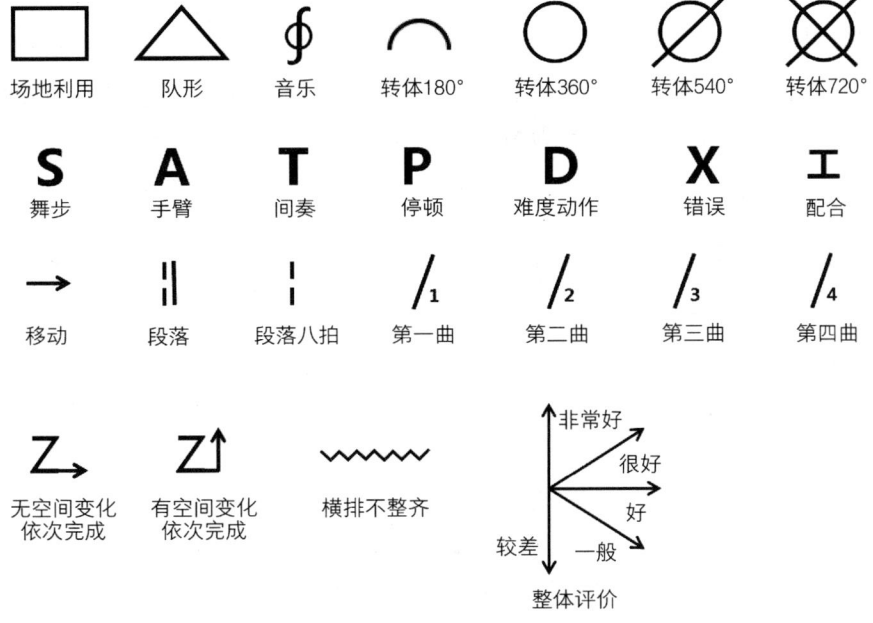

图 10-7-1　速记符号记写

## 第八节　违纪处罚、特殊情况及申诉处理

### 一、违纪处罚

（一）临场裁判员

1.违规违纪裁判员的处罚分类：

（1）警告；

（2）取消若干场次裁判执裁资格；

（3）取消裁判执裁资格1～2年；

（4）降低裁判技术等级资格；

（5）撤销裁判技术等级资格；

（6）终身禁止裁判执裁。

2.违规违纪裁判员处罚的程序：

（1）对裁判员的警告由比赛总（副）裁判长提出，提交仲裁委员会决定；

（2）取消若干场次（具体次数由裁委会执委会视情况商定）裁判执裁资格的处罚，由总（副）裁判长和仲裁委员会共同提出，经裁委会执委会同意并报国家体育总局体操中心和中国蹦床与技巧协会排舞分会批准；

（3）取消裁判执裁资格1～2年、降低技术等级资格、撤销技术等级资格、终身禁止裁判执裁的处罚由裁委会执委会和仲裁委员会共同提出，并报体育总局体操中心和中国蹦床与技巧协会排舞分会批准，同时通报该裁判员资格认证单位办理相关手续；

（4）对违规违纪裁判员做出取消若干场次裁判执裁资格以上处罚的，国家体育总局体操中心和中国蹦床与技巧协会排舞分会须事先通知被处罚的裁判员进行申诉的权利及相关事项。

3. 违规违纪裁判员的处罚条件：

（1）警告：在工作期间，不遵守裁判纪律的；经裁委会执委会或仲裁委员会认定在临场执裁中出现明显漏判、错判的。

（2）取消若干场次裁判执裁资格：在比赛期间有酗酒滋事等不良行为；在同一比赛中收到两次警告或未按规定主动提出临场回避的。

（3）取消裁判执裁资格1～2年：经裁委会执委会和仲裁委员会认定在临场制裁中出现明显漏判、错判等较大工作失误，造成不良社会影响的。

（4）降低技术等级资格：经裁委会执委会和仲裁委员会认定多次出现明显反判、错判或漏判等重大失误，造成较大不良社会影响的。

（5）撤销技术等级资格：经裁委会执委会和仲裁委员会认定多次出现异常反判、错判或漏判等重大失误，比赛场面严重失控，造成恶劣社会影响的。

（6）终身禁止裁判执裁：经纪检监察部门或司法机关查实参与假赛黑哨、暗箱交易、操控比赛、收送钱物等非法行为的。

（二）参赛运动队（员）

1. 违规违纪运动队（员）的处罚分类：

（1）警告；

（2）通报批评；

（3）停赛若干场；

（4）取消比赛资格；

（5）取消成绩与名次。

以上各项处罚可单独或合并执行，其他纪律处罚由主办单位或竞赛组委会根据情况给予相应处罚。

2. 违规违纪运动队（员）的处罚条件：

（1）凡运动队（员）在赛区、训练中有违纪或严重违反有关规定的行为；侵害赞助商权益，并造成不良影响者，经竞赛组委会、比赛监督报告并经资格和纪律监督委员会核实，给予通报批评、停赛若干场，直至取消参赛资格的处罚；

（2）比赛中，凡对对方运动队（员）或其他人员出现侮辱性或暴力性违纪行为者，临场裁判员有权立即制止或罚出场外，视其情节，可做出通报批评、取消成绩的处罚；

（3）在赛区期间运动员禁止吸烟、饮酒，第一次发现给予警告批评；第二次发现给予通报批评，直至取消比赛资格；

（4）运动队（员）资格不符合规定的，经资格和纪律监督委员会认定，取消该运动队（员）比赛资格；

（5）在比赛开始前认定取消比赛资格的，不予补报换人；

（6）在比赛中取消比赛资格的，个人项目已取得的成绩、名次亦被取消；集体项目凡有被取消比赛资格的运动员上场参加的比赛场次，按人次减分，3分/人，不予补报换人；

（7）无论出于何种原因，运动队（员）在场上不服从裁判裁决的，在裁判员宣布继续比赛后，仍不恢复比赛，致使比赛延误或中断超过10分钟的，即判为罢赛。对罢赛运动队（员）将视情节取消所有比赛成绩；

（8）运动队（员）在比赛结束后出现拒绝退场、拒绝领奖的行为，其处罚等同于罢赛。

## 二、特殊情况

运动员遇到以下特殊情况时，应立即停止做动作并向总裁判长反映，在问题解决后重做，在曲目音乐结束后提出的要求将不被接受。

（1）音乐播放错误。

（2）由于音响设备而出现的音乐问题。

（3）由于设备问题而出现的干扰，如灯光、舞台、会场等。

（4）参赛队伍确认报名后原则上不得更换参赛选手。确因伤病或特殊情况需更换，必须在赛前24小时内持医院（医生）证明提出申请，由竞赛组委会同意并报裁判组确认后方可更换。

## 三、申诉

（一）申诉流程

（1）运动队在本队比赛结束后5分钟内提出口头申诉，并在仲裁受理口头申诉后20分钟内，以书面形式（领队签字）将申诉材料和申诉费由领队通过裁判长转交仲裁委员会；

（2）运动队在本次比赛期间申诉费用第一次1000元，第二次600元，第三次及以上400元，胜诉者退还，败诉者不退还。

（二）申诉内容

（1）运动队只能对本队舞步裁决提出申诉；

（2）运动队关于非本队原因产生的裁判长减分可进行申诉，经鉴定确认证实非本队原因，裁判长减分无效，恢复原成绩；

（3）比赛期间有关运动员资格申诉，可向竞赛委员会提交经参赛队领队签字的书面申诉报告；

（4）运动员资格的最终裁决和处罚权属于竞赛资格审查委员会。

### （三）申诉处理

（1）仲裁委员会根据全国排舞竞赛管理办法进行裁决，判定裁判员正确的，运动队必须坚决服从，所交申诉费不退回；如果判定属于裁判员错误的，仲裁委员会可视情况将处理意见反馈总裁判长，由总裁判长对裁判员进行教育或处分，对错误情节严重的裁判员可取消其比赛执裁资格并报组委会另行处理，并由仲裁委员会责成高级裁判组提出最终修改意见，运动队所交申诉费全额退回。

（2）报到后至开赛前未能通过参赛资格审查（包括替换申请未能在领队会通过）的运动员，取消参赛资格并不得替换。

（3）比赛后发现有违反参赛资格的运动员，取消有关项目比赛成绩（集体项目取消全队成绩）并收回所获证书和奖励。

（4）违反规定情节严重的单位、运动员（队），将进行公开通报批评，并按有关规定处理。

（5）仲裁委员会对比赛期间受理的申诉，应及时作出裁决。

## 第九节 国内规则演变分析

（1）加重了艺术编排的分数；

（2）道具及服装使用更加自由；

（3）串烧项目要求按级别选曲目，需要对不同风格进行串烧；

（4）互动交流为必须完成的要素。

注：本章内容主要参考国家体育总局体操运动管理中心蹦床与技巧协会排舞分会编写的《2021—2024 年排舞教练员、裁判员培训理论知识教材》。

# 第十一章

# 国际排舞竞赛规则

## 第一节 UCWDC 国际排舞竞赛介绍

### 一、UCWDC 的历史

1989 年 11 月，21 位舞蹈协会负责人在美国宾夕法尼亚州的格兰特维尔举行会议，宣布成立西部乡村舞蹈协会联合体（United Country Western Dance Council，UCWDC）。会议成员一致认为，应该建立一套竞赛规则，能在一个标准下进行比赛，确保参赛者能在公平、公正的条件下进行比赛。在这次会议中，主要参照的是北美竞赛规则。经过集体讨论，确定了在世界范围内 23 项西部乡村舞蹈联合体的比赛项目（21 个协会，23 项比赛，基本保证每个协会有一项比赛）。整个讨论持续了近 24 小时，直至基本定稿。所有项目的比赛都按照规则的比赛程序、评分方式进行。UCWDC 批准、促进、发展、展示乡村舞蹈比赛，每年对做出成就的组织者和舞者给予表彰。

### 二、UCWDC 的宗旨

UCWDC 的宗旨是发展乡村西部舞蹈和排舞，将其作为一种健康和有趣的追求、社会活动、艺术形式和世界范围内的竞技体育。

### 三、排舞规则

（一）排舞赛季

一年为一个赛季，一个赛季的计算是从今年的 1 月 16 日开始，到明年的 1 月 15 日截止。（解析：赛季对我们排舞者来说是个新名词，实际它是推出新人、激励新人参与的重要手段）。

1.赛季资格

每位排舞舞者的赛季资格计算实际是 2 个赛季，即上赛季 + 本赛季。（比如，2019 年 10 月 3 日的比赛，他的赛季资格应该是 2017 年的 1 月 15 日到 2019 年的 10 月 3 日）。

2. 舞蹈类型

排舞比赛只有一种类型，那就是排舞。

3. 性别要求

（1）在分组表中，每位比赛者应该在登记表中填写性别。

（2）排舞比赛必须男、女有别。创编比赛不分男女。特殊情况下，允许男女一起比赛，但成绩需分开。

4. 年龄要求

（1）年龄是以整个赛季来确定，而不是以生日来确定。年龄的计算是以赛季的最后一天为准。

（2）18岁以下都称为少年Juniors。少年组又分：

①少年Primary（不足10岁，相当于我们的幼儿组和小学低年级组）。

②少年Youth（10至14岁，相当于我们小学中、高段年级组）。

③少年Teen（14岁以上至18岁，相当于我们初、高中组）。

④少年Rising Stars（14岁以上至21岁以下，在少年组中增设一个希望之星组，鼓励少年多参加比赛，不至于达到最高级冠军后无法参加比赛）。

（3）18岁以上都称为成年组Adult。成年组还有下列三条规定：

①公开组Open（只有成年组才有）。

②超级明星组Super Stars（只有成年组才有）。

③有年龄限制Age-Restricted组别的比赛，只要他们符合这个年龄段要求，可以自行选择。下面是年龄限制组的一些要求：

a. 水晶组Crystal，年龄必须在30岁以上。

b. 钻石组Diamond，年龄必须在40岁以上。

c. 超级明星组+Super Stars Plus，年龄必须在35岁以上。

d. 皇冠组Crown，年龄必须在40岁以上。

e. 皇冠组+Crown Plus，年龄必须在55岁以上。

f. 银子组Silver，年龄必须在50岁以上。

g. 金子组Gold，年龄必须在60岁以上。

（解析：实际少年组报名参加的人很少。所以很少有地区赛设这个组别。而对老年组分得特别细，主要目的是鼓励更多人来参与比赛，也能体现出比赛的公平。）

5. 水平分组

有些特别的分组可参见UCWDC网站中的具体规则。

（1）排舞师生组（解析：这是为师生同台比赛设立的组，这个组别在国际标准舞中也有。比赛不排名次，只设奖项。也可根据排舞比赛需要设置夫妻组、母女组等。）

①新人；

②初级；

③中高级。

（2）排舞水平分组（解析：排舞分了水平组后，第二个赛季参赛者就不能参加原来组别的比赛，只能参加上一个组别的比赛。)

①社会组 Line Dance Social；

②新人组 Classic Newcomer；

③初级组 Classic Novice；

④中级组 Classic Intermediate；

⑤高级组 Classic Advanced；

⑥展示组 Showcase。

（3）提升级别组（这个组别必须由低往高，一级级往上升。如今的排舞大师们很多是从这个组别脱颖而出的。由于长期参加比赛，积累了丰富的舞蹈经验，也使排舞爱好者能更了解他们）。

①超级明星组（和超级明星+：参加过5次超级明星组的比赛和2次超级明星+的比赛）。

②上升之星组。

③皇冠组（和皇冠组+：参加过5次皇冠组比赛和6次皇冠组+的比赛）。

（4）排舞创编比赛（不分年龄）。

①乡村音乐初级创编组 Choreography County New/Nov；

②非乡村音乐初级创编组 Choreography Non-Country New/Nov；

③乡村音乐中高级创编组 Choreography Country Int/Adv；

④非乡村音乐中高级创编组 Choreography Non-Country Int/Adv；

⑤段落排舞创编组 Choreography ABC。

6. 分组要求

有时，在分组时会出现交叉现象。具体该怎么分组，参见 UCWDC 的详细规则。

（1）如果你已参加过 UCWDC 或其他比赛，就不能参加新人组以下组别的比赛。凡参加过比赛的人都不能参加最低级别 Social 组比赛。

并不是非得从最低组别开始参加比赛。只要你符合资格，可以任选一个组别参加比赛。但不能用同一支舞参加两个组别的比赛。

（2）当你转换了舞蹈类型（即这种风格舞蹈你以前没有比过）或缺席了一个赛季比赛，你可以参加降一级组别的比赛。一旦你参加了 UCWDC 总决赛，那你以后就不能降级别参加比赛。

（3）如果你在展示组获得了名次，那下一赛季必须参加经典高级水平组的比赛。不能直接参加超星组、新星组、皇冠组比赛。这三个组别的参赛者只能由下一级别升上来。

7. 对各组别的规定

（1）对凡带有 class 组别的要求。

①比赛的舞谱，包括舞蹈名称、创编者、节拍、面、节奏和视频都会在比赛前的两个月在官方网站发布。师生组除外，老师可以选择自己的舞蹈。social组，即地方组织的排舞比赛，可以自选排舞。但也必须提前两个月在互联网上发布。如果舞谱和视频有差异，以视频为准。

②比赛必须播放舞谱中指定的歌曲。

③比赛者在场地中相对隔开距离和交叉站位。比赛按创编者编舞的方向进行。比赛开始可以用计数提示。

④比赛选手必须遵守以下规则：

a.选手第一遍必须按舞谱描述步伐进行，不能有任何变化。如果是段落排舞，所有段落的第一遍必须按舞谱描述步伐进行。

b.选手在整个舞蹈比赛中，前面二个8拍还是不能有变化，需按照舞谱进行。变化也只能在两个8拍中进行，变化不能超出2次。变化需与音乐吻合且方向不变。

⑤这个组别的动作限制（除非舞谱中有这些动作）：

a.技巧：单脚尖转、坐在地板上、躺在地板上、在地板上做桥动作、慢速原地转、劈叉等。但超星组、新星组、皇冠组不包括在内。

b.托举跳和离地拉转是不允许的（这主要出现在双人组中）。但超星组、新星组和皇冠组不包括在内。

c.慢拍中的旋转不能超过360度。但超星组、新星组和皇冠组除外。

d.音乐前奏时，选手可以用肢体呈现音乐情感，但必须在原地进行。

e.比赛中，允许选手使用手、手臂、面部表情、身体造型，也可利用裙子、帽子。

f.新人组和创编组只能完全按舞谱来进行，不能有任何变化。

g.超星组、新星组、皇冠组跳"A"和"B"循环时，按这个规则进行。

⑥师生组：

a.教练可以选择自己的舞进行比赛。

b.必须放原创作者的音乐。

c.教练必须按舞谱跳。

（2）对带有Showcase展示组别的要求：

①展示组的舞蹈及舞谱、音乐下载会提前在UCWDC网站公示。如果参赛者是会员，相关材料会邮寄到他手上。

②裁判会对舞蹈音乐进行研究和诠释。舞者可以自由理解音乐的节奏、情感等方面，以选择最好的节奏、动作、风格来编排舞蹈。

③以下是对展示组别的动作规定和限制（包含新星组、超星组和皇冠组）：

a.比赛者可以在任何方向开始舞蹈，也可以在任何节点上开始舞蹈。

b.在排舞展示组中，舞者可以根据音乐来处理舞蹈段落。但必须要有重复段落。

c.技巧动作在皇冠组是不被允许的。

d.超星组和新星组没有动作限制。

8.场地艺术

（1）所有舞者，在比赛场地上需彬彬有礼，比赛时需留意其他选手，避免相互间的碰撞。

（2）排舞比赛前，选手间都有一定的距离并交叉分开。每个选手都有自己的"舞蹈地带"。比赛时，选手应合理保持间距。当舞步是流动步伐，我们要按照舞谱描述进行流动。即使你有些小的变化，但你仍需按流动路线进行。流动不能超越左右和前后。

9. 服装

（1）所有组别的服装要求：

①若是乡村音乐或乡村舞蹈，需结合舞蹈要求准备服装。非乡村音乐、舞蹈的衣服没有具体要求。至于这支舞属于什么类型舞蹈，舞谱会明确类型。

②配乐为乡村音乐，舞者需要穿牛仔靴，但下列情况可以不穿：

a. 新人组、社会组在乡村舞蹈锦标赛中需要穿靴子，其他赛事可以不穿。

b. 非乡村音乐的排舞，选手可以不穿靴子。

③配乐为乡村音乐，男舞者需戴牛仔帽，但下列情况可以不戴：

a. 新人组、社会组在乡村舞蹈锦标赛中需戴牛仔帽，其他赛事可以不戴。

b. 非乡村音乐排舞，选手可以不戴牛仔帽。

④女选手必须穿紧身内衣和内裤。

⑤选手服装可以有赞助商标志，但有尺寸规定。标志不能包含低级趣味。

⑥少年选手不能穿后跟高于 3.75 厘米的高跟鞋。

（2）普通组别的选手不能穿带有亮片、发光珠子的服装，也不能穿嵌入金属线或大圆点的服装。但不包括首饰、发夹、头带、扣子等。如果舞蹈需要，对佩戴这些应予鼓励。

（3）道具使用只是在团队赛中。道具必须方便携带，道具安装都由参赛者自己负责并计算在比赛时间中。比赛完毕后需带回。

10. 创编

（1）排舞的创编和音乐一样，所有创编作品一经发布就享有版权，未经创编者同意，任何人不得模仿、复制。否则将受到法律制裁。

（2）创编的动作限制：

当舞者需要进行创编比赛展示时，必须完全按照创编的步伐来进行，不得有任何改变。

（3）创编分 5 个组别：

①乡村音乐新手 / 初级水平组；

②乡村音乐中级 / 高级水平组；

③非乡村音乐新手 / 初级水平组；

④非乡村音乐中级 / 高级水平组。

⑤段落组。

（4）每个创编作品的比赛表演，必须由创编者本人展示，也可邀请其他人共同参与。评判创编作品的标准，主要依据你的步伐和节奏是否与音乐吻合。

（5）创编的舞蹈应该便于教学和推广。舞蹈定级一定要准确。舞蹈既要符合当前趋势，又要有长期的影响力。

（6）评判创编的主要依据不是看舞者和他的伙伴们跳得好不好，而是舞蹈本身的内容。

（7）参赛者在比赛前，需提供以下打印材料：

①舞蹈名称和创编者姓名。

②拍数和几个方向。

③舞蹈的水平。

④歌曲名和演唱者。

⑤节奏和步伐说明。

⑥如果是段落排舞，需把每个段落的拍数和步伐说明写出。

⑦如果舞者想用自己创编舞蹈作为 UCWDC 的比赛舞蹈，需要附上详细教学视频。

11. 音乐

（1）排舞比赛音乐的最大值和最小值（如遇音乐段落不完整，可延续到乐句结束）

① Social 社会组：45 秒 ~ 2 分钟；

②排舞初级新手组：90 秒；

③排舞组：2 分钟；

④排舞师生组：90 秒；

⑤排舞创编组（不包括段落排舞）：90 秒；

⑥排舞创编段落组：2 分钟；

⑦单人组（超星、新星）：4 ~ 7 分钟；

⑧单人组（皇后）：150 秒 ~ 5 分钟。

展示组的音乐会在两个月前在 UCWDC 网上公布。

（2）排舞比赛的音乐一定要严格按照舞谱中注明的音乐。比赛音乐的选择有下列规定：

①比赛音乐必须是创编者指定的音乐。除：

a. 非乡村音乐创编组。

b. 超星、新星和皇后组。但他们所选的音乐必须要有 50% 含有乡村音乐。

② 为了定义乡村音乐，UCWDC 认定，凡是音乐标注或演唱者是乡村音乐者都视为乡村音乐。下列标识的都是乡村音乐。

a. Country；

b. Contemporary Country；

c. Country Pop & Country Rock；

d. Americana/Alternative Country；

e. Classic Country/Hillbilly；

f. Neo-traditionalist；

g. Western Swing；

h. Honky Tonk/Hardcore Country；

i. Bluegrass；

g. Bakersfield；

k. Nashville/Countrypolitan；

l. Progressive Country & Outlaw Country；

m. Urban Country。

③两种舞种：恰恰和西海岸摇摆本身就源于乡村音乐舞蹈。所以，西班牙民歌适宜恰恰，布鲁斯适宜西海岸摇摆。

④符合 UCWDC 比赛的音乐和演唱者可以通过下列平台查询：

a. Billboard or similar country music charts；

b. AM/FM/Satellite radio airplay on country stations；

c. iTunes，Spotify，internet-based music services in the country genre；

d. Record labels within the country genre；

e. Halls of Fame-national, state and regional；

f. Nashville song writers performing their own material；

g. Nominations for country categories at Grammy's and other music industry awards；

h. Included on soundtracks for country-themed movies；

i. Performs/ed at the Grand Ole Opry。

⑤参赛者选择的音乐

必须在赛前 24 小时递交，乡村音乐在赛前 96 小时递交。根据规定填好音乐表格，由赛会进行审核，具体审核要求参见 UCWDC 细则。

⑥排舞师生组别的音乐不能超过 90 秒。

⑦允许音乐前有简短的介绍。比赛计时是从表演开始到表演结束。

12. 升级原则

（1）升级原则适用于任何类型的舞蹈（创编赛的分组除外）。

（2）参赛者的升级时间为下个赛季的第一天，以下情况除外：

当一位舞者在一个赛季中参加了大量的比赛，并取得了较好的名次。负责规则制定的副总裁可以告知选手，在本赛季的下一次比赛，需参加上一级水平组的比赛。

（3）在有 3 人或更多人的全能（多种类型的舞蹈都参赛）比赛中取得第一。如果大多数裁判的分数是 GH 或 GG（没有裁判打低分 S），其中 25% 是 GG，那么一次全能冠军就得必须升级。

（4）在 UCWDC 区域比赛中获得升级：

①只参加一类舞蹈风格的选手，即使你获得名次也不能升级。除非你自己愿意升级。排舞比赛不能有一个选手同时参加两个不同级别组的比赛。舞蹈交叉级别的相关细则可参见 UCWDC 细则（www.UCWDC.org/rules）。

②如果某位选手在分区赛上，在一种舞蹈类型中获得总决赛冠军，那他可以在同一分区赛上参加升一级组别的其他舞种的比赛（如有二步舞种类则必须参加）。已经升级

了，该选手则不能再参加低级别组别的比赛。

③ 符合升级的条件：

a. 排舞和师生组别必须：

（a）新手级别组赛者在一个赛季中，在一次或多次比赛上有两种或以上舞种获得名次。

（b）初级级别组赛者在一个赛季中，在两种舞种中获得名次。

（c）中级组别赛者在一个赛季中，在三个舞种中获得名次。

b. 升入排舞最高组别超星组、新星组和皇冠组，那必须在带 Classic 组别的高级水平组或在展示组中获得过四次总决赛冠军。其中，有一次比赛至少有 3 人以上参加。

c. 超星必须是从带 Open 公开组高级水平和展示组升入。

d. 新星必须是从青年组的高级水平升入。

新星年龄超过 18 岁可以：

（a）退出新星组，进入带 Classic 公开高级水平组；

（b）继续留在新星组参加总决赛，到 20 周岁后自动升到超星组。

e. 皇冠必须是一级一级比上来（40 岁开始）。按照钻石高级组—白银高级组—黄金高级组—展示钻石组的顺序。

（5）在洲际排舞锦标赛中升级：

除乡村舞蹈锦标赛外，凡是 UCWDC 指定的排舞比赛都可以作为升级赛事。

（6）乡村舞蹈锦标赛升级条件：

① 除了最高级别组（如超星、新星、皇冠）外，只要获得一次乡村舞蹈锦标赛总冠军后即可马上升级。如果总决赛的人数少于 3 人则不能升级，除非大部分裁判给出的分数是 H 或 GG，其中至少有 25% 的分数是 GG。

② 乡村舞蹈锦标赛如何升入超星、新星、皇冠：

a. 只要在带 Classic 最高水平组或展示组中获得总决赛第一。

b. 尽管没取得第一，但只要在乡村舞蹈锦标赛上获得两个好名次也可升入。

c. 也可以结合 UCWDC 的比赛成绩计算升入。

③ 如果在 UCWDC 项目中获得过一次第一，尽管在乡村舞蹈锦标赛中没得第一，还可以根据参加总决赛人数来计算升入条件。

a. 在总决赛有 10 ~ 14 人参赛中获得第二。

b. 在总决赛有 15 ~ 19 人参赛中获得第二、第三。

c. 在总决赛有 20 ~ 24 人参赛中获得第二、第三、第四。

d. 在总决赛有 25 人以上参赛中获得第二、第三、第四、第五。

舞蹈比赛一直沿用着升级制。它的优点就是激励选手们一级级往上攀登，也有利于鼓励初级选手们踊跃参与，更有利于同等水平选手公平竞争。

13. 舞蹈分类（即舞种）

（1）排舞分类

世界乡村舞蹈锦标赛分：Rise & Fall 升和降、Smooth 平滑、Cuban 拉丁、Funky/Street

趣味或街舞、Novelty/Stage 创新或舞台这五大类。UCWDC 的所有比赛都按这五类进行比赛。只有超星组、新星组和皇冠组是分 A 和 B 组，比赛按单人串烧方式进行（串烧每分钟节奏得按规定舞蹈类别进行，上下不得超过 5）。

①升和降。舞蹈中做升和降运动，并伴有摇摆动作。例如：维也纳华尔兹、华尔兹、狐步舞、快步舞。

②脉冲。脚对地面施加压力，然后迅速反弹。例如：波尔卡、东海岸摇摆、桑巴、爵士。

③平滑。舞蹈中身体运行非常平稳。例如：夜总会、西海岸摇摆、哈嗖、探戈。

④拉丁。舞蹈采用的是古巴式运动，即用脚碾压地面，且往往在第二拍和第六拍时是停顿。例如：恰恰、曼波、伦巴。

⑤趣味或街舞。舞蹈展现的主要是脚步花样和身体花样。例如：嘻哈、机械舞、霹雳舞。

⑥创新或舞台。这是一种通过脚步动作和身体动作来展示舞蹈，有点类似百老汇的表演。例如：抒情表演、爵士乐、现代舞、芭蕾舞。

⑦个人串烧（超星、新星、皇冠）。其指通过音乐的剪辑来进行个人表演。超星和新星是 4～5 分钟，皇冠是 2.5～5 分钟且没有每分钟节奏的限制。超星组和新星组整支舞必须要有排舞 6 种风格的其中 4 种，且每种风格必须要有 45 秒以上时间。皇冠组则要求有排舞 6 种风格的 3 种，每种风格必须在 45 秒以上。

（2）各类舞种都有每分钟几拍的最大值和最小值的规定，即给每一支舞的节奏定了性，详细要求请参见 UCWDC 细则。

① 世界乡村舞蹈锦标赛的舞蹈。

a. 华尔兹，每分钟 80～92 拍，拍数是 1 2 3 4 5 6。

华尔兹的运动模式是斜方向进行，人体具有升和降并伴随着摇摆，特点是在最高点时有悬停。自选华尔兹音乐的节拍最高不能超出每分钟 120 拍。

b. 东海岸摇摆，每分钟 126～144 拍。东海岸摇摆的基本节拍是 1&2 3 4 5&6 7 8。它属于移动范围不大的舞蹈，转动式模式，是一种半古巴运动，强调的是向下的压。

c. 西海岸摇摆，每分钟 96～112 拍。基本的西海岸摇摆节拍是 1 2 3&4 5&6 和 1 2 3&4 5 6 7&8 两种。西海岸摇摆是一种平滑性舞蹈，活动范围相对较小。它的移动犹如窗帘滑轨，来回迅速滑动，重拍在后半拍。

d. 波尔卡，每分钟 112～120 拍。波尔卡的基本节拍是 1&2 3&4 5&6 7&8，它是一种利用双脚轮换提踵的流线型舞蹈。数字拍强调往下踩，& 拍则提踵。

e. 夜总会，每分钟 54～62 拍。夜总会的基本节拍是 1 2&3 4&5 6&7 8&（慢 快快慢 快快慢 快快慢 快快）。夜总会舞活动范围并不大，行进路线往往呈直线型和几何型。身体通过向一侧摆动或向反方向摆动形成造型。舞蹈的重点是慢拍。

f. 恰恰，每分钟 104～116 拍。恰恰的基本节拍是 1 2 3 4&5 6 7 8&。恰恰是一种活动范围不大，通过两腿用古巴运动交替绷腿。重点强调的是第一拍。

②非世界乡村舞蹈锦标赛其他舞蹈。

a. 爵士舞，每分钟 168～184 拍。爵士舞的基本节拍是 1 2 3a4 5a6（慢慢 快 a 快 快 a 快）或者是 1 2 3a4 5a6 7 8（慢慢 快 a 快 快 a 快 慢慢）。爵士舞是通过脚和膝关节创造一种弹力，使人体在中轴快速地做脉冲式运动。

b. 桑巴，每分钟 96～104 拍。桑巴的基本节拍是 1a2（快 a 快）或 1 2&（慢 快快）

桑巴舞蹈是通过脚踝关节运动，达到"高臀"的延伸和腹部的控制。桑巴属于脉冲式舞蹈。

c. 国际伦巴，每分钟 100～108 拍。国际伦巴的基本节拍是 1 2 3 4（慢 快快 慢）。

国际伦巴属于拉丁舞蹈。国际伦巴的特点是快速转动、夸张造型、臀部 8 字转动。

d. 快步舞，每分钟 200～208 拍。快步舞基本节拍是 1 2 3 4（慢 快快 慢）。快步舞的特点是活泼、流畅、快速，并伴随着升和降的起伏。

e. 维也纳华尔兹，每分钟 174～180 拍。维也纳华尔兹的基本节拍是 123 456（快快快）。维也纳华尔兹的特点是快速行进间的转，并带有摇摆。

f. 探戈，每分钟 120～140 拍。探戈的基本节拍是 12 34 56（慢 慢 快快）或是（慢 快快 慢）。

探戈的特点是左右环顾、动作有力、充满活力、寂静无声的平稳性舞蹈。

g. 西班牙斗牛舞，每分钟 120～124 拍。西班牙斗牛舞基本节拍是 12 34 56 78（快快快快）。

西班牙斗牛舞的特点是时而展现斗牛士的勇猛，时而展现斗篷的飘逸。

③创编赛（没有节拍限制）

a. 创编赛有五个类别：

（a）乡村音乐新手 / 初级；

（b）乡村音乐中级 / 高级；

（c）非乡村音乐新手 / 初级；

（d）非乡村音乐中级 / 高级；

（e）段落 ABC。

b. 创编赛必须由创编者本人参赛，也可邀请其他人一起参赛。创编赛首先要看创编者创编的节奏、动作和舞蹈特性是否符合音乐。

c. 其次，舞蹈水平制订要合理。舞蹈要适合本水平舞者的教学和学习。

d. 创编的评判是舞蹈本身实质，而不是表演好坏。

e. 创编者在比赛前，应该按下列要求打印舞谱交组委会：

（a）基本的节奏；

（b）舞蹈水平；

（c）节拍数；

（d）几个面；

（e）段落排舞按每个段落分开写明。

f. 如果参赛者想将自己的创编作品作为 UCWDC 的比赛曲目，还需递交教学视频和演示视频。

### 14. 参赛者的行为和礼仪

（1）组委会所有比赛裁决都将是最终结果，参赛者应严格遵循 UCWDC 会员准则中规定的行为标准。参赛者必须填写：全名、邮寄地址、手机号码、e-mail、出生年月和会员号。

（2）所有会员和参赛者应该遵循法律，对违反法律行为者，UCWDC 有权取消其会员资格。

（3）如果对判决有异议，必须在赛后进行，并递交书面材料。

（4）比赛前，每位参赛者要填写一份伤害事故责任表，以明确伤害事故的责任。还要填写一份承诺表，允许 UCWDC 的数据跟踪和音频、视频的使用。未满 18 岁的比赛者，必须要有父母陪同，如是其他人陪同，需填"责任人"负责书。

（5）赛后组委会会提供比赛成绩表，详细记录比赛成绩、升级时间等信息。

（6）整个比赛期间，每位参赛者都要以友好、热情、尊重和职业精神来规范行为。

### 15. 报告程序和比赛程序

（1）所有的分组预赛，比赛者都必须提前 30 分钟到检录处报到，熟悉音乐和进行热身活动。在检录时，检察长将检查每位赛者的服装、号码，比赛者须了解自己比赛的组别和站位。除了换服装，比赛期间比赛者需留在比赛规定区内。

（2）除了自选音乐的组别外，所有组别的赛者都必须佩戴号码，号码佩戴在衣服后背的中间。创编组也需佩戴号码。

（3）虽然，UCWDC 每个分组赛都会公布成绩，但并不能确定是否进入下一轮比赛。如果已进入下一轮比赛，赛者没有及时报到，将会被取消比赛资格。

### 16. 裁判会议

每次比赛前都需召开裁判会议，明确本次比赛的相关事宜，讨论比赛的有关事项。

### 17. 全体赛者会议

有一些 UCWDC 的比赛会在赛前举行全体赛者会议，主要告知一些赛事要求和安排。如果没有召开全体赛者会议，赛者可向组委会了解这些事宜。

## 第二节　UCWDC 国际排舞竞赛评分方式

本书所述评分方式用于预赛组织、打分方式和名次决定规则，使用时间：2023 年—2025 年新周期。所有的 UCWDC 比赛必须采用 UCWDC "Majority Rules 多条规则"评分方式。比赛进程，包括抽签、预赛、统计、名次决定、成绩宣告等都必须在 UCWDC 指派官员的监督下进行。以下是 UCWDC 指定的评分规则。

### 一、规则 #0——预赛原则

（1）时间、环境允许，同组选手同场竞技。每组选手的站位都由系统派位，确保比赛的公平。

（2）如果一个组别需要一轮以上的预赛，预赛的每组人数最多不能相差一人。通过预赛选拔出一组进行下一轮比赛。我们把这组称为"co-mingled混合组"。预赛淘汰人数必须要多于一人。

（3）当一个组别需要多轮预赛时，预赛需要连续进行，中间不能插入其他比赛。

（4）如果遇到有多个组别需要复赛。人数较少的组别先进行，然后再进行人数较多的组别。这样更有利于裁判和官员开展工作，保证比赛顺利进行。

（5）如果空间、时间、环境允许，可以多分一些小组，每组选拔相等的人数形成"混合组"进行下一轮比赛。这是一种较为公平的方法。

（6）在师生组别中，可能会遇到一个教师带多位学生进行比赛。遇到这种情况，如果教师无法带学生，就让学生单独进行。

（7）不管这个"混合组"怎么形成，每次淘汰人数必须大于一人。每次淘汰赛必须连续进行。

### 二、规则#1——预赛进入半决赛的原则

（1）根据半决赛定义，预赛进入半决赛的选手是升级进入下一轮，而不是淘汰未进入半决赛选手。晋级的选手有资格参加下一轮或几轮的比赛，直至升入半决赛。

（2）在预赛中，每位裁判都要给每位选手进行标记，以决定能否进入半决赛。标记由低到高是：HM（或M）—B—S—G（或GH）—GG。HM（Honorable Mention）褒奖，B（Bronze）铜奖，S（Silver）银奖，G（Gold）金奖或GH（Gold with Honors）荣誉金奖，GG（Gold Graduate）直接毕业金奖。裁判无需对每位赛者做标记，没做标记的就表示是最低等级。

（3）规则#3到#8是每个舞种的比赛规则，它主要阐述舞者在某个舞种比赛中决定名次的方法。一旦赛者在比赛中取得了名次，就依照排舞竞赛规则进行升级，取得第一名的根据赛会分组情况可直接进入半决赛。

### 三、规则#2——半决赛进入决赛的原则

（1）根据决赛的定义，未能进入决赛的选手称为个别淘汰。留下的选手和其他半决赛留下的选手再进行比赛，直至淘汰到组委会认定的人数参加决赛。

（2）半决赛中，每位裁判需要给每位选手评级。级别由低到高排序是HM（有时M）—B—S—G—GG。没评等级则表示是最低级，即HM。裁判只需给每位选手评等级，无需给选手排序。

（3）规则#3到#8是"单个舞蹈规则"，它是每个舞种比赛选手们决定名次的方法。一旦比赛者每个舞蹈的标记已完成，将通过锦标赛公式淘汰一些选手。每一次半决赛都将末位选手淘汰。这样，每个人至少跳过一次半决赛，这为他（她）获得曾参加过锦标赛（升级资格）提供了条件。

## 四、规则 #3——决赛成绩取决于 majority mark 多数票

（1）在决赛中，每位裁判必须给每个选手打上成绩记号，级别由低到高排序是 HM（有时 M）—B—S—G—GG。师生组只要打上成绩记号即可，无需排序。但双人舞、排舞如遇记号相同，裁判需标注排名顺序，1 为最好者。

（2）成绩记号转换为名次是依照：高等级永远胜于低等级；同等级则看数字大小，小者列前。在双人舞和排舞中，每位裁判不得出现同分。

（3）首先要把成绩记号转换成分值，具体方法："GG" = 1；"GH" = 2；"G" = 3，"S" = 4，"B" = 5，"HM" = 6。由于师生组还包含技术动作评分，这就需要更细化一些。所以分成"GG" = 1；"GH+" = 2；"GH" = 3；"G+" = 4；"G" = 5；"S+" = 6；"S" = 7；"B" = 8；and "HM" = 9。尽管如此，裁判也可能出现多次平分。

（4）裁判们的大多数成绩标记是决定名次的第一步。统计大多数成绩标记方法：第一步，把每位裁判员每组选手的成绩标记填在总表格中，我们称为"原始分数表格"。每位裁判都有一张"原始分数表格"，每张表格都有裁判员的名字。第二步，制作每位选手的"重新排序表格"，即把每位裁判成绩标记由高到低填入每位选手名字后，我们称为"重新排序表格"。当裁判员是奇数时，中间的分数就是"majority mark 多数票"。如果裁判员是偶数，那一半后面的分数是"majority mark 多数票"。

（5）所有比赛者的分数都是由小到大进行升序排列。确定了多数票数值后就可以排名。数值最小排名第一，其次排名第二，按此方法将所有选手进行排名。如遇大多数票数值相同，就按 #4 来决定名次。

## 五、规则 #4——相同数第一决定名次法则：看右边大于多数值的个数

如，规则 #3 所述，判断比赛者多数数值相同，我们看多数数值右边的数值有几个比多数数值大。比如：第一位，成绩为 [1，2，3，4，5]，这位选手有两个数值比多数数值大。第二位，成绩为 [2，2，3，3，4]，这位选手有一个数值比多数数值大。第三位，成绩为 [3，3，3，3]，这位选手零个数值比多数数值大。这三位选手的多数数值相同，所以按照规则 #3 评判是成绩相等。

多数数值方法已将每个裁判对选手打分进行了升序排列。数值越小证明裁判对选手评价越高，数值越大证明裁判对选手评价越低。小的数字代表多的多数标记。所以，多数数值右边大于多数数值的数量越少，名次列前；数量越多，名次列后。如果规则 #4 执行后还是相同，则参照规则 #5。

## 六、规则 #5——相同数第二次决定名次法则：看多数票左边的总值

（1）如果规则 #4 还无法决定名次结果，则需要看多数票左边的总值。例如：第一位 [1，2，3，4，5]，左边总值是 3；第二位 [2，2，3，4，5]，左边总值是 4；第三位 [2，3，3，4，5]，左边总值是 5；第四位 [3，3，3，4，5]，左边总值是 6。要提醒的是这四位选手多数数值都是 3，符合规则 #3 名次相同。多数数值 3 右边均是两个数大于它，符

合规则 #4 名次仍相同。

（2）左边总值数字越小，名次靠前，左边总值数字越大，名次越靠后。如果规则 #5 还是无法判断名次前后，则用规则 #6 来决定名次。

### 七、规则 #6——相同数第三次决定名次法则：回头看各栏（多数数值后面各栏）

由于规则 #5 还是无法判定名次，我们再次回过头来看多数值的右边。规则 #4 是看右边大于多数值的个数。这次我们看右边多数值的各栏。例如：第一位 [1，2，3，4，4]，回头看各栏是 [4，4]。第二位 [1，2，3，4，5]，回头看各栏是 [4，5]。第三位 [1，2，3，5，5]，回头看各栏是 [5，5]。这三位多数值都是 3，符合规则 #3 并列。右边大于 3 的个数都是 2 个，符合规则 #4 并列。左边的总值都是 3，符合规则 #5 并列。

当我们回过头看第一栏时，每位并列者都有一栏栏数字的比较。我们先比较第一栏（多数值后面一栏），按升序排列，数字越小名次列前。如遇相同再比较第二栏，数字越小名次列前。以此类推。如果规则 #6 还无法判定名次，则参见规则 #7。

### 八、规则 #7——相同数第四次决定名次法则：向前看各栏（多数值的前面各栏）

（1）如果采用规则 #6 还是出现并列，那我们再看多数值左边各栏的情况。左边各栏比较是从右到左。比如：第一位成绩是 [1，3，3，4，5]，左边各栏是 [1，3]。第二位成绩是 [2，2，3，4，5]，左边各栏是 [2，2]。两位选手多数值是 3，符合规则 #3 并列。右边都是有 2 个数大于多数值，符合规则 #4 并列。多数值左边数值相加都是 4，符合规则 #5 并列。回头看各栏都是 4 和 5，符合规则 #6 并列。

（2）我们先把多数值前面的各栏由左至右建立一组组数据进行比较。先比较最左边一栏，即最前面一栏。数字越小名次列前，数字越大名次列后。如果左边第一栏相同，再比较左边第二栏，以此类推，直至到多数值为止。如果还是不能分出胜负，那就参见规则 #8。

### 九、规则 #8——相同数第五次决定名次法则：重审每个裁判记录，进行"个对个"比较（赢 / 输 / 平）

（1）规则 #7 出现并列，实际从规则 #3 开始就一次次出现了并列。如果不是这样，肯定先前的计算产生了错误，必须加以修正。

（2）如果规则 #7 还是并列，那就参照每位裁判对并列选手之间的评判标记，并将标记转换成赢 / 输 / 平记录进行比较。值得注意的是，这里是进行数值比较，这和其他比赛一样，如果某位选手是 4 胜、3 负、0 平，那我们就记录 4-3-0。另一位选手如果是 3 胜、4 负、0 平，我们就记录 3-4-0。显而易见，前面这位选手胜场更多，名次列前。如果一个记录是 11-7-4，另一个记录是 11-8-3，他们之间胜场相同，前面选手负场更少。所以，前面这位选手名次列前。按常理，并列选手之间的总场数应该完全相同，如果不同肯定计算有问题，得重新计算。

上述例子判断名次还是很容易理解的。但如果遇到并列人数很多，那么简单靠视觉来判断名次就比较困难了，需要通过百分比的计算来解决。我们可以算赢的百分比或输的百分比。赢的百分比分值越高则名次列前。输的百分比分值越低则名次列前。如果出现4位数的小数点，则四舍五入。

在UCWDC评分方式里一般都只计算输的百分比。在众多并列选手中，输的百分值最低，名次最好，以此类推。

为了更好地计算输的百分比，我们得把平局的分数减半，即把平的一半数加到输的数字上去。例如：11-7-4，平减半分配后变成13-9，9/22=0.409。11-8-3，平减半分配后变成12.5-9.5，9.5/22=0.432。根据输的百分值越低名次靠前定义，前者比后者名次要好。

（3）如果是两个选手并列，可以采用规则#8第2的方法来判断名次。但如果是两个以上选手并列，那就要对所有并列选手进行相互间的"个对个"比较输/赢/平计算。计算方法还是依据规则#8第2条。

（4）并列者名次排位方法。如果是在第二名次上并列，则是第二、第三名。第五名有三位选手并列，则是第五名、第六名、第七名。如果确为并列，假如是第三名并列，则下一个选手的名次为第五名。

（5）如何将单一舞蹈中的名次结转成全能得分。根据冠军赛计分方式：第一名得1分，第二名得2分，以此类推。

（6）如遇并列，则名次分相加，除以并列人数。

# 第十二章
# 排舞原创作品创编与赏析

## 第一节 街舞类排舞

### 一、《阳光少年》（2022 年全国排舞推广曲目）

#### （一）舞谱

| | | | |
|---|---|---|---|
| 创编： | 李萍 | | |
| 类型： | 街舞 | 风格： | Hip hop |
| 难度： | 初级 | 方向： | 4 |
| 前奏： | 56 | 舞蹈： | 32 |
| 音乐： | 《阳光男孩阳光女孩》作词：雷蕾 作曲：杨嘉轩 演唱：TG4 | | |

1-8　　摇摆步，恰恰步，踢换脚

1-2　　左脚左踏，回重心到右脚

3&4　　左脚左踏，右脚并，左脚左踏，重心在左脚

5&6　　右脚向前踢，右脚还原，左脚侧点地

7-8　　右转360度，左脚并

9-16　　查尔斯顿步，摇摆步，海岸步

1-4　　右脚前踏，左脚前点，左脚后踏，右脚后点

5-6　　右脚前踏，回重心到左脚

7&8　　右脚后踏，左脚并，右脚前踏

17-24　　开合跳

1-2　　左脚后退一大步，右脚并

3&4　　双脚同时向侧跳开，并腿跳，向侧跳开

5&6　　左脚跟抬起同时左脚尖外拧，左脚尖内拧，左脚尖外拧（膝盖同脚尖方向）

7-8　　左脚向左侧一大步，右脚并

| 25-32 | 爵士盒步，点转，并步 |
|---|---|
| 1-4 | 右脚前交叉，右转90度左脚后退（3：00），右脚右踏，左脚前交叉 |
| 5-8 | 左转45度右脚侧点地（1：30），左转45度右脚侧点地（12：00），左转45度右脚侧点地（10：30），左转45度右脚并步（9：00） |

**舞动中国，舞出中国梦！**
**欢迎交流指正！**
邮箱：57236841@qq.com
电话：15396242750

（二）演示视频
演示视频请扫二维码观看。

## 二、《西湖摇》（2021年全国排舞推广曲目）

（一）舞谱

| 创编： | 李萍 | | |
|---|---|---|---|
| 类型： | 街舞 | 风格： | 爵士 |
| 难度： | 初级 | 方向： | 4 |
| 前奏： | 64 | 舞蹈： | 32 |
| 音乐： | 《西湖摇》 | 作词：Vivian周　作曲：西湖电鳗　演唱：Vivian周 | |

A组：32拍

| 1-8 | 踢侧开，右扇形步，wave |
|---|---|
| 1-2 | (1)右脚向前一步，(2)左脚向前一步 |
| 3&4 | (3)右脚向前弹踢，(&)右脚向右侧一步，(4)左脚向左侧一步 |
| 5&6 | (5)右脚脚跟向左移动，(&)右脚脚尖向左移动，(6)右脚脚跟向左移动 |
| 7-8 | (7)-(8)wave |

| 9-16 | 并步，马步蹲，并腿跳 |
|---|---|
| 1-4 | (1)身体对9：00方向，左脚向侧(12：00)迈步，(2)右脚并步，(3)左脚向侧迈步，(4)右脚并步 |
| 5-8 | (5)-(6)左转90度同时马步蹲，(7)直立绕胸，(8)双腿并拢跳 |

17-24　侧点，开胯蹲，抬腿，关膝，wave

1-4　　（1）右脚向右侧点，（2）右脚收回，（3）左脚向左侧点，（4）左脚收回

5-6　　（5）双膝向外侧打开同时下蹲，（6）右膝关至左膝并拢

7-8　　（7）-（8）wave

25-32　摇椅步，滑步

1-4　　（1）身体对3：00方向，右脚向前一步（右脚重心），（2）回重心至左脚，（3）右脚向后（9：00）退一步（右脚重心），（4）回重心至左脚

5-8　　（5）右脚向侧（12：00）滑一步，左脚拖动至右脚旁，（6）左转90度，左脚向侧（9：00）滑一步，右脚拖动至左脚旁，（7）左转90度，右脚向侧（6：00）滑一步，左脚拖动至右脚旁，（8）换重心至左脚，右脚点

舞动中国，舞出中国梦！
欢迎交流指正！
邮箱：57236841@qq.com
电话：15396242750

（二）演示视频

演示视频请扫二维码观看。

## 第二节　舞台类排舞

### 一、《灯火里的中国》（2022年全国排舞推广曲目）

（一）舞谱

| 创编： | 李萍 | | |
|---|---|---|---|
| 类型： | 舞台 | 风格： | 现代抒情 |
| 难度： | 中级 | 方向： | 4 |
| 前奏： | 32 | 舞蹈： | A：32 B：32 |
| 间奏： | T1：4 T2：32 | 舞序： | AAT1BBT2ABBBB |
| 音乐： | 《灯火里的中国》 | 作词：田地　作曲：舒楠　演唱：王莉 | | |

A组：32拍

1-8　　并步，查尔斯顿步

| | |
|---|---|
| 1-4 | (1)左脚向左一步，(2)右脚在左脚旁点地，(3)右脚向右一步，(4)左脚在右脚旁点地 |
| 5-8 | (5)左转45度左脚前踏（10：30），(6)右脚前点地，(7)右脚后退（4：30），(8)左脚后点地 |

| 9-16 | 纺织步，后滑步 |
|---|---|
| 1-4 | (1)左脚前交叉，(2)右脚旁踏，(3)左脚后交叉，(4)右脚并步 |
| 5-6 | (5)双脚原地跳右脚原地踏(6)左脚后滑， |
| 7-8 | (7)右脚并左脚，(8)保持 |

| 17-24 | 剪刀步，摇摆 |
|---|---|
| 1-4 | (1)左脚向左一步，(2)右脚并，(3)左脚前交叉，(4)保持 |
| 5-6 | (5)(6)右脚向右大侧步 |
| 7-8 | (7)右脚并左脚，(8)保持 |

| 25-32 | 摇椅步，360度左转 |
|---|---|
| 1-4 | (1)左脚后踏，(2)回重心到右脚，(3)左脚前踏，(4)回重心到右脚 |
| 5-8 | (5)左脚左踏，(6)右脚并同时左转360度，(7)左脚前踏，(8)保持 |

B组：32拍

| 1-8 | 吸腿，360度右转 |
|---|---|
| 1-4 | (1)左吸腿，(2)左脚左踏，(3)左手起半个风火轮，(4)左转90度并腿 |
| 5-8 | (5)右脚右踏同时左腿后抬，(6)右转360度，(7)左脚斜前进一步（10：30），(8)右脚并步 |

| 9-16 | 水手步 |
|---|---|
| 1-4 | (1)左脚后交叉，(2)右转45度右脚右踏（12：00），(3)左脚左踏，(4)保持 |
| 5-8 | (5)右脚后交叉，(6)左脚左踏，(7)右脚右踏，(8)保持 |

| 17-24 | 秧歌步，扫腿 |
|---|---|
| 1-4 | (1)左脚前交叉同时右扫腿，(2)右脚前交叉，(3)左脚左斜后踏（7：30），(4)左脚左斜后踏（7：30） |
| 5-8 | (5)左脚前踏，重心在左脚，(6)右脚交叉点地翻身至背面（6：00），(7)右脚原地踏，(8)左脚侧点地 |

25-32　摇摆步

1-4　　(1)(2)保持,(3)左转90度吸左腿同时右腿原地跳(3:00),(4)左脚前踏(3:00)

5-8　　(5)右脚前踏(3:00),(6)-(8)保持

T1：4拍　自行创编

T2：20拍　自行创编

舞动中国，舞出中国梦！
欢迎交流指正！
邮箱：57236841@qq.com
电话：15396242750

（二）演示视频

演示视频请扫二维码观看。

## 二、《领航》（2023年全国排舞推广曲目）

（一）舞谱

| 创编： | 李萍、朱舸明、王培东、陈丹萍 | | |
|---|---|---|---|
| 类型： | 舞台 | 风格： | 现代抒情 |
| 难度： | 中级 | 方向： | 2 |
| 前奏： | 36 | 舞蹈： | A:52 B:36 |
| 间奏： | 36 | 舞序： | ABTAB(32)B |
| 音乐： | 《领航》 | 作词： 集体创作　作曲： 亢竹青 | |
| | | 演唱： 殷秀梅、魏松、廖昌永、幺红 | |

A组：52拍

1-8　　海岸步，剪刀步，360度转，吸腿，侧点地，保持

1&2　　(1)右脚后退，(&)左脚并，(2)右脚前踏

3&4　　(3)左脚左踏，(&)右脚并，(4)左脚前交叉

56&　　(5)右脚右踏，(6)右转360度，(&)左吸腿

7-8　　(7)左脚慢慢侧点地，(8)保持

9-16　　1/2定轴转，上步，走×2，大侧步、移重心，并步，转

1&2　　(1)左脚前踏，(&)右转1/2右脚重心(6:00)，(2)左脚前踏

| | |
|---|---|
| 3&4 | (3)右脚前踏，(&)左脚前踏，(4)向右大侧步(9:00) |
| 5-6 | (5)重心移至左脚，(6)右脚并步 |
| 7-8 | (7)右转1/2右脚前踏(12:00)，(8)左脚并步 |

| | |
|---|---|
| **17-24** | **开立，摇椅步，吸腿，侧点地，上步，扫腿** |
| &12 | (&)右脚右踏，(1)左脚左踏，重心两脚之间，(2)保持 |
| 3&4& | (3)右脚向10:30踏步，(&)回重心至左脚，(4)右脚向4:30踏步，(&)回重心至左脚 |
| 5-6 | (5)吸右腿，(6)右脚侧点地 |
| 7-8 | (7)右脚前交叉同时左扫腿，(8)左脚前交叉 |

| | |
|---|---|
| **25-32** | **桃乐茜步，并步，后踢，3/4左转，侧步** |
| 12& | (1)右脚向1:30方向踏步，(2)左脚锁在右脚后，(&)右脚向1:30方向踏步 |
| 34& | (3)左脚左踏，(4)右转1/4右脚并步，(&)右腿向3:00后踢同时身体向9:00前倾，左手前伸右手后拉 |
| 5-6 | (5)右脚前交叉，(6)左转3/4 |
| 7-8 | (7)右脚右踏，(8)保持 |

| | |
|---|---|
| **33-40** | **曼波步×2，吸腿跳，反向海岸步，保持** |
| 1&2 | (1)右脚向10:30踏步，(&)左转3/8左脚6:00踏步，(2)右脚并步 |
| 3&4 | (3)左脚向4:30踏步，(&)右转5/8右脚向12:00踏步，(4)左脚并步 |
| 5-8 | (5)右脚吸腿同时左脚原地跳，(6)右脚前踏，(&)左脚并步，(7)右脚后退，(8)保持 |

| | |
|---|---|
| **41-52** | **秧歌步，三连步，1/2定轴转×4，并步，保持** |
| 1-4 | (1)左脚前交叉，(2)右脚前交叉，(3)左脚向7:30后退，(4)右脚向6:00后退 |
| 5&6 | (5)左脚前踏，(&)右脚并步，(6)左脚前踏 |
| 7-10 | (7) 右脚前踏，(&)左转1/2,左脚重心，(8)右脚前踏，(&)左转1/2,左脚重心，(9)右脚前踏，(&)左转1/2,左脚重心，(10)右脚前踏，(&)左转1/2,左脚重心， |
| 11-12 | (11)右脚并步，(12)保持 |

**B组：32拍**

| | |
|---|---|
| **1-8** | **摇摆步，并，海岸交叉步，扫腿，纺织步，旁踏，上步吸腿，退，并** |
| 12& | (1)右脚向右大侧步，(2)左脚原地踏步，(&)右脚并 |
| 3&4 | (3)左脚后退，(&)右脚并，(4)左脚前交叉同时扫腿 |
| 5&6& | (5)右脚前交叉，(&)左脚左踏，(6)右脚后交叉，(&)左脚左踏 |

| | |
|---|---|
| 7&8& | (7)右脚向10：30上步同时吸左腿，(8)左脚向4：30后退，(&)右脚并 |

**9-16　5/8 定轴转，并步，旁踏，藤转，吸腿，延伸**

| | |
|---|---|
| 1 2& | (1)左转1/2左脚向4：30大侧步，(2)右转3/8右脚原地踏，(&)左脚并 |
| 3-4 | (3)右脚右踏，(4)经蹲起重心移至左脚 |
| 5&6& | (5)右转1/4右脚向3：00进，(&)右转1/2左脚向3：00退，(6)右转1/2右脚旁踏，(&)左腿向1：30吸腿 |
| 7-8 | (7)左膝盖慢慢伸直　(8)脚尖延伸 |

**17-24　(旁踏，摇摆)×2，旁踏，扫腿，海岸步**

| | |
|---|---|
| 1-4 | (1)左脚左踏，(2)右脚前交叉，(&)回重心至左脚，(3)右脚右踏，(4)左脚前交叉，(&)回重心至右脚 |
| 5-6 | (5)左脚左踏，(6)右脚后退同时左扫腿 |
| 7&8 | (7)左脚后退，(&)右脚并，(8)左脚前踏 |

**25-36　剪刀步×2，上步，三连步转，摇摆步，走X2，旁踏**

| | |
|---|---|
| 1&2 | (1)右脚右踏，(&)左脚并，(2)右脚前交叉 |
| 3&4 | (3)左脚左踏，(&)右脚并，(4)左脚前交叉 |
| 5-7 | (5)右脚前踏，(6)左转1/2右脚向6：00进，(&)左转1/2右脚向6：00后退，(7)左转1/2左脚向6：00进 |
| 8& | (8)右脚前踏，(&)回重心至左脚 |
| 9-12 | (9)右转1/2左脚向12：00进，(10)左脚进，(11)右脚右踏，(12)左脚左踏 |

T：36拍　自行创编

舞动中国，舞出中国梦！
欢迎交流指正！
邮箱：57236841@qq.com
电话：15396242750

（二）演示视频
演示视频请扫二维码观看。

## 三、《孤勇者》

### （一）舞谱

创编： 李萍

| | | | |
|---|---|---|---|
| 类型： | 舞台 | 风格： | 流行舞 |
| 难度： | 初级 | 方向： | 1 |
| 前奏： | 8 | 舞蹈： | A：32拍 B：32拍 C：40拍 |
| 间奏： | T：16 | 舞序： | ABCTC |
| 音乐： | 《孤勇者》 | 作词：唐恬　作曲：钱磊　演唱：陈奕迅 | |

**A组：32拍**

**1-8　摇摆步、海岸步、旁踏、保持**
1-2　（1）右脚前踏，（2）回重心至左脚
3&4　（3）右脚后踏，（&）左脚并步，（4）右脚前踏
5-8　（5）左脚左踏，两脚重心，（6-8）保持

**9-16　曼波步×2、摇摆步、退、并**
1&2　（1）左脚左踏，（&）重心回右脚，（2）左脚并步
3&4　（3）右脚右踏，（&）重心回左脚，（4）右脚并步
5-8　（5）左脚前踏，（6）回重心至右脚，（7）左脚后踏，（8）右脚并步

**17-24　摇摆步、海岸步、旁踏、保持**
1-2　（1）左脚前踏，（2）回重心至右脚
3&4　（3）左脚后踏，（&）右脚并步，（4）左脚前踏
5-8　（5）右脚右踏，两脚重心，（6-8）保持

**25-32　曼波步×2、摇摆步、退、并**
1&2　（1）右脚右踏，（&）重心回左脚，（2）右脚并步
3&4　（3）左脚左踏，（&）重心回右脚，（4）左脚并步
5-8　（5）右脚前踏，（6）回重心至左脚，（7）右脚后踏，（8）左脚并步

**B组：32拍**

**1-8　滑步×2、v字步、保持**
1&2&　（1）右脚右滑步，（&）左脚拖至右脚旁，（2）左脚左滑步，（&）右脚拖至左脚旁
3&4&　（3）右脚跟右斜前点地，（&）左脚跟左斜前点地，（4）右脚收回，（&）左脚并步
5-8　（5）右脚右踏，（6-8）保持

| 9-16 | 滑步×2、v字步、保持 |
|---|---|
| 1&2& | （1）左脚左滑步，（&）右脚拖至左脚旁，（2）右脚右滑步，（&）左脚拖至右脚旁 |
| 3&4& | （3）左脚跟左斜前点地，（&）右脚跟右斜前点地，（4）左脚收回，（&）右脚并步 |
| 5-8 | （5）左脚左踏，（6-8）保持 |

| 17-24 | （右踏、左踏、马步、并）×2 |
|---|---|
| 1-4 | （1）左转1/4右脚右踏（9:00），左脚拖动至右脚旁，（2）左转1/4左脚左踏（6:00），右脚拖动至左脚旁，（3）右脚右踏开呈马步，（4）并步跳 |
| 5-8 | （5）左转1/4右脚右踏（3:00），左脚拖动至右脚旁，（6）左转1/4左脚左踏（12:00），右脚拖动至左脚旁，（7）右脚右踏开呈马步，（8）并步跳 |

| 25-32 | 开关步、查尔斯顿步 |
|---|---|
| 1&2& | （1）右脚侧点地，（&）收回右脚，（2）左脚侧点地，（&）收回左脚 |
| 3&4& | （3）右脚前踏，（&）左脚前点地，（4）左脚后踏，（&）右脚后点地， |
| 5-8 | （5）右脚右踏，（6-8）保持 |

## C组：40拍

| 1-8 | v字步、跟旋步、旁踏、并、（马步、跳）×2、左踏、踢 |
|---|---|
| 1&2& | （1）左脚左斜前踏步，（&）右脚右斜前踏步，（2）左脚收回，（&）右脚并步 |
| 3&4& | （3）右脚跟着地同时右脚脚尖向右旋转，（&）右脚脚尖向左旋转，（4）右脚右踏，（&）左脚并步 |
| 5&6& | （5）左脚左踏同时双膝弯曲，（&）并步跳，（6）右脚右踏同时双膝弯曲，（&）并步跳 |
| 7&8& | （7）左脚左踏，（&）保持，（8）左脚前踢，（&）左脚并步 |

| 9-16 | 开关步、水手步、膝盖内扣×2、并步 |
|---|---|
| 1&2& | （1）右脚侧点地，（&）收回右脚，（2）左脚侧点地，（&）收回左脚 |
| 3&4 | （3）右脚后交叉，（&）左脚左踏，（4）右脚右踏 |
| 5-6 | （5）右膝盖内扣，（6）左膝盖内扣 |
| 7&8& | （7-8）保持，（&）左脚并步 |

| 17-24 | （马步、抬腿）×2、爵士盒步、（马步、抬腿）×2、爵士盒步 |
|---|---|
| 1&2& | （1）双脚同时向侧跳开，双膝弯曲（&）抬左脚，（2）落左脚，（&）抬右脚 |
| 3&4& | （3）右脚前交叉，（&）左脚后踏，（4）右脚右踏，（&）左脚前交叉 |
| 5&6& | （5）右脚右踏，双膝弯曲（&）抬左脚，（6）落左脚，（&）抬右脚 |
| 7&8& | （7）右脚前交叉，（&）左脚后踏，（8）右脚右踏，（&）左脚前交叉 |

| | |
|---|---|
| 25-32 | 藤步、藤转、上步吸腿、开立 |
| 1&2& | （1）右脚右踏，（&）左脚后交叉，（2）右脚右踏，（&）左脚点地 |
| 3&4& | （3）左转 1/4 左脚前踏（9：00），（&）左转 1/2 右脚后踏（3：00），（4）左转 1/4 左脚左踏（12：00），（&）右脚并步 |
| 5-6& | （5）左脚前踏同时右脚吸腿，（6）右脚后退一步，（&）左脚并步 |
| 7-8 | （7）双脚同时向侧跳开，（8）保持 |

| | |
|---|---|
| 33-40 | 交叉、1/2 左转 |
| 1-2 | （1）双脚同时交叉跳（右脚前左脚后），（2）左转 1/2（6：00） |
| 3-8 | （3-8）保持 |

T：16 拍 自行创编

*舞动中国，舞出中国梦！*
*欢迎交流指正！*
*邮箱：57236841@qq.com*
*电话：15396242750*

（二）演示视频
演示视频请扫二维码观看。

## 第三节　曳步舞类排舞

一、《超级节奏》（2020 年全国排舞推广曲目）

（一）舞谱

| | | | |
|---|---|---|---|
| 创编： | 李萍 | | |
| 类型： | 曳步舞 | 风格： | 曳步舞 |
| 难度： | 初级 | 方向： | 1 |
| 前奏： | 32 | 舞蹈： | A：32 B：32 |
| 间奏： | - | 舞序： | ABABB |
| 音乐： | 《X》 | 作词：王嘉尔　作曲：王嘉尔/boytoy　演唱：王嘉尔 | |

A组：48 拍

**1-8** 侧弓步，并腿，蝴蝶步，侧滑步

1& (1)两脚同时向两侧跳开，右腿屈膝向右侧弓步，(&)两腿向中间并腿

2& (2)两脚同时向两侧跳开，左腿屈膝向左侧弓步，(&)两腿向中间并腿

3& (3)两脚同时向两侧跳开，右腿屈膝向右侧弓步，(&)两腿向中间并腿

4& (4)两脚同时向两侧跳开，左腿屈膝向左侧弓步，(&)两腿向中间并腿

5& (5)右脚向前做蝴蝶步，(&)抬起

6& (6)右脚向后做蝴蝶步，(&)抬起

7& (7)右脚向右侧滑步，(&)抬起

8& (8)右脚向右侧滑步，(&)抬起

**9-16** 左转 90 度，回 12 点收左腿，右转 90 度，回 12 点收右腿，右腿勾腿旋转 360 度，奔跑步 4 次

1& (1)左转 90 度，双脚跳开呈马步，(&)收左脚回到 12 点方向

2& (2)右转 90 度，双脚跳开呈马步，(&)收右脚回到 12 点方向

3&4 (3)右脚勾腿，(&)旋转 360 度，(4)双脚打开（12：00）

5& (5)右奔跑步，(&)抬起（10：30）

6& (6)左奔跑步，(&)抬起（10：30）

7& (7)右奔跑步，(&)抬起（1：30）

8& (8)左奔跑步，(&)抬起（1：30）

**17-24** 大侧步，并脚，右脚前点，转髋，后卡、前卡

1-2 (1)右脚向右大侧步，(2)左脚并到右脚

3-4 (3)左脚向左大侧步，(4)右脚并到左脚

5-6 (5)右脚前点，(6)转动髋关节

7& (7)右脚后卡，(&)收腿

8& (8)右脚后卡，(&)收腿

**25-32** 侧步，前点，后刷地

1-2 (1)右脚向右侧步，(2)左脚前交叉点地

3-4 (3)左脚向左侧步，(4)右脚前交叉点地

5-6 (5)右脚从 9 点至 3 点做后刷地，(6)并腿

7-8 (7)左脚从 3 点至 9 点做后刷地，(8)并腿

| 33-40 | 前交叉，转体90度，再转180度，奔跑步，踢换脚，马步 |
|---|---|
| 1&2 | (1)右脚前交叉落地同时左脚抬起，(&)左脚落，(2)右脚空中画圈同时左转90度（3:00） |
| 3-4 | (3)右脚落同时左脚抬起（3:00），右转体180度，(4)左弓步（9:00） |
| 5-6 | (5)右奔跑步，(6)左奔跑步（9:00） |
| 7-8 | (7)右脚勾换脚，左脚落前，左弓步，(8)右转体90度，同时双脚开立（12:00） |

| 41-48 | 奔跑步，马步，抬右腿 |
|---|---|
| 1-4 | (1)-(4)奔跑步4次 |
| 5-8 | (5)-(7)马步，(8)抬右腿 |

**B组：32拍**

| 1-8 | 前踢腿，前点地，左转90度，wave |
|---|---|
| 1& | (1)右脚跟前踢腿，(&)右脚落同时左脚后踢 |
| 2& | (2)左脚跟前踢腿，(&)左脚落同时右脚后踢 |
| 3& | (3)右脚跟前踢腿，(&)右脚落同时左脚后踢 |
| 4& | (4)左脚跟前踢腿，(&)左脚落同时右脚后踢 |
| 5& | (5)右脚跟前点地，(&)收腿 |
| 6& | (6)左脚跟前点地，(&)收腿 |
| 7-8 | (7)左转90度马步，(8)wave下至上 |

B段第2～4个八拍同第1个八拍

T1：4拍 自行创编

T2：20拍 自行创编

**舞动中国，舞出中国梦！**
**欢迎交流指正！**
邮箱：57236841@qq.com
电话：15396242750

（二）演示视频

演示视频请扫二维码观看。

## 二、《少年》（2019年全国排舞推广曲目）

### （一）舞谱

| | | | |
|---|---|---|---|
| 创编： | 余铁梅 | | |
| 类型： | 曳步舞 | 风格： | 曳步舞 |
| 难度： | 初级提高 | 方向： | 1 |
| 前奏： | 32 | 舞蹈： | A:32 B:32 C:32 |
| 间奏： | T1:32 T2:16 | 舞序： | AT1BT2ABCT2BC |
| 音乐： | 《少年》 | 作词：罗高丞 作曲：梦然 编曲：张亮 演唱：梦然 | |

**A组：32拍**

1-8　奔跑步，旋步

&1&2　(&)吸右腿同时左脚后滑，(1)右脚前落同时左脚后滑，
　　　(&)吸左腿同时右脚后滑，(2)左脚前落同时右脚后滑

&3&4　(&)吸右腿同时左脚后滑，(3)右脚前落同时左脚后滑，
　　　(&)吸左腿同时右脚后滑，(4)左脚前落同时右脚后滑

&5&6　(&)吸右腿同时左脚后滑，(5)右脚尖左脚跟向右转动，(&)右脚尖左脚跟向左转动，
　　　(6)左脚尖右脚跟向左转动

&7&8　(&)左脚尖右脚跟向右转动，(7)右脚尖左脚跟向右转动，(&)右脚尖左脚跟向左转动，(8)左脚尖右脚跟向左转动

9-16　后踏，跟旋，旁踏，并

1&2　(1)右脚后踏，(&)左脚跟外旋，(2)左脚跟内旋

3&4　(3)左脚后踏，(&)右脚跟外旋，(4)右脚跟内旋

5-6　(5)右脚右踏，(6)左脚并右脚

7-8　(7)左脚左踏，(8)右脚并左脚

17-24　奔跑步，旋步

&1&2　(&)吸左腿同时右脚后滑，(1)左脚前落同时右脚后滑
　　　(&)吸右腿同时左脚后滑，(2)右脚前落同时左脚后滑，

&3&4　(&)吸左腿同时右脚后滑，(3)左脚前落同时右脚后滑，
　　　(&)吸右腿同时左脚后滑，(4)右脚前落同时左脚后滑

&5&6　(&)吸左腿同时右脚后滑，(5)左脚尖右脚跟向左转动，(&)左脚尖右脚跟向右转动，
　　　(6)右脚尖左脚跟向右转动

&7&8　(&)右脚尖左脚跟向左转动，(7)左脚尖右脚跟向左转动，(&)左脚尖右脚跟向右转动，(8)右脚尖左脚跟向右转动

| 25-32 | *后踏，跟旋，旁踏，并* |
|---|---|
| 1&2 | (1)左脚后踏，(&)右脚跟外旋，(2)右脚跟内旋 |
| 3&4 | (3)右脚后踏，(&)左脚跟外旋，(4)左脚跟内旋 |
| 5-6 | (5)左脚左踏，(6)右脚并左脚 |
| 7-8 | (7)右脚右踏，(8)左脚并右脚 |

**B组：32拍**

| 1-8 | 踢换脚，蝴蝶步 |
|---|---|
| 1&2 | (1)右脚前踢，(&)右脚前踏，(2)左脚侧点 |
| 3&4 | (3)左脚前踢，(&)左脚前踏，(4)右脚侧点 |
| &5&6 | (&)两脚跟同时外旋，(5)右脚向前同时两脚跟内旋，(&)两脚跟同时外旋，(6)两脚跟同时内旋 |
| &7&8 | (&)两脚跟同时外旋，(7)右脚向后同时两脚跟内旋，(&)两脚跟同时外旋，(8)两脚跟同时内旋 |

| 9-16 | 旁踏，交叉点，平移步 |
|---|---|
| 1-4 | (1)右脚右踏，(2)左脚前交叉点地，(3)左脚左踏，(4)右脚前交叉点地 |
| 5&6 | (5)右脚右踏同时两脚跟同时向右转动，(&)两脚尖同时向右转动，(6)两脚跟同时向右转动 |
| 7&8 | (7)两脚跟同时向左转动，(&)两脚尖同时向左转动，(8)两脚跟同时向左转动 |

| 17-24 | 踢换脚，蝴蝶步 |
|---|---|
| 1&2 | (1)左脚前踢，(&)左脚前踏，(2)右脚侧点 |
| 3&4 | (3)右脚前踢，(&)右脚前踏，(4)左脚侧点 |
| &5&6 | (&)两脚跟同时外旋，(5)左脚向前同时两脚跟内旋，(&)两脚跟同时外旋，(6)两脚跟同时内旋 |
| &7&8 | (&)两脚跟同时外旋，(7)左脚向后同时两脚跟内旋，(&)两脚跟同时外旋，(8)两脚跟同时内旋 |

| 25-32 | 旁踏，交叉点，平移步 |
|---|---|
| 1-4 | (1)左脚左踏，(2)右脚前交叉点地，(3)右脚右踏，(4)左脚前交叉点地 |
| 5&6 | (5)左脚左踏同时两脚跟同时向左转动，(&)两脚尖同时向左转动，(6)两脚跟同时向左转动 |
| 7&8 | (7)两脚跟同时向右转动，(&)两脚尖同时向右转动，(8)两脚跟同时向右转动 |

C 组：32 拍

1-8　　足跟奔跑步，膝盖弹动

&1&2　　(&)吸右腿同时左脚后滑，(1)右脚跟前点同时左脚后滑
　　　　(&)吸左腿同时右脚后滑，(2)左脚跟前点同时右脚后滑

&3&4　　(&)吸右腿同时左脚后滑，(3)右脚跟前点同时左脚后滑
　　　　(&)吸左腿同时右脚后滑，(4)左脚跟前点同时右脚后滑

&5&6　　(&)左脚尖踏下，吸右腿，(5)右转1/8，右脚右踏同时屈膝，(&)还原，(6)屈膝

&7&8　　(&)吸左腿，(7)左转1/4，左脚左踏同时屈膝，10:30，(&)还原，(8)屈膝

9-16　　足跟奔跑步，旁踏，交叉点

&1&2　　(&)左脚后滑，同时右脚后抬，(1)右脚跟前点，同时左脚后滑
　　　　(&)右转1/4，右脚后滑，同时左脚后抬，1:30，(2)左脚跟前点，同时右脚后滑

&3&4　　(&)右转1/4，左脚后滑，同时右脚后抬,10:30，(3)右脚跟前点，同时左脚后滑
　　　　(&)右转1/4，右脚后滑，同时左脚后抬，1:30，(4)左脚跟前点，同时右脚后滑

&5-8　　(&)左脚后滑，右脚后抬，(5)左转1/8左脚右踏，12:00，(6)左脚后交叉点地
　　　　(7)左脚左踏，(8)右脚后交叉点地

17-24　　足跟奔跑步，膝盖弹动

&1&2　　(&)吸右腿同时左脚后滑，(1)右脚跟前点同时左脚后滑
　　　　(&)吸左腿同时右脚后滑，(2)左脚跟前点同时右脚后滑

&3&4　　(&)吸右腿同时左脚后滑，(3)右脚跟前点同时左脚后滑
　　　　(&)吸左腿同时右脚后滑，(4)左脚跟前点同时右脚后滑

&5&6　　(&)左脚尖踏下，吸右腿，(5)右转1/8，右脚右踏同时屈膝，(&)还原，(6)屈膝

&7&8　　(&)吸左腿，(7)左转1/4，左脚左踏同时屈膝，10:30，(&)还原，(8)屈膝

25-32　　足跟奔跑步，旁踏，交叉点

&1&2　　(&)左脚后滑，同时右脚后抬，(1)右脚跟前点，同时左脚后滑
　　　　(&)右转1/4，右脚后滑，同时左脚后抬，1:30，(2)左脚跟前点，同时右脚后滑

&3&4　　(&)右转1/4，左脚后滑，同时右脚后抬,10:30，(3)右脚跟前点，同时左脚后滑
　　　　(&)右转1/4，右脚后滑，同时左脚后抬，1:30，(4)左脚跟前点，同时右脚后滑

&5-8　　(&)左脚后滑，右脚后抬，(5)左转1/8左脚右踏，12:00，(6)左脚后交叉点地
　　　　(7)左脚左踏，(8)右脚后交叉点地

T1：32 拍 T2：16 拍 自由创编

**舞动中国，舞出中国梦！**
**欢迎交流指正！**
邮箱：57236841@qq.com
电话：15396242750

（二）演示视频

演示视频请扫二维码观看。

## 第四节　民族民间舞类排舞

### 一、《天路》（2022年全国排舞推广曲目）

（一）舞谱

| 创编： | 泽吉、陈丹萍、李萍 | | |
|---|---|---|---|
| 类型： | 民族 | 风格： | 藏族 |
| 难度： | 中级 | 方向： | 1 |
| 前奏： | 32 | 舞蹈： | A:32  A*:34  B:32 |
| 间奏： | T1:8  T2:16 | 舞序： | AT1A*BT2A*BB |
| 音乐： | 《天路》 | 作词：屈塬  作曲：印青  演唱：韩红 | |

**A组:32拍**

**1-8　弦子靠**

1-4　　左脚向左迈步，右脚前交叉，左脚向左迈步，右脚脚跟靠在左脚前

5-8　　右脚向右迈步，左脚前交叉，右脚向右迈步，左脚脚跟靠在右脚前

**9-16　摇摆步，踮步，秧歌步**

1&2&　左脚前交叉，回重心到右脚，左踮步，左踏

3&4&　右脚前交叉，回重心到左脚，右踮步，右踏

5-8　　左脚前交叉，右脚前交叉，左脚左斜后退，右脚右斜后退

**17-24　摇椅步，秧歌步**

1&2&　左脚前交叉，回重心到右脚，左后踏，回重心到右脚

3&4&　左脚前交叉，回重心到右脚，左后踏，回重心到右脚

5-8　　右脚前交叉，左脚前交叉，右脚右斜后退，左脚左斜后退

**25-34　三步一撩，后踏，左转，侧点地**

1&2&　右脚右踏（3:00），左脚前踏（6:00），右脚原地点地，右腿撩

3&4&　右脚右踏（9:00），左脚前踏（12:00），右脚原地踏，左脚撩

5-6　　左脚向侧一步，左后踏步

7-8　　左转180度（6:00）左脚侧点地，左转180度（12:00）左脚侧点地

**B组:32 拍**

**1-8　　拖步,270 度转**

1-4　　左脚斜前一步(10:30),右脚斜前一步,左脚斜前一步,右脚并左脚左转 270 度(1:30)

5-8　　右脚斜前一步(1:30),左脚斜前一步,右脚斜前一步,左脚并右脚右转 315 度(12:00)

**9-16　　弦子靠,侧点地**

1-4　　右脚旁踏,左脚跟旁点地,左脚旁踏,右脚跟旁点地

5-6　　右脚原地踏,左脚撩腿脚跟点地

7-8　　右转 180 度左脚跟侧点地(6:00),右转 180 度左脚跟侧点地(12:00)

**17-24　　三步一撩**

1&2　　左脚前交叉,右脚原地踏,左脚踮步

3-4　　左脚左点地,左脚后踏,重心转移至左脚

5-6　　左转 180 度右脚跟点地(6:00),右转 180 度右脚前踏(12:00)

7-8　　左脚左踏,右脚前点地

**25-32　　并步藤转**

1&2&　　右脚右踏,左脚并,左脚左踏,右脚并

3&4&　　右脚右踏,左脚并,左脚左踏,右脚并

5&6&　　右转 90 度右脚前踏(3:00),右转 90 度左脚左踏(6:00),右转 90 度右脚右̇踏,左脚侧点地

7&8　　左转 90 度左脚前踏(9:00),左转 90 度右脚右踏(6:00),保持姿势

**A*组**

33-34　　原地右转两圈

间奏　　自行创编

**舞动中国,舞出中国梦!**
**欢迎交流指正!**
邮箱:57236841@qq.com
电话:15396242750

(二)演示视频

演示视频请扫二维码观看。

## 二、《花儿为什么这样红》（2023年全国排舞推广曲目）

### （一）舞谱

| | | | |
|---|---|---|---|
| **创编：** | 李萍 | | |
| **类型：** | 民族 | **风格：** | 维吾尔族 |
| **难度：** | 初级 | **方向：** | 1 |
| **前奏：** | 40 | **舞蹈：** | 70 |
| **间奏：** | 40 | **舞序：** | ATA |
| **音乐：** | 《花儿为什么这样红》 | | |
| **作词：** | 雷振邦　**作曲：**雷振邦　**编曲：**艾尔肯　**演唱：**艾尔肯 | | |

| 1-8 | 桑巴步×2，摇椅步×2，转 |
|---|---|
| 1&2 | (1)右脚前交叉，(&)左脚向左一步，重心留在右脚，(2)右脚原地踏 |
| 3&4 | (3)左脚前交叉，(&)右脚向左一步，重心留在左脚，(4)左脚原地踏 |
| 5&6& | (5)左转1/8右脚前踏，(&)回重心至左脚，(6)右脚后踏，(&)回重心至左脚 |
| 7&8& | (7)左转1/8右脚前踏，(&)回重心至左脚，(8)右脚后踏，(&)回重心至左脚 |

| 9-18 | 保持，转，(前交叉，侧点地)×2 |
|---|---|
| 1-4 | (1)(2)保持，(3)左转1/8,右脚前交叉，(4)左转7/8 |
| 5-6 | (5)保持 ，(6)保持 |
| 7-10 | (7)右脚前交叉，(8)左脚侧点地，(9)左脚前交叉，(10)右脚侧点地 |

| 19-26 | 碾步×8 |
|---|---|
| 1&2& | (1)右脚前交叉脚尖从右到左同时右脚脚跟碾地，(&)左脚左后踏步，(2)右脚前交叉脚尖从右到左同时右脚脚跟碾地，(&)左脚左后踏步 |
| 3&4& | 同 1&2& |
| 5&6& | 同 1&2& |
| 7&8& | 同 1&2& |

| 27-32 | 左迈步，并腿 |
|---|---|
| &1-4 | (&)右脚原地踏，(1)左脚左迈一大步，重心在左，(2-4)保持 |
| 5-6 | (5)右转1/4，左脚并右脚，(6)保持 |

| 33-44 | 反抑制步×2，三连步×2 |
|---|---|
| 1-4 | (1)左脚前交叉，(2)回重心至右脚，(3)左脚左踏，(4)保持 |
| 5-8 | (5)右脚前交叉，(6)回重心至左脚，(7)右脚右踏，(8)保持 |
| 9&10 | (9)左转1/4左脚前踏(9:00)，(&)左转1/4右脚前踏(6:00)，(10)左转1/4左脚前踏(3:00) |
| 11&12 | (11)右转1/8右脚前踏(4:30)，(&)右转1/8左脚前踏(6:00)，(10)右转1/4右脚前踏(9:00) |

| 45-52 | 碾步×8 |
|---|---|
| 1&2& | (1)左脚前交叉脚尖从左到右同时左脚脚跟碾地，(&)右脚右后踏步，(2)左脚前交叉脚尖从左到右同时左脚脚跟碾地，(&)右脚右后踏步 |
| 3&4& | 同1&2& |
| 5&6& | 同1&2& |
| 7&8& | 同1&2& |

| 53-58 | 右迈步，并腿 |
|---|---|
| &1-4 | (&)左脚原地踏，(1)右脚右迈一大步，重心在右，(2-4)保持 |
| 5-6 | (5)左转1/4，右脚并左脚，(6)保持 |

| 59-70 | 反抑制步×2，三连步×2 |
|---|---|
| 1-4 | (1)右脚前交叉，(2)回重心至左脚，(3)右脚右踏，(4)保持 |
| 5-8 | (5)左脚前交叉，(6)回重心至右脚，(7)左脚左踏，(8)保持 |
| 9&10 | (9)右转1/4右脚前踏(3:00)，(&)右转1/4左脚前踏(6:00)，(10)右转1/4右脚前踏(9:00) |
| 11&12 | (11)左转1/8左脚前踏(7:30)，(&)左转1/8右脚前踏(6:00)，(10)左转1/4左脚前踏(3:00) |

T: 40拍 自行创编

舞动中国，舞出中国梦！
欢迎交流指正！
邮箱：57236841@qq.com
电话：15396242750

（二）演示视频

演示视频请扫二维码观看。

### 三、《美丽中国》

（一）舞谱

| | | | |
|---|---|---|---|
| 创编： | 李萍 | | |
| 类型： | 民族 | 风格： | 民族 |
| 难度： | 初级组合 | 方向： | 1 |
| 前奏： | 16 | 舞蹈： | A：64 B：72 |
| 间奏： | T：8 | 舞序： | ATBATBAA |
| 音乐： | 《美丽中国》 | 作词：王平久　作曲：丁于　演唱：阿鲁阿卓 | |

**A组：64拍**

**1-8　左踏，并步，左踏，踢，右踏，并步，右踏，踢**

1-2　（1）左脚左踏，（2）右脚并

3-4　（3）左脚左踏，（4）右脚踢

5-6　（5）右脚右踏，（6）左脚并

7-8　（7）右脚右踏，（8）左脚踢

**9-16　左踏，并步，左踏，踢，右踏，并步，右踏，踢**

1-2　（1）左脚左踏，（2）右脚并

3-4　（3）左脚左踏，（4）右脚踢

5-6　（5）右脚右踏，（6）左脚并

7-8　（7）右脚右踏，（8）左脚踢

**17-24　秧歌步×2**

1-4　（1）左脚前交叉，（2）右脚前交叉，（3）左脚左斜后退一步，（4）右脚后踏

5-8　同（1）-（4）

**25-32　秧歌步×2**

1-4　（1）左脚前交叉，（2）右脚前交叉，（3）左脚左斜后退一步，（4）右脚后踏

5-8　同（1）-（4）

| 33-40 | 弦子靠×2 |
|---|---|
| 1-4 | (1)左脚左踏，(2)右脚前交叉，(3)左脚左踏，(4)右脚踢 |
| 5-8 | (1)右脚右踏，(2)左脚前交叉，(3)右脚右踏，(4)左脚踢 |

| 41-48 | 左踏，右踏，右踏，左踏，原地踏×2，退踏步 |
|---|---|
| 1-2 | (1)左脚左踏，(2)右脚右踏（重心在左） |
| 3-4 | (3)右脚右踏，(4)左脚左踏（重心在右） |
| 5-6 | (5)左脚原地踏，(6)左脚原地踏 |
| 7&8 | (7)左脚后踏，(&)右脚原地踏，(8)左脚前踏 |

| 49-56 | 前进×4，摇椅步 |
|---|---|
| 1-4 | (1)右前进一步，(2)左前进一步，(3)右前进一步，(4)左前进一步 |
| 5-8 | (5)右脚斜前踏(10:30)，(6)回重心至左脚，(7)右脚斜后踏(4:30)，(8)回重心至左脚 |

| 57-64 | 左转3/8，前进×4，左转1/2右踏 |
|---|---|
| 1-4 | (1)左转3/8右脚进一步（6:00），(2)左前进一步，(3)右前进一步，(4)左前进一步 |
| 5-8 | (5)左转1/2右脚右踏呈马步(12:00)，(6)-(8)保持 |

B组:72拍

| 1-8 | 右脚后踢，左脚旁点地，左脚后踢，右脚旁点地 |
|---|---|
| 1-2 | (1)右脚后踢，(2)右脚落 |
| 3-4 | (3)左脚旁点地，(4)保持 |
| 5-6 | (5)左脚后踢，(6)左脚落 |
| 7-8 | (7)右脚旁点地，(8)保持 |

| 9-16 | 后踢步×4 |
|---|---|
| 1-4 | (1)右脚后踢，(2)右脚落，(3)左脚后踢，(4)左脚落 |
| 5-8 | 同（1）-（4） |

| 17-24 | 三步一抬×2 |
|---|---|
| 1-4 | (1)右脚前交叉，(2)左脚左踏，(3)右脚斜前进一步（1:30），(4)左小腿后抬 |
| 5-8 | (5)左脚前交叉，(2)右脚右踏，(3)左脚斜前进一步（10:30），(4)右小腿后抬 |

| 25-32 | 摇椅步 ×2 |
|---|---|
| 1-4 | (1)右脚斜前踏(10:30),(2)回重心至左脚,(3)右脚斜后踏(4:30),(4)回重心至左脚 |
| 5-8 | 同（1）-（4） |

| 33-40 | 并步 ×3 |
|---|---|
| 1-4 | (1)右脚右踏，(2)保持，(3)左脚并，(4)保持 |
| 5-8 | (5)右脚右踏，(6)左脚并，(7)右脚右踏，(8)左脚并 |

| 41-48 | 并步 ×3 |
|---|---|
| 1-4 | (1)右脚右踏，(2)保持，(3)左脚并，(4)保持 |
| 5-8 | (5)右脚右踏，(6)左脚并，(7)右脚右踏，(8)左脚并 |

| 49-56 | 摇摆步 ×2 |
|---|---|
| 1-4 | (1)左脚前踏，(2)保持，(3)重心回右脚，(4)保持 |
| 5-8 | 同（1）-（4） |

| 57-64 | 前进步 ×4，并步 ×2 |
|---|---|
| 1-4 | (1)左脚前踏，(2)右脚前踏，(3)左脚前踏，(4)并步 |
| 5-8 | （5）左脚左踏，（6）右脚并，（7）右脚右踏，（8）左脚并 |

| 65-72 | 并步 ×2，原地踏 ×4 |
|---|---|
| 1-4 | (1)左脚左踏，（2）右脚并，（3）右脚右踏，（4）左脚并 |
| 5-8 | （5）左脚原地踏，（6）右脚原地踏，（7）左脚原地踏，（8）右脚原地踏 |

T：

| 1-8 | 摇椅步，原地踏 ×4 |
|---|---|
| 1-4 | (1)右脚前踏，(2)重心回左脚，(3)右脚后踏，(4)重心回左脚 |
| 5-8 | (5)右脚原地踏，(6)左脚原地踏，（7）右脚原地踏，（8）左脚原地踏 |

舞动中国，舞出中国梦！
欢迎交流指正！
邮箱：57236841@qq.com
电话：15396242750

（二）分解动作视频

分解动作视频请扫二维码观看。

（三）演示视频

演示视频请扫二维码观看。

## 第五节　根据排舞步伐创编的排舞步伐组合

本节介绍《排舞32步》《排舞42步》《排舞65步》《排舞72步》。

### 一、《排舞32步》（2020年全国排舞推广曲目）

#### （一）舞谱

| | | | |
|---|---|---|---|
| 创编： | 沈金花　陈丹萍 | | |
| 类型： | 舞台 | 风格： | 活力操 |
| 难度： | 初级 | 方向： | 4 |
| 前奏： | 20 | 舞蹈： | 32 |
| 音乐： | 《卡路里》《健康歌》 | 作词：李聪　作曲：Akiyama sayuri | 演唱：解晓东、赵露思 |

A组：32拍

1-8　　1-4 摇椅步，5-8 开关步

1-4　　（1）右脚前踏　（2）重心回左脚　（3）右脚后踏　（4）重心回左脚

5-8　　（5）右脚尖右侧点（6）右脚并左脚　（7）左脚尖左侧点　（8）左脚并右脚

9-16　　1-4 爵士盒步，5-7 糖果步，7-8 摇摆步

1-4　　(1)右脚前交叉　（2）左脚后踏　（3）右脚右踏　（4）左脚踏于右脚前

5-8　　（5）右脚尖点于左脚旁，膝盖内扣（6）右脚跟点于右前方，脚尖外展
　　　　（7）右脚踏于左脚前（8）重心回左脚

17-24　　1-4 藤步，5-8 纺织步

1-4　　(1)右脚右踏　（2）左脚后交叉　（3）右脚右踏　（4）左脚并右脚

5-8　　（5）右脚前交叉　（6）左脚左踏　（7）右脚后交叉（8）左脚左踏

| | |
|---|---|
| 25-32 | 1-4 查尔斯顿步，5-7 扇形步，8 重踏并脚 |
| 1-4 | （1）右脚前踏（2）左脚前踢 （3）左脚后踏 （4）右脚尖后点地 |
| 5-8 | （5）右脚踏于左脚旁，脚跟略外展 （6）右脚尖外展 （7）右脚跟外展<br>（8）右脚重踏并左脚（或右转 90°并脚） |

舞动中国，舞出中国梦！
欢迎交流指正！
邮箱：57236841@qq.com
电话：15396242750

（二）演示视频
演示视频请扫二维码观看。

## 二、《排舞42步》（2020年全国排舞推广曲目）

（一）舞谱

| | | | |
|---|---|---|---|
| 创编： | 李萍 | | |
| 类型： | 舞台 | 风格： | 现代抒情 |
| 难度： | 初级 | 方向： | 2 |
| 前奏： | 8 | 舞蹈： | 32 |
| 音乐： | 《卷珠帘》 | 作词：Luna 作曲：霍尊 演唱：周深 |

A组：32拍

| | |
|---|---|
| 1-8 | 夜总会二步，前摇摆，海岸步 |
| 12& | (1)右脚向右大侧步, (2)左脚至右脚跟后成三位脚, (&)右脚前交叉 |
| 34& | (3)左脚向左大侧步, (4)右脚至左脚跟后成三位脚, (&)左脚前交叉 |
| 5-6 | (5)右脚前进, (6)重心回左脚 |
| 7&8 | (7)右脚后退, (&)左脚并步, (8)右脚前进 |

| | |
|---|---|
| 9-16 | 剪刀步，三步转，滑步 |
| 1&2 | (1)左脚向左一步, (&)右脚并步, (2)左脚前交叉 |
| 3&4 | (3)右脚向右一步, (&)左脚并步, (4)右脚前交叉 |
| 5&6 | (5)左脚前进, (&)右脚并步同时左转90度, (6)左转270度左脚前进 |
| 7-8 | (7)右脚向右大侧步, (8)慢慢拖动左脚 |

| | |
|---|---|
| 17-24 | 钻石步,定轴转,扫腿,交叉 |
| 12& | (1)左脚向左大侧步,(2)右脚向 7：30 退,(&)左脚向 7：30 退 |
| 34& | (3)右脚向6：00 大侧步,(4)左脚向 4：30 前进,(&)右脚向 4:30 前进 |
| 5-6 | (5)左脚向 6：00 前进,(6)右转 180 度重心移到右脚 |
| 78& | (7)左脚前交叉同时右腿扫腿,(8)左脚前交叉,(&)左脚左踏 |

| | |
|---|---|
| 25-32 | 水手步,藤转 |
| 1&2 | (1)右脚后交叉,(&)左脚左踏,(2)右脚右踏 |
| 3&4 | (3)左脚后交叉,(&)右脚右踏,(4)左脚左踏 |
| 5-6 | (5)右脚前进,(6)右转 180 度左脚退 |
| 7-8 | (7)右转 180 度右脚进,(8)右转 360 度左脚并 |

舞动中国，舞出中国梦！
欢迎交流指正！
邮箱：57236841@qq.com
电话：15396242750

（二）演示视频

演示视频请扫二维码观看。

## 三、《排舞65步》（2020年全国排舞推广曲目）

（一）舞谱

| 创编： | 李萍 | | |
|---|---|---|---|
| 类型： | 舞台 | 风格： | 民族 |
| 难度： | 初级 | 方向： | 1 |
| 间奏： | 4 | 舞序： | ATATA |
| 前奏： | 36 | 舞蹈： | 64 |
| 音乐： | 《载歌载舞》 | 作词：车行 作曲：戚建波 演唱：春天 | |

| | |
|---|---|
| 1-8 | 弦子靠 |
| 1-4 | (1)右脚向右一步（2)左脚前交叉 （3)右脚向右一步 （4)左脚脚跟侧点 |
| 5-8 | (5)左脚向左一步（6)右脚前交叉（7)左脚向左一步（8)右脚脚跟侧点 |

| | | |
|---|---|---|
| 9-16 | 1-4 退踏步，5-8 颤 | |
| 1-4 | （1）右脚后踏（&）左脚原地踏步（2）右脚前踏（3）右脚后踏（&）左脚原地踏步（4）右脚前踏 | |
| 5-8 | （5）右脚颤膝踏（&）左脚颤膝踏步（6）右脚颤膝踏步（&）左脚颤膝踏步（7）右脚颤膝踏步（&）左脚颤膝踏步 （8）右脚颤膝踏步（&）左脚颤膝踏步 | |

| | | |
|---|---|---|
| 17-24 | 秧歌步 | |
| 1-4 | （1）右脚前交叉（2）左脚前交叉（3）右脚右斜退步（4）左脚左斜退步，形成十字 | |
| 5-8 | （5）右脚前交叉（6）左脚前交叉（7）右脚右斜退步（8）左脚左斜退步，形成十字 | |

| | | |
|---|---|---|
| 25-32 | 1-4 顿步，5-8 拧碾步 | |
| 1-4 | （&）左抬腿（1）左踏步（&）右抬腿（2）右踏步（&）左抬腿（3）左踏步（&）右抬腿（4）右踏步 | |
| 5-8 | （5）左脚脚跟前点地外拧，右脚前脚掌着地（6）左脚脚跟内碾，右脚全脚掌着地（7）左脚后退，右脚脚跟内踩（8）右脚脚跟外拧，左脚前脚掌着地 | |

| | | |
|---|---|---|
| 33-40 | 后踢步 | |
| 1-4 | （1）右转至 1：30 右小腿后踢（2）右脚屈膝踏步（3）左小腿后踢（4）左脚屈膝踏步 | |
| 5-8 | （5）左转至 10：30 右小腿后踢（6）右脚屈膝踏步（7）左小腿后踢（8）左脚屈膝踏步 | |

| | | |
|---|---|---|
| 41-48 | 1-4 踢毽步，5-8 垫步 | |
| 1-4 | （1）右脚开膝内踢（2）右脚还原（3）右脚开膝内踢（4）右脚还原 | |
| 5-8 | （5）右转 6：00 右脚踏步，左脚抬起，&左脚前脚掌垫，右脚抬起（6）右脚踏步，左脚抬起&左脚前脚掌垫，右脚抬起（7）右脚踏步，左脚抬起，&左脚前脚掌垫，右脚抬起（8）右脚踏步，左脚抬起&左脚前脚掌垫，右脚抬起 | |

| | | |
|---|---|---|
| 49-56 | 三步一抬 | |
| 1-4 | （1）右转 10：30 右脚前进（2）左脚前进（3）右脚前进（4）左小腿后抬 | |
| 5-8 | （5）1：30 左脚前进（6）右脚前进（7）左脚前进（8）右小腿后抬 | |

| | | |
|---|---|---|
| 57-64 | 1-4 点转，5-8 摇篮步 | |
| 1-4 | （1-2）右脚前点 （3）左转 360°（4）并腿 | |
| 5-8 | （5-6）右脚前交叉，重心向右移动，左脚外侧着地（7-8）重心回左脚，右脚外侧着地 | |

舞动中国,舞出中国梦!
欢迎交流指正!
邮箱:57236841@qq.com
电话:15396242750

(二)演示视频

演示视频请扫二维码观看。

### 四、《排舞72步》(2020年全国排舞推广曲目)

(一)舞谱

| 创编: | 张维维、沈金花、陈丹萍 | | | | |
|---|---|---|---|---|---|
| 类型: | 舞台 | 风格: | 流行 | | |
| 难度: | 中级 | 方向: | 2 | | |
| 前奏: | 32 | 舞蹈: | 64 | | |
| 音乐: | 《失恋阵线联盟》 | 作词:何启弘 | 作曲:Cha Trikong Suwan | 演唱:草蜢 |

| 1-8 | 右锁步,左锁步,右前曼波步,左后曼波步 |
|---|---|
| 1&2 | 右脚右前踏,左脚在右脚后锁住,右脚右前踏 |
| 3&4 | 左脚左前踏,右脚在左脚后锁住,左脚左前踏 |
| 5&6 | 右脚前踏,左脚原地踏,右脚并左脚 |
| 7&8 | 左脚后踏,右脚原地踏,左脚并右脚 |

| 9-16 | 右抛锚,左抛锚,跟趾步 |
|---|---|
| 1&2 | 右脚后踏,左脚前踏,右脚后踏 |
| 3&4 | 左脚后踏,右脚前踏,左脚后踏 |
| 5-8 | 右脚跟前点地,右脚掌踏下,左脚跟前点地,左脚掌踏下 |

| 17-24 | 伦巴盒步 |
|---|---|
| 1-4 | 右脚侧步,左脚并右脚,右脚前踏 |
| 5-8 | 左脚经过右脚向左侧步,右脚并左脚,左脚后退 |

## 25-32　跟旋步，1/2 划桨转

**1-4**　双脚跟一起向右旋转，双脚尖一起向右旋转，双脚跟一起向右旋转,双脚尖一起向右旋

**5-8**　右脚前踏，左转 1/4(重心在左)，右脚前踏，左转 1/4(重心在左)

## 33-40　右桑巴步，滑冰步，跟掌交叉步

**1&2**　右脚前交叉，左脚侧步，右脚原地踏

**3&4**　左脚前交叉，右脚侧步，左脚原地踏

**5&6**　右脚向右前方，左脚经过右脚向左前方

**7&8**　右脚跟侧点，右脚还原，左脚前交叉

## 41-48　1/2 蒙特利转，踢换脚×2

**1-4**　右脚侧点，右转 1/2 同时右脚收回并左脚，左脚侧点，左脚并右脚

**5&6**　右脚前踢，右脚原地踏，左脚原地踏

**7&8**　右脚前踢，右脚原地踏，左脚原地踏

## 49-56　右前进骆驼步，左腾转

**1-4**　右脚前踏，左脚锁在右脚后，右脚前踏，左脚锁在右脚后

**5-8**　左转 1/4 同时左脚前踏，左转 1/2 同时右脚退，左转 1/4 左脚侧步，右脚并步

## 56-64　苹果杰克步，右交叉转

**1-4**　左脚尖向左同时右脚跟向右，复原，左脚跟向左同时右脚尖向右，复原

**&5-8**　左脚后踏，右脚前交叉，左转 1/2，并脚

舞动中国，舞出中国梦！
欢迎交流指正！
邮箱：57236841@qq.com
电话：15396242750

（二）演示视频
演示视频请扫二维码观看。

# 参考文献

[1] 李伟听. 全民健身指导手册 [M]. 上海：上海远东出版社，1995.

[2] 全民健身条例 [M]. 北京：人民出版社，2009.

[3] 徐娇. 山东省职工运动会排舞比赛成套动作技术水平分析 [D]. 济南：山东师范大学，2013.

[4] 陈彩霞. 探究排舞的概念、特征、分类及其风格 [J]. 体育时空，2015(12): 168.

[5] 裴岚. 健身排舞在贵阳市普通高校推广策略研究 [D]. 广州：广州体育学院，2015.

[6] 孙林. 健身排舞的基本特征及其价值研究 [J]. 湖北体育科技，2008(5): 98.

[7] 王新茹. 论排舞的特征及其健身价值 [J]. 运动与健康，2010(6): 112-113.

[8] 王凤丽. 排舞对高职女生生理机能的影响 [J]. 医学研究与教育，2010，27(5): 49-51.

[9] 楼晨辉. 排舞对中老年女性体质健康的影响 [J]. 浙江体育科学，2010(3): 114-116.

[10] 鲍其安. 排舞创编的策略与方法 [J]. 四川体育科学，2010(12): 123-127.

[11] 邓嘉. 我国健身排舞创编现状与对策分析 [J]. 成都：成都大学学报：社科版，2011(3): 18-22.

[12] 张敬敬. 浅析排舞在校园团体操创编中的应用 [J]. 辽宁师专学报：自然科学版，2011(2): 68-69.

[13] 王慧莉. 对排舞运动在全民健身活动中的优势与推广模式的初步探讨 // 全民健身科学大会论文摘要集 [C]. 北京：中国体育科学学会，2009.

[14] 张文英，吴步阳. 从全民健身视角审视排舞的发展前景 [J]. 赤峰学院学报：自然科学版，2010(10): 140-141.

[15] 陈燕. 排舞的健身价值与学校推广的对策研究 [J]. 科协论坛，2008，(04): 46-47.

[16] 郭瑞. 时尚健身项目"排舞"在高校普及推广的研究 [J]. 体育研究与教育，2010，(3): 83-85.

[17] BADER B.Dance styles and music styles of line dance[EB/OL].http://www.billbader.com，2004.

[18] 彭泽平，李礼，罗珣. 新中国学校体育思想70年：历程与特征 [J]. 教育与教学研究，2019(10): 1-10.

[19] 丁小红. 排舞和健美操运动项目的比较研究 [J]. 体育时空，2017(23): 174.

[20] Bill bader.The history and sp read of line dance[Z].P.A.L Workshop Notes，2004.

[21] 王秀荣，运动与健康 [M]. 北京：中国环境科学出版社，2007.

[22] 程蕾，于乐. 政策学视野下"阳光排舞进校园"长效机制的构建 [J]. 浙江工贸职业技术学院学报，2020，20(1): 84-87.

[23] 唐戈婷. 成都市普通高校排舞运动开展现状及发展策略研究 [D]. 成都：四川师范大

学，2010.

[24] 曹湘. 排舞及其高校推广的研究 [J]. 科技信息，2009(34): 641-642.

[25] 焦敬伟，郑丹衡. 对新兴休闲运动"排舞"及其推广的研究 [J]. 广州体育学院学报，2008(4)7-10.

[26] 明泽雨. 浅谈全健排舞在全民健身运动中的重要作用 [J]. 四川体育科学，2010.(4): 128-130.

[27] 焦敬伟，郑丹蘅. 健身排舞 [M]. 上海：第二军医大学出版社，2009.

[28] 刘国信. 排舞：新兴的休闲健身运动 [J]. 科学养生.2001, 2007(10): 31.

[29] 慕羽. 外国流行舞蹈作品赏析 [M]. 上海：上海音乐出版社，2004.

[30] 高赟. 彬州市排舞运动开展现状与推广策略研究 [J]. 成都：西南财经大学，2018.

[31] 慕羽. 论百老汇音乐剧中的舞蹈 [D]. 北京：中国艺术研究院，2001.

[32] 李菁. 排舞引入江西省高校的可行性分析 [J]. 知识经济，2010(6): 117.

[33] 约翰·马丁. 舞蹈概论 [M]. 欧建平，译. 北京：文化艺术出版社，1994.

[34] 李遵. 排舞运动兴起的四大因素探析 [J] 成都体育学院学报，2011(4): 54-57.

[35] 王欣，陈焕伟，邹业兵. 排舞、健美操、体育舞蹈优劣势之对比研究 [J]. 中国西部科技，2010, 09(29): 77-78，69.

[36] 舞谱：百度百科 [EB/OL].http：//baike.baidu.com/view/428006.htm.

[37] 魏巍. 拉丁舞技术基础训练内容的初步研究 [D]. 武汉：武汉体育学院，2007.

[38] 焦喜变. 标准舞技术基础训练内容的初步研究 [D]. 武汉：武汉体育学院，2007.

[39] 吴娟. 音乐剧的形成、发展及其演唱风格 [D]. 上海：上海体育学院，2003.

[40] 陈炎冰. 音乐剧的历史、发展与演唱研究 [D]. 武汉：武汉音乐学院，2007.

[41] 刘青弋. 中外舞蹈作品欣赏 [M]. 上海：上海音乐出版社，2004.

[42] 李多. 音乐剧演唱的多元风格 [D]. 上海：华东师范大学，2010.

[43] 张晓波. 健美操的形成因素 [J]. 体育文化导刊，2003(9): 41-42.

[44] 程瑾. 爵士舞基础动作技术类型与内容的初步研究 [D]. 武汉：武汉体育学院，2009.

[45] 吴庆超. 拉丁舞的起源 [J]. 体育文化导刊.2002(2): 46-47.

[46] 刘峰. 国际标准舞初级教程 [M]. 西安：陕西师范大学出版社，1991.

[47] 刘洋君. 音乐剧的艺术特征及其多元化的演唱风格 [M]. 乌鲁木齐：新疆师范大学，2006.

[48] 霍丽娟. 交际舞大全 [M]. 北京：中国华侨出版社，2010.

[49] 李杜娟. 排舞运动的发展历程及其表现风格的初步研究 [D]. 成都：成都体育学院，2012.

[50] 李亚莉. 时尚排舞的演进发展及推广价值 [J]. 科学时代，2013(20): 1-2.

[51] 排舞的涵义、起源与发展 [EB/OL].https：//wenku.baidu.com/view/bc6e65dc0229bd64783e0912a216147916117e6b.html?_wkts_=1704700696982&needWelcomeRecommand=1.

[52] 屈天炯. 略论排舞的起源和在高校的发展 [J]. 科学与财富，2014(1): 241.

[53] 广场排舞运动研究的选题依据 [EB/OL]. https：//www.yimiaomei.com/inews/24236.

html.

[54] 王欣茹. 论排舞的特征及其健身价值 [J]. 新西部：下半月 .2010(10): 211，214.

[55] 李宁宁. 浅析排舞运动特征及我国开展排舞运动的意义 [J]. 文体用品与科技，2021(17): 119-120.

[56] 娄菲. 全健排舞在济南市大众健身中的开展现状与推广策略研究 [D]. 济南：山东师范大学，2013.

[57] 余乔艳，邓陈亮. 时尚排舞 健康生活 [J]. 中国科教创新导刊，2011, (23): 208.

[58] 张敬敬，杨明超. 远瞻全民健身新形势下排舞的发展前景 [J]. 内江科技，2011(6): 11，56.

[59] 邓嘉. 健身排舞的多元特征及其推广价值 [J]. 成都体育学院学报，2011(3): 32-34.

[60] 黄连飞. 从排舞的普及与推广看群众文化活动的新要求 [J]. 大众文艺，2011(8): 183.

[61] 费晓霞. 排舞在高校阳光体育运动推广中的作用研究 [J]. 考试周刊，2011, (22): 136-137.

[62] 张万寿. 排舞在推动体育生活化中作用的研究 [J]. 湖南医科大学学报：社会科学版，2010(2): 262-263.

[63] 李芬兰. 排舞进入青海高校体育课的可行性分析 [J]. 青海大学学报：自然科学版，2010(2): 88-91.

[64] 高素娥. 时尚健身项目"排舞"引入宁夏普通高校教学的必然性研究 [J]. 内蒙古体育科技，2014(1).

[65] 杨敏. 排舞运动在中国发展历程的浅析 [J]. 体育时空，2014(7): 40.

[66] 王丽. 排舞教学探讨，考试周刊，2014(9): 109.

[67] 李同辉. 排舞运动在高校的兴起与展望 [J]. 体育画报，2021(2): 112-113.

[68] 李遵. 排舞的概念、特征、分类及其风格 [J]. 体育文化导刊，2013(4): 49-51.

[69] 杨婷婷. 新时代基础教育阶段校园排舞的美育价值探析 [J]. 冰雪体育创新研究，2022(4): 56-58.

[70] 王晓. 运动视角下的排舞运动的价值 [J]. 体育风尚，2019(1): 270.

[71] 贾珍珍. 健身排舞在西安市推广现状及对策的研究 [D]. 西安：西安体育学院，2011.

[72] 张亚玲，王艳，常蕾. 排舞运动特征与功能发展分析 [J]. 体育文化导刊，2016(9): 65-70.

[73] 谢华，董理. 排舞运动在中学阳光大课间中推广与普及的意义 [J]. 中学课程辅导：教师教育，2020(10): 72.

[74] 2019 年全国社会体育指导员交流展示大会报名表、责任书、竞赛规则 [Z].

[75] 李翔. 排舞在高职院校公共体育开设的可行性分析 [J]. 教育教学论坛，2015(29): 88-89.

[76] 吴亚婷，黄越. 健康中国视域下"体医结合"发展的意蕴、实然与应然 [J]. 体育研究与教育，2019(2): 38-43, 52.

[77] 黄越，吴亚婷. "运动是良医"视域下高校体育文化培育路径研究 [J]. 河北师范大学

学报：自然科学版，2019(4): 92-98.

[78] 于长菊. 健美操 [M]. 西安：陕西人民出版社，2004.

[79] 施小花. 核心素养理念下高职院校排舞教学现状与发展对策研究 [J]. 体育风尚，2021(5): 185-187.

[80] 宋建驷，杨霄，王震. 排舞教学对学生审美能力和审美水平的影响 [J]. 知识文库，2019(15): 69-70.

[81] 陶瑞芳. 陕西省普通高校开设排舞选修课的可行性研究 [D]. 西安：西安体育学院，2015.

[82] 杨敏. 大学生健美操运动员的运动损伤与防治，武汉职业技术学院学报 [J].2002(3): 23-25.

[83] 于涵. 体育运动中常见运动损伤的预防 [J]. 体育时空，2015(10): 166.

[84] 童宪明. 体育创新教学浅论 [J]. 首都体育学院学报，2001(4): 42-44.

[85] 寇建民，贾丽枝. 体育舞蹈选手运动损伤的原因及防治 [J]. 科学时代，2011(12): 336-337.

[86] 吴洁初. 试论体育教学中学生创新能力的培养 [J]. 当代体育科技，2014(34): 110.

[87] 崔思磊. 山东省体育教育专业学生田径运动损伤致因分析与影响研究 [D]. 济南：山东师范大学硕士学位论文，2017.

[88] 翟兵兵. 体育教学中运动损伤发生的原因、预防及应急处理，当代体育科技 [J].2013(10): 18-19.

[89] 宋英杰. 高校体育训练中的防伤害措施探析 [J]. 灌篮，2020(3): 44-46.

[90] 冯茂生. 和谐与智慧：让农村学生在有效的课堂因生命而灵动 [J]. 新课程研究：基础教育，2011(4): 98-100.

[91] 杨之楠. 新课程背景下高中地理活动教学理论及其有效途径 [J]. 速读：下旬，2019(2): 58.

[92] 楚丽娜. 高校女生健美操选项课教学方法改革创新研究 [J]. 文艺生活·文艺理论，2009(6): 40.

[93] 张孟雁. 浅谈体育院校健美操专选班学生的创新意识培养 [J]. 北方文学：中旬刊，2015(1): 198.

[94] 李腾飞. 武术散打运动员运动损伤的现状分析与预防对策研究，考试周刊，2017(71): 125.

[95] 国家体育总局体操运动管理中心蹦床与技巧协会排舞分会. 2017—2020 年全国排舞竞赛评分规则 [Z].